L'ESCALIER VERS LA LIBERTÉ

UN MESSAGE DE
LA GRANDE FRATERNITÉ BLANCHE

Bob Sanders

AVIS DE NON-RESPONSABILITÉ

Ceci est un livre électronique gratuit. Vous êtes libre de le donner (sous forme non modifiée) à qui vous voulez. Si vous avez payé pour ce livre électronique, vous devez demander ou bien rechercher un remboursement immédiat.

L'auteur s'est efforcé de s'assurer que l'exactitude des informations contenues dans ce livre était correcte au moment de la publication. L'auteur n'assume pas et décline par la présente toute responsabilité envers toute partie pour toute perte, dommage ou perturbation causée par des erreurs ou des omissions, que ces erreurs ou omissions résultent d'un accident, d'une négligence ou de toute autre cause.

DROITS D'AUTEUR

Ce livre a été écrit par Bob Sanders et lui a été envoyé par la Grande Fraternité Blanche par clairaudience, ou comme certains l'appellent « canalisation ». Il est libre pour tout le monde de lire et de partager pour l'avancement spirituel.

Veuillez partager ce livre avec n'importe qui et n'importe où pour aider à diffuser les messages qu'il contient.

Pour plus d'informations, veuillez visiter les sites Internet suivants :

http://www.thestairwaytofreedom.org

https://www.youtube.com/channel/UC2UDv0r4mtNPEWbve5YHDeg/

Première édition PDF - mars 2016

Couverture : Jean-David Gagné

Traduit par : Jean-David Gagné

Auteur : Bob Sanders

ISBN: 9798360477884
Imprint: Independently published

Reconnaissance de la traduction

Salutations, j'espère que vous allez bien. Je m'appelle Jean-David, je viens de la région de Gatineau au Québec, Canada. Après avoir reçu la guérison spirituelle d'un guérisseur à la fin de 2016 et découvert qu'il avait des connaissances et était au courant de la Grande Fraternité Blanche, j'ai commencé ma quête pour en savoir plus sur leur sujet. J'ai découvert Bob Sanders sur YouTube en même temps que j'ai eu la guérison et regardé toutes ses vidéos. J'ai découvert que Bob est un guitariste professionnel et je joue également de la guitare. Plus tard, j'ai demandé si je pouvais traduire les leçons de l'Anglais au Français et après cela, j'ai commencé à traduire le livre : L'escalier vers la liberté. Je dois dire que cela a changé ma vie et j'espère que cela vous aidera aussi.

Si jamais vous avez des questions, en français ou en anglais, sur les leçons ou le premier livre ou même sur mes compositions de guitare, envoyez simplement votre question à mon courriel : jeandavidgagne1@gmail.com et j'obtiendrai la réponse pour vous si je peux.

Bonne journée et que Dieu veille sur vous.
Jd

TABLE DES MATIÈRES

PRÉFACE

Ce livre "L'escalier vers la liberté" m'a été dicté par clairaudience, ou comme certains gens l'appellent en anglais "channeling", par un groupe d'êtres qui s'appellent "La Grande fraternité blanche". C'est un guide pour vous et pour votre avancement spirituel.

Qui est la Grande Fraternité Blanche ?

La Grande Fraternité Blanche est un groupe de personnes qui prétend avoir vécu une incarnation ici sur Terre, sont depuis passées à ce qu'on appelle parfois le Ciel, ou les royaumes des esprits, et ont décidé de revenir près de la Terre pour transmettre leur savoir à nous qui sommes incarnés à l'heure actuelle. Eux, la fraternité, sont à divers niveaux d'avancement spirituel, certains très loin éloignés des basses vibrations que nous expérimentons sur Terre, d'autres moins avancées. Ils joignent leurs pensées ensemble dans une chaîne, passant des informations de l'un à l'autre, du plus haut au plus bas, jusqu'à ce que, finalement, l'information soit implantée dans la pensée de quelqu'un sur le plan terrestre qui a été formé pour recevoir ces informations.

Dans ce cas, c'était moi. Je dois souligner, à ce stade, que je n'ai aucune qualification particulière pour faire partie de la fraternité, mais j'ai été choisi par eux, il y a de nombreuses années parmi tant d'autres, sans doute, pour leur permettre de travailler sur Terre car, comme ils sont des esprits et n'ont pas de corps physique, ils ne peuvent pas communiquer directement avec la majorité de la population incarnée sur Terre. Ainsi, j'ai été formé pour devenir clairaudient, qui est tout simplement la capacité de recevoir des informations dans ma pensée envoyées de la pensée de quelqu'un d'autre. Cela permet d'envoyer un message ou une information d'eux à travers moi à la personne à qui le message est destiné.

En principe, c'est assez simple. J'essaie de vider ma pensée de toute pensée venant de moi, j'ouvre un canal vers eux, qui font de même, et l'information circule. J'entends l'information comme si je me parlais dans ma tête, mais je n'ai aucune idée, à l'avance, du contenu de l'information étant transmise. J'essaie de saisir les pensées aussi clairement que possibles et de les transmettre comme demandé.

Avertissement : je déconseille fortement à toute personne souhaitant développer les dons de l'esprit, comme ils sont appelés, à ne pas le faire sans l'aide d'enseignants compétents et qualifiés, car il peut être extrêmement dangereux. La raison en est que si l'on ouvre sa pensée dans les royaumes astraux, on est presque sûr d'attirer l'attention d'une force dans le bas royaume astral qui aurait de mauvaises intentions. Le résultat pourrait être catastrophique pour cette personne. Le bas plan astral est plein d'horribles formes-pensées, plus des créatures conçues par la nature pour y vivre et aussi la lie de l'humanité qui sont morts et sont coincés dans ce plan. Malheureusement, pour atteindre les vrais royaumes spirituels, il faut d'abord passer par ce bas plan astral. Avec une protection, on peut y parvenir. Sans protection, on serait exposé à toutes ces horribles manifestations. Vous ne voudriez pas être victime de ces forces. Alors, je le répète, n'essayez pas de développer les dons sans formation et protection adéquates. La technique pour attirer les enseignants et pour développer les dons est entièrement décrite dans le livre donc je ne le répéterai pas ici.

D'autres êtres spirituels.

À l'époque où ce livre m'était transmis dans les années 1980, Internet n'existait pas en ce qui concerne le public et ainsi, bien que tout le monde ait entendu parler de visiteurs de l'espace, et cetera, très peu d'informations à leur sujet étaient disponibles. La Fraternité Blanche a catégoriquement refusé de m'en parler et ce n'est donc que récemment que j'ai découvert qu'il y avait, apparemment, des groupes de personnes de d'autres planètes, systèmes stellaires ou dimensions qui sont là pour nous aider dans une manière similaire à celle de la Fraternité. Que l'intention de ces personnes soit vraiment spirituelle, je ne peux pas le dire. S'ils coordonnent leurs efforts avec la Fraternité, je ne sais pas. Certainement, le message est très similaire, mais nous devons passer au crible les informations données avec prudence, en n'acceptant que ce qui sonne vrai dans nos cœurs et rejetant ce qui semble douteux.

Pourquoi publier maintenant ?

Ce livre, "L'escalier vers la liberté", m'a été dicté sur une période de plusieurs mois, à partir de 1980. On m'a demandé de le mettre gratuitement à la disposition du public alors j'ai essayé de le faire publier à cette période sans succès. J'ai donc mis de côté l'idée, en attendant qu'un autre moyen de présenter l'information à tout le monde soit disponible. Le temps est maintenant venu. Les informations contenues dans ce livre sont aussi valables aujourd'hui que lorsqu'ils m'ont été présentés et, grâce à Internet, ils peuvent vous être présentés gratuitement partout dans le monde.

J'ai été récemment poussé par la Fraternité à faire les démarches nécessaires pour vous donner ces informations. Vous pouvez en faire ce que vous voulez. Par expérience, je sais que vous réagirez d'une de ces trois manières. Certains liront la première page ou les deux premières et se tourneront vers d'autres activités plus attrayantes. D'autres seront scandalisés et feront tout ce qui est en leur pouvoir pour nier la validité de l'information. Le troisième groupe constatera que le livre changera tout simplement leur vie.

À ceux du premier groupe, je dis, soyez patients. Un jour, vous serez prêt pour cela. À ceux du deuxième groupe, je dis que je comprends. Pour que l'information soit acceptée par la pensée, des pigeonniers (casiers) doivent être faites pour que cette information soit placée à l'intérieur. Si vous n'avez pas encore de pigeonnier (casiers) faites pour ce type d'informations, vous n'avez pas d'autres choix que de rejeter ces informations. Ne vous blâmez pas. C'est parfaitement naturel. Un jour, peut-être que vous aussi pourrez accepter la vérité qui vous est présentée dans cette publication. Au dernier groupe, je dis, bienvenue. Rejoignez-nous si vous le souhaitez. Rejoignez la Fraternité et en suivant les préceptes présentés dans le livre, suivez les conseils paisiblement et calmement et avec patience. Vous n'êtes pas obligé de jouer un rôle actif si vous n'êtes pas prêt. Par le simple acte de prière, de méditation et de service à votre prochain, vous agirez en harmonie avec la fraternité et en aidant à réduire la haine et la violence dans le monde.

PRIÈRES

Maintenant, avant de commencer à lire le livre, je voudrais juste vous lire deux prières qui m'ont été données par une personne qui s'est présentée à moi comme le Père Ignatius. Ces deux prières m'ont été données en 1985 et sont les suivantes.

La première prière s'appelle :

Béni soit le nom du Seigneur.

"Béni soit le nom du Seigneur. Béni soit sa ville et béni ceux qui aspirent à l'atteindre. Viens avec moi et nous marcherons ensemble. Ensemble, nous traverserons désert et marais. Ensemble, nous arriverons au sanctuaire et ensemble nos pieds seront baignés. Tel est notre destin. La route est infinie, le but toujours en vue. Rien n'empêchera le chemin de nous y conduire. Nous voyageons donc en toute tranquillité, profitant de chaque instant. Nous bénissons le chemin et Dieu nous bénit. Nous bénissons les difficultés et nous sommes bénis. Béni soit le nom du Seigneur."

Maintenant, la seconde est plus un poème, vraiment, décrivant la façon dont les gens dans le monde spirituel voient la situation nous concernant et cela s'appelle :

La voie à suivre et la voie du retour.

« Il fut un temps, oh il y a si longtemps, que ceux dont la pensée y revient sont à peine ici, et bien que, par des voies et des canaux détournés, l'humanité aime vivre, nous espérons qu'à long et à court terme, il apprend aussi à donner. Se peut-il que la douleur et le chagrin soient toujours proches et se peut-il que le bonheur soit souvent teinté de peur ? Trop souvent, nous trouvons, en passant le voile, que la beauté, l'amour et la compréhension étaient là. En vain, c'est que nous regardons en arrière avec tristesse. Nous aurions dû apprendre à vivre notre vie en Dieu et non en Mammon.

Demain, toujours recherché et introuvable, nous faisait toujours signe, et pourtant, nous trouvions que la vie était pleine de larmes. On a travaillé, on a maudit, on a essayé, et oui, on n'a pas réussi à s'y mettre afin que nous ayons pu retirer le voile entre cette vie et la suivante, entre une vie de bonheur et un temps passé, perplexe, à se demander encore s'il y avait un intérêt à continuer. Enfin, un jour, nous avons découvert à notre grand désarroi que nous avions en quelque sorte dépassé le voile et nous regardons toujours avec tristesse le travail qui n'a pas été dépensé sur des choses à faire avec Dieu et non une vie de mécontentement. Par conséquent, nous avons juré que nous retournerions à la vie que nous avions passée sur Terre et, dans cette vie, nous mettrions un supplément éternel aux autres pour chercher Dieu avant tout et pas du tout Mammon. Alors peut-être que nous pourrions aussi nous reposer dans la salle marbrée de paix et de tranquillité. Assurez-vous que vous qui lisez ces mots et les trouvez vrais, que vous les mettez en pratique et que vous vous joignez à nous dans la paix et l'amour dans la salle marbrée.

AVANT-PROPOS

Ceux qui sont troublés dans leur cœur et leur pensée par la validité de l'expérience acquise au cours de la méditation et de la prière cherchent à être rassurés sur la validité de ces expériences, qu'elles soient convaincantes et basées sur la réalité. Il n'y a, malheureusement, pas de livres, manuels ou introductions pour auquel ils peuvent se référer pour vérification. C'est parce que ses expériences dans les royaumes astraux font l'utilisation des mêmes facultés que l'imagination utilise également et, par conséquent, toutes les expériences notées par ceux qui, par nature ou intentionnellement, sont capables d'entrer dans les royaumes astraux ont tendance à être ignorés ou mis de côté, s'attendant à ce qu'ils soient le fruit de cette imagination et, par conséquent, qu'ils n'aient aucun fondement dans la réalité.

Traditionnellement, les personnes qui ont la force de la personnalité leur permettant de commander l'attention du public à travers des discours et des publications et qui aurait pu expliquer au public que les expériences psychiques peuvent être valides en a été empêché par cette même force de personnalité, cet équilibre tant admiré par ceux de la Terre.

Les quelques prophètes et devins qui ont existé tout au long des âges de l'homme ont été généralement rejetés par l'établissement comme étant aliéné. Le résultat, comme cela a été mentionné ci-dessus, c'est que les explorateurs dans les domaines de la spiritualité sont obligés, dans l'ensemble, de voyager seuls et de forger l'expérience pour eux-mêmes, en testant la validité des anciennes vérités écrites en faisant l'expérience. Cet état de fait insatisfaisant existe depuis bien trop longtemps et il a été décrété qu'il ne devrait plus continuer à l'être.

Il y a un mouvement en cours pour présenter au monde des informations suffisantes, écrites dans un langage simple, qui permettra à tous les étudiants des mystères de la vie de s'en servir comme manuels pour leurs voyages. Il n'y a aucun danger d'abus de cette information par des personnes mal intentionnées. La spiritualité gagne, et son utilisation est une fonction de la croissance de l'âme et qui ne peut être acquise que par ceux qui suivent le chemin vers Dieu. Tous les autres sont immobiles en termes de croissance de l'âme ou reculent en fait s'ils sont impliqués dans des activités nuisibles.

Ainsi, les informations qui seraient révélées ne seraient d'aucune utilité pour de telles personnes. Ils voudront peut-être expérimenter, mais seraient incapables d'opérer dans les royaumes spirituels. Tout comme un homme peut sauter d'une falaise pour tester ses capacités à voler comme un oiseau, sans l'équipement approprié, il plonge simplement dans la destruction sur les rochers en contrebas.

De même, le non-initié serait interdit d'entrer dans les réalités plus vastes de la vie jusqu'à ce qu'il se soit équipé par la prière, la méditation et la dévotion à Dieu pour le faire.

Il est prévu que les informations diffusées par le biais d'instruments choisis en fonction de leur pertinence, forment la base de la croissance spirituelle de chaque individu, non seulement pendant qu'il est incarné sur Terre, mais continuer dans l'au-delà, que ces informations seront corrélées en un ensemble cohérent qui sera, essentiellement, en corrélation avec des informations similaires transmises dans le monde entier. Ainsi, nous souhaitons présenter que l'information ne fera qu'un avec toute vérité qui a ou sera présenté au public.

Il est dans l'intérêt de l'étudiant de passer au crible les informations qu'il rencontre pour s'assurer qu'elles touchent son âme avec vérité et de rejeter ce qui est clairement le produit de l'imagination de quelqu'un qui, sans avoir atteint la croissance d'âme nécessaire pour avoir acquis la sagesse universelle, a néanmoins produit des informations censées avoir une valeur spirituelle. Avec un peu de pratique et un certain développement spirituel, l'étudiant tamisera rapidement le blé de l'ivraie.

Nous attendons avec impatience le jour où les étagères des bibliothèques et les maisons des peuples épris de paix à travers le monde soit doté de l'information nécessaire pour permettre aux jeunes dès leur plus jeune âge, lorsque la pureté est automatique et que la croissance de l'âme pourrait être plus facilement réalisée, avoir accès à les informations pertinentes pour les mettre sur le chemin que les religions à travers le temps ont essayé de faire et ont échoué. Nous attendons avec impatience le jour où la vérité concernant l'unité de toute l'humanité sera réalisée et que les peuples du monde déposent les armes, refusent de se battre, ouvrent les barrières entre les pays, et célèbrent le Dieu manifesté en l'homme. Un tel jour, bien que loin, pour le moment, est destiné à se produire et il appartient à tous ceux qui peuvent accélérer ce jour-là.

De plus, il est prévu que le jour se lèvera où l'homme incarné sur Terre et l'homme désincarné en esprit communiquera librement comme il était prévu. Alors, vraiment, toutes les barrières auront été abaissées et la beauté de la création de Dieu brillera dans la gloire qui a été si longtemps empêchée par le ternissement des complexes de l'ego et de la haine. Ne soyez pas rebuté ou consterné par la longueur apparente du voyage. Ne tenez pas compte des avertissements et des remontrances de ceux qui verraient une telle liberté avec horreur et peur. Ne soyez pas convaincu que la religion soit plus importante que le développement de la puissance de Dieu en vous en tant qu'individu, ni encore être persuadé que vous avez à vous prosterner devant n'importe quel homme, n'importe quelle force, n'importe quelle divinité, autre que Dieu.

Si vous avez déjà réalisé le développement nécessaire, vous comprendrez le sens de ces mots. Vous aurez déjà douté de la valeur du patriotisme, du dogme religieux, de la conventionnalité et conformité à une norme créée par ceux qui sont liés à la Terre et dont les âmes dorment encore. Préparez-vous à laisser ces personnes endormies et prenez le chemin de la liberté. Le chemin est prêt, le chemin aplani et le but vous attend. Rejoignez-nous, frère et sœur, et soyez accueilli comme un avec nous et avec Dieu.

Tel est le destin de l'homme. Quelle tristesse que par peur, ignorance et pour le pouvoir des chefs religieux, des politiciens, des dirigeants de syndicats, etc. ont enchaîné leurs semblables, l'homme, aux carcans de ses propres idées. Cet état est voué à l'échec et doit cesser. Le temps, comme depuis longtemps, est toujours prêt. Le message contenu dans ces lignes a été donné par le Maître Jésus, il y a de nombreuses années et a été déclaré par les différents prophètes avant et après, et toujours, le monde est enchaîné, à la fois physiquement et métaphoriquement. C'est une abomination au concept de Dieu. Il appartient à tous les individus, lorsqu'ils sont prêts, de prendre seuls le chemin de Dieu. Pour d'autres, ils rencontreront en route et, enfin, ils rejoindront la masse des âmes libérées célébrant sans cesse la beauté et merveille de la vie.

Ne restez plus dans l'ombre de la peur dépeinte par ceux qui ne connaissent pas mieux. Entrez dans la lumière et rejoignez les pèlerins, les prophètes et les Maîtres sur le chemin de la perfection. Jamais vous le regretterez et vous ne serez, plus jamais, influencé dans les domaines de la haine par ceux qui ont utilisé et abusé de vous à leurs propres fins douteuses. Ils n'auront plus aucune emprise sur vous. Vous serez au-delà de leur emprise et la puissance de Dieu, ses forces angéliques, vous en protégeront.

L'angoisse de ceux qui sont tombés sera grande au début lorsqu'ils verront leur troupeau disparaître dans les bras de Dieu un par un. Ils utiliseront toutes les forces à leur disposition pour l'empêcher, mais, souvenez-vous, la puissance de Dieu est plus grande que la puissance du mal. Le pouvoir de Dieu est encore renforcé par chaque âme qui se tourne vers Dieu et fait l'œuvre de Dieu. La puissance du mal est diminuée au même titre. En fin de compte, le bien triomphera et les guerres, les conflits et le malheur cessera.

CHAPITRE 1 - LA PUISSANCE DE DIEU

Considérons la source de la puissance de Dieu, cette substance qui a été appelée le souffle de vie, force odique, et qui peut simplement être appelée la puissance de Dieu. Nous savons de l'observation de tout ce que nous pouvons voir qu'une force est utilisée pour contrôler la croissance et le caractère de toute chose. Les plantes de la Terre poussent à partir de graines à maturité à certaines saisons de l'année dans une étonnante et splendide variété de formes, de couleurs, et des parfums qu'il semble presque impossible qu'une seule intelligence ait pu les créer. Les animaux de la Terre et des mers abondent de variété incessante. Les planètes de notre univers sont autorisées à errer dans les cieux, vues comme une myriade de points lumineux, mais sont tenus dans une saisie invisible.

Derrière la pléthore de formes aléatoires, nous détectons une force de contrôle. Les plantes renaissent chaque année, répondant à un invisible, silencieux appel. Ils renaissent vrais dans leur espèce. La rose ne se combine pas avec le pissenlit ni la lavande avec le houblon. Sans être contrôlé de quelque façon que nous puissions détecter, les plantes ont un moyen de savoir quelles autres plantes partenaires conviennent pour une fécondation croisée. De même, les animaux suivent les directives établies pour leur développement et régénération. Le lion ne s'accouple pas avec l'agneau ni le cheval avec le cochon. Chaque animal, selon son espèce, sent la période de l'année pour effectuer certains actes comme la reproduction, la migration ou l'hibernation. Les créatures obéissent à ces commandements tout à fait inconsciemment parce que l'appel, le pouvoir, est irrésistibles.

Il nous appartient maintenant d'examiner cette force et d'essayer et comprendre comment complexe et pourtant simple est la nature de la puissance de Dieu. En comprenant un peu plus, il nous sera peut-être possible de faire un pas vers et de s'approcher du trône de Dieu. Quand Dieu créa l'univers physique, tout ce que nos sens terrestres peuvent se rapporter à, il l'a créé d'atomes, des structures si minuscules que l'homme n'a développé des machines que récemment pour les observer et les quantifier. Chaque atome est une forme miniature de planète. En observant les atomes se déplaçant l'un autour de l'autre dans un motif de répétition sans cesse pour former un objet que nous pouvons observer avec nos yeux, nous pensons peut-être que notre univers semble comme ça à quelqu'un d'autre étant trop gigantesque pour nous de ressentir. Tout ce qui existe dans l'univers est composé d'atomes se combinant de diverses manières pour faire les structures que nous voyons et ressentons. Notre corps physique, les plantes, les roches, l'air, les mers, nos pensées et émotions – tout est composé d'atomes se combinant d'une manière ou d'une autre.

Chaque atome a un pouvoir à l'intérieur, le pouvoir de Dieu. Ce pouvoir n'est pas seulement contenu dans l'atome, mais s'étend sur une distance au-delà. Cette force rayonnante est appelée magnétisme par les scientifiques. Les atomes s'attirent donc selon la nature du pouvoir qui est émis de cet atome. Les atomes peuvent se combiner en structures assez compliquées et produisent des substances telles que les sucres et plastiques.

L'homme sur Terre s'est fait une idée du pouvoir contenu dans chaque atome parce qu'il a récemment appris à libérer ce pouvoir. Ce n'était pas l'intention de Dieu que le pouvoir soit libéré d'une telle façon. Il sera montré dans ce chapitre que le pouvoir peut être libéré, contenu et mis à utilité de manière sûre par un acte de volonté spirituelle selon la loi de Dieu.

Les scientifiques sont tombés sur un moyen de libérer ce pouvoir d'une manière primitive et il y a un grand danger parce que les personnes qui le contrôlent ne sont peut-être pas assez avancées spirituellement pour utiliser ce pouvoir au nom de Dieu. Il y a toujours des pouvoirs de base cachés et destructifs, prêts à influencer la pensée de l'homme de plusieurs manières subtiles. Une personne spirituellement immature serait impressionnée par des arguments présentés de manière à plaire à son faible ego. Le résultat a déjà été vu dans diverses parties du monde par la destruction gratuite des vies physiques, la défiguration et la corruption de la forme humaine et la profanation de la terre. La puissance de Dieu ne doit pas être utilisée de cette manière. Ses gens, Ses animaux, Ses plantes, Ses royaumes ne doivent pas être détruits à cause des instincts de base et des peurs de tout groupe d'individus. Le prix du remords qui devra finalement être payé par ces âmes égarées dépassera largement les souffrances qu'ils ont infligées à leurs victimes. Ils finiront par apprendre, comme nous devons tous, que le respect pour le royaume de Dieu est d'importance primordiale. La préservation de soi ne signifie rien comparé à ça.

La puissance de Dieu, lorsqu'elle est utilisée au nom de Dieu pour poursuivre son travail, est régénérée. Comme ce pouvoir est utilisé, donc plus nous est envoyé pour une utilisation ultérieure. Ce n'est que lorsqu'il est utilisé à des fins destructrices que l'approvisionnement est coupé et ensuite, pour continuer ce travail, il est nécessaire de puiser dans ses propres forces vitales de son corps. Les étudiants des arts noirs et ceux qui complotent activement le mal contre les autres feraient bien de tenir compte de cela. La puissance de Dieu lui appartient. Il est à utiliser pour un bon travail. Il nous donne le libre-arbitre d'agir à notre guise, mais il se réserve le droit de contrôler ce pouvoir et ne le donne qu'à ceux qui effectuent son travail. Les gens qui effectuent un travail maléfique trouveront que pour continuer à projeter la force contre les autres, leur force vitale diminue progressivement jusqu'à la fatigue, malaise, faiblesse de la pensée, maladie et la mort sont expérimentés. Une brève étude de l'histoire de l'humanité révélera que, de toutes les personnes notoires par des actes de mal contre Dieu, peu ont vraiment vécu et atteint la vieillesse et une bonne santé. Comparez ça avec les données concernant le nombre de véritables disciples de Dieu, prêtres, religieuses et des âmes bonnes et bien ordinaires, qui atteignent la longévité et une santé vibrante. Dieu prend vraiment soin des siens.

Dieu est esprit et Sa puissance est esprit. Le magnétisme, la gravité – appelez-la comme vous voulez – est une force spirituelle. Elle est invisible aux yeux physiques, mais peut être observée spirituellement comme de la lumière, dont la couleur varie selon l'usage qui en est fait. Dans des structures complexes comme l'homme, le pouvoir est utilisé dans une variété de manières – maintenir la vie physique, permettre à des pensées à être formulée dans le cerveau, combattre des maladies, aspiration à Dieu, etc.

Le fondement essentiel de la force vitale est celui que nous appelons la puissance de Dieu. La nature exacte de la force ne peut pas être quantifiée. Elle est réputée pour rester toujours le mystère ultime. Ses effets sont tous autour de nous, ce qui est vu et ce qui est inobservable. Cependant, la force motivante elle-même n'est jamais observée. Il se peut que le pouvoir qui motive toute la vie soit observé dans de nombreuses formes variées, mais ce pouvoir lui-même a une source et est un seul pouvoir. Ce n'est pas une partie du seul pouvoir qui motive, mais la totalité du pouvoir qui est l'essence de tout ce qui est manifeste.

Pour souligner ce point, la seule force vitale singulière est au centre de tout ce qui était, est et sera. Ce concept, difficile à appréhender, a des effets d'une immense portée sur les réalisations du temps, de l'espace et de la matière. Qu'il suffise de dire que le monde vu a souvent été appelé « maya », une illusion. C'est un effet tel, que l'illusion est indispensable à la race humaine et doit être enveloppée par celle-ci parce que la personnalité a besoin de cette réalité afin de se rapporter et d'expérimenter la vie sur Terre. Quand cette existence est finie, l'illusion aussi peut finir.

Ceux qui aspirent à suivre un chemin vers le Créateur finissent par se heurter à un obstacle au progrès. Cette barrière est créée par la pensée alors que la conscience s'étend au-delà des limites de l'expérience terrestre et les portes sont ouvertes sur un champ d'expérience plus large. Toute l'expérience, avant d'être acceptée dans la pensée, doit avoir une niche créée dans lequel elle peut s'intégrer. Si la nouvelle expérience est similaire à celle qui était déjà connue, l'information est rapidement assimilée. Si l'expérience est nouvelle, elle n'a pas de niche dans laquelle elle peut s'intégrer et, par conséquent, n'est pas acceptée. La nouvelle information est rejetée complètement et totalement jusqu'à ce que la pensée crée une cellule pour elle et cette nouvelle information se sentira alors valable pour la personne concernée.

La violence avec laquelle les concepts étrangers sont rejetés par la pensée est en effet une source de curiosité et a créé des peurs compatissantes dans le corps de beaucoup d'hommes, une peur suffisamment forte pour provoquer une vague d'indignation violente. La personnalité, cherchant presque toujours à se rassurer par expérience, garderait de nouvelles informations à distance pendant des périodes considérables, en cherchant toujours à supprimer ces informations et si nécessaire, détruisant ses auteurs jusqu'à ce que cette information n'ait plus aucune pertinence avec l'individu ou jusqu'à ce qu'un changement de personnalité puisse se produire, permettant aux dites informations d'être enfin accepté dans une réalité plus large.

Ce qu'il faut pour la pensée limitée par des expériences et concepts terrestres pour se développer dans une réalité où les valeurs du temps, de l'espace et de la matière sont à un écart total peut être apprécié. Pour beaucoup, de tels concepts n'existeront jamais. Pour d'autres, ils peuvent être acceptés comme principes d'expérimentation et quantification, des principes à ne jamais être résolu en fait. Peu sont ceux qui peuvent saisir la beauté et la vitalité de la permanence fondée sur les concepts indiqués ci-dessus et ainsi la barrière demeure pour beaucoup. Cette pierre d'achoppement est un danger majeur sur la route vers Dieu. On ne trouvera pas Dieu tant que les limitations sont une réalité. Il peut bien y avoir des expériences d'exultation, de joie, mais la nature vraiment explosive de l'exultation et la joie qui signifient la présence de Dieu restera une illusion.

Ce qui ne peut être surmonté doit être vécu. Les récompenses qui attendent le voyageur, alors qu'il traverse le fossé entre l'illusion et la vérité, sont les certitudes qu'il ne pourra plus jamais y avoir de problème, jamais un nuage, jamais aucune peur. La pure joie, le pardon, et la patience sont reçus comme des dons de l'esprit. Ceux qui éprouveraient cette joie doivent d'abord se préparer à être les disciples de Dieu à travers la trinité de la prière, de la dévotion et du devoir, et rechercher toujours à pénétrer le voile au-delà duquel la réalité se trouve. Les expériences de la vie sont censées agir pour inciter à poursuivre ces efforts et ces expériences sont tout ce que nous avons, tout ce qui est nécessaire, pour que le chemin nous amène à marcher vers ce but.

Ayez pitié et comprenez ceux qui hésitent à la porte entre Maya et la vie. Ayez pitié et ressentez de la compassion pour le frère qui n'a pas le courage de forger en avant dans l'inconnu parce que ce frère fait partie de vous - en effet, c'est vous. Par conséquent, si vous progressez vous-même, assurez-vous que ceux que vous rencontrez à la clôture sont aidés au meilleur de votre capacité. Certains ne réussiront pas et pourtant, jusqu'à ce que tous le fassent, la totalité qui est vous et moi ne pouvons pas tout à fait réussir. Ne pensez pas que vous pouvez agir de manière isolée. Ce que vous êtes, votre prochain l'est aussi. Tous ne font qu'un et là où l'on réussit, tous réussiront. Là où l'un échoue, l'échec entache tout.

Ceux dont la tâche est d'apporter des informations aux chercheurs sur le chemin de Dieu trouvent leur rôle facile ou difficile selon le fait que le chercheur a réussi à transcender la limitation de son imagination et est capable d'ouvrir sa pensée à l'influence par la parole et par la pensée. Beaucoup et divers sont les instruments du Grand Esprit, instruments incarnés sur Terre et désincarnés en esprit. Le message est le même lorsqu'il est authentique et doit être tamisé par le destinataire pour l'or de la vérité. L'acceptation des informations dépend des capacités mentionnées précédemment, mais la désinformation revient à refuser à Dieu le droit de parler et est un péché grave. Et pourtant, la désinformation a été davantage utilisée dans la formulation des religions à travers les âges que la vérité.

Le pouvoir et le principe sur lesquels le fondement de l'existence est construit reposent sur l'acceptation par les destinataires de ce pouvoir. L'acceptation résultera en plus de puissance finalement générée pour faire avancer le flux d'esprit qui anime la machine de la vie. Grâce à l'acceptation, plus d'énergie devient disponible pour alimenter les feux de l'esprit éternel. Grâce à l'acceptation, tout est possible. Si le pouvoir est nié, c'est le contraire qui se produit, ce qui pourrait et entraînerait des conséquences désastreuses pour la continuité viable de la vie telle que nous la comprenons.

S'il n'y avait pas eu la grande majorité des mécanismes de la vie trouvés dans tout l'univers acceptant aveuglément la poussée de puissance spirituelle, la totalité d'énergie disponible pour précipiter le tournant de la roue spirituelle de la vie serait littéralement poussée à un arrêt. Une telle condition, bien qu'improbable, est une menace constante à la complaisance et incite ceux chargés de son administration et de sa communication de ne jamais oublier, toujours, d'être attentif à la possibilité d'énergie gagnée ou perdue dans la bataille en cours pour gagner la suprématie sur le chaos et la mort. Il est impensable qu'une telle situation soit tolérée ce qui diminuerait la banque globale d'énergie spirituelle, et pourtant à quelle vitesse des nations entières influencé par une pensée puissante enveloppée de plans pour la chute de son prochain, ont contaminée ainsi la pensée de ceux qui sont assis sur la clôture et les balançant dans des zones d'incrédulité.

La contagion se propage et rapidement, l'équilibre du pouvoir est contesté. Dans de tels moments, les forces angéliques sont en mesure de faire peu pour aider au combat parce que leurs armes, le pouvoir spirituel, sont épuisés par l'ennemi qu'ils influenceraient pour le bien. C'est ainsi que les forces du mal peuvent souvent exercer une emprise sur l'homme pendant de longues périodes jusqu'à ce que, une à une, peu à peu, les âmes sont influencées pour le mieux et un peu plus de puissance est reconquis, conduisant, finalement, à la victoire du bien contre le mal. La victoire, bien qu'assurée, est toujours difficile à gagner et, inévitablement, il y a des forces envieuses du pouvoir que le groupe maléfique détenait autrefois et ont plein d'espoir à régner à travers le chaos eux-mêmes qui se sont mis à obtenir le soutien de leurs contacts et ainsi la bataille reprend sur un autre théâtre de guerre.

Ne serait-ce que l'homme pourrait vivre en paix, l'un avec l'autre, cependant, l'homme a le libre-arbitre, la liberté de choisir, et le droit de prendre le chemin de la destruction s'il le choisit. Il est redevable aux anges de la miséricorde pour corriger et redresser tout déséquilibre dans la structure du pouvoir résultant des actions de ces personnes afin que la teneur globale du climat spirituel soit juste. La tâche de surveillance, d'administration et de distribution de l'énergie spirituelle est mise à la disposition des hôtes angéliques de confiance qui travaillent comme une équipe, faisant monter et descendre l'énergie à travers les domaines de l'existence selon les besoins de ces royaumes. De tels êtres ne sont pas capables d'être décrits en des termes significatifs pour l'homme incarné et, en effet, peu d'âmes désincarnées sont capables d'en comprendre l'existence.

Pourtant, ces préceptes existent, sont réels, sont actifs et essentiels aux réalités actuelles de la vie telle que l'homme la connaîtrait. Ils ne sont pas Dieu. Dieu est le créateur. Ce sont ses serviteurs. Leur nature et leur structure dans le concept de la vie sont bizarres dans nos termes. La vie a plusieurs formes et la vie de ces créatures suit une autre échelle en effet de celle de tout être humain. Il est généralement imaginé par l'homme à travers les âges que les forces angéliques et Dieu lui-même ressemblent l'homme. C'est dit dans la Bible, mais ce n'est pas nécessairement vrai.

Il y a des anges qui ressemblent à l'homme pourtant, généralement, les forces angéliques décrites tout au long de l'ancien et le Nouveau Testament qui ont été passés jusqu'à nous aujourd'hui décrivent, plus probablement, des âmes désincarnées revenant pour remplir une obligation faite pour assister la prochaine génération de leurs tribus.

Les véritables hôtes angéliques n'ont aucun intérêt pour l'homme, ne sont pas humains, du moins en aucune façon qui ne ressemble un homme, et ont des objectifs différents pour leur existence, plus vaste et de plus grande portée que tout homme pourrait concevoir. Ce sont les ingénieurs de la vie. Ils veillent à ce que tout soit en ordre et que les drames de la vie qui pourraient être joués par nous, les mortels inférieurs, soient sans trop bouleverser l'équilibre de pouvoir spirituel dont dépend l'équilibre de tous. Ces forces angéliques, cependant, sont réelles. La réalité à laquelle ils se conforment n'est pas la nôtre, mais notre réalité n'est qu'une illusion au sein de plus grandes réalités, elles-mêmes illusions dans des réalités bien plus vastes. Ce processus continue jusqu'à ce que tout ne soit qu'une illusion sauf la seule grande vérité. Néanmoins, les forces angéliques sont très réelles dans leur propre sphère et jouent un rôle de plus en plus important dans une atmosphère où l'homme est de plus en plus en guerre contre Dieu et son prochain et dans un environnement où la capacité de destruction de l'homme a atteint des limites sans précédent.

Ceux qui aspirent à obtenir des résultats en cherchant le royaume de Dieu et ceux qui voudraient utiliser la puissance ainsi libérée ferait bien de considérer le prix à payer en sacrifice total et lutter par eux-mêmes et par d'autres qui voudraient les aider dans leurs épreuves. Le coût est cher en effet, parce que le prix est l'abandon total au pouvoir de Dieu, abnégation totale de l'ego et de la personnalité à la volonté de Celui-ci et abandon de tout orgueil, désir, et émotion à cette seule puissance qui exige tout et en retour n'offre rien, rien sauf que l'individu est capable d'apprécier la beauté et splendeur, la paix et le bonheur d'être à la Divinité. Ces objectifs que tous les hommes prétendent rechercher et, en effet, seul un imbécile rejetterait et pourtant la plupart sont piégés dans la Maya de la vie qu'ils sont totalement incapables d'apprécier la réalité qui les attend.

Il est d'une importance primordiale que les chercheurs de la connaissance spirituelle doivent se préparer à la fois physiquement et mentalement pour le voyage qu'ils doivent entreprendre. La route est longue et le chemin ardu. Le travail spirituel demande de grandes exigences sur le physique en raison du fait que pour gagner ou recevoir de la spiritualité, un échange doit être fait en fonction de la puissance vitale qui est liée au corps. Un échange signifie que, pour recevoir, il est nécessaire de donner. La réception de la bénédiction spirituelle implique que le récepteur donne une certaine partie de sa puissance physique, la puissance qui devrait normalement être utilisée pour soutenir et régénérer le corps.

Le pouvoir, une fois donné, est perdu au moins pour un certain temps et cela laisse un vide en termes de pouvoir. Le vide est rempli de spiritualité. La puissance spirituelle, une fois reçue, équivaut à la puissance physique perdue et rétablit l'équilibre dans un sens physique. La spiritualité de l'individu a, bien sûr, augmenté du degré par lequel le pouvoir spirituel a été absorbé. Cependant, le point de danger est pendant la période où l'énergie a été donnée et le corps a été épuisé, attendant l'accomplissement du Saint-Esprit. Dans de tels moments, la personne concernée est dans un état de condition faible et est ouverte à toutes sortes de maladies et infections qui peuvent s'installer pendant de telles périodes.

Il est conseillé à l'étudiant des mystères de la vie seulement d'aspirer à recevoir le pouvoir spirituel quand il se sent en forme et bien et quand le sommeil et le repos peuvent être gagnés à volonté. Si, pendant le long voyage vers la perfection, une personne incarnée tente de se perfectionner et pourtant fait toujours la même demande qu'elle exige normalement de son corps et que son environnement fait, il y a un vrai danger que le corps devient surchargé et de grave maladie, et même la mort du corps se produisent. Le conseil donné à l'étudiant est de planifier ses voyages en étapes et d'écouter les diktats de son corps pour qu'il ne se fatigue pas. C'est ainsi que beaucoup qui ont fait de grands progrès au cours de leurs incarnations terrestres ont vu leur force vitale raccourcie.

C'est malheureux quand cela se produit, car il y a beaucoup à gagner par une incarnation terrestre, un fait souvent réalisé qu'une fois cette incarnation terminée. Il est triste de l'abréger par un surmenage qui, dans une certaine mesure, va à l'encontre de l'objectif de tenter le voyage. Cependant, après avoir énoncé les dangers sur le chemin, les récompenses seront prises en compte et elles sont nombreuses. Telle est la valeur des bénédictions accumulées en ayant réalisé certains progrès en cours de route et que tout effort fait pour atteindre cet objectif en vaut la peine. Les bénédictions, tandis qu'elles-mêmes prises individuellement peuvent paraître insignifiantes, sont pourtant vitales et de merveilleuses progressions vers la perfection.

Les étapes peuvent être appréciées avec le recul et sont perceptibles en ce que les problèmes que l'on soit liés avec partiront graduellement et auront une diminution progressive en proportion aux leçons envoyées par le Tout-Puissant pour l'amélioration du bénéficiaire. La tranquillité d'esprit est un complément au progrès et enfin à la béatitude. Un état d'unité est atteint. Il ne doit pas avoir de désir pour échapper aux réalités perçues de la vie comme ils sont avec des états renforcés induits par la drogue. En effet, l'implication dans les aspects de la vie, pertinents pour les besoins progressifs de l'élève, est essentielle pour la réalisation de ces objectifs. Il ne peut y avoir progrès sans sacrifices et le sacrifice spirituel n'est pas le meurtre d'un animal innocent ni boire du vin ou manger du pain. Le sacrifice implique que l'individu doit être amené à l'autel et devrait souffrir. La souffrance, qui est presque toujours sous la forme de service rendu à Dieu manifesté dans l'homme, résulte en une récompense faite par Dieu à travers l'acceptation du sacrifice. La récompense, bien sûr, a été mentionnée précédemment. Ainsi, le service en toute manière, forme ou moyen est considérée comme une partie nécessaire du chemin spirituel.

Certaines factions tenteraient d'atteindre la perfection par un retrait total de vie. Ce chemin à ses adhérents et l'acte de retrait est, en soi, une lourde pénalité à payer pour les récompenses gagnées, car il n'est pas naturel pour les humains de vivre en solitaire et le sacrifice est récompensé par l'octroi de bénédictions. Cependant, on sent que le chemin est plutôt une manière négative et passive, peut-être pas propice à l'avancement de la race humaine sur Terre et donc peut-être pas à considérer comme le chemin le plus approprié pour la grande majorité à suivre.

Une voie plus prometteuse pour l'avenir serait l'implication totale dans les aspects de la vie choisis par Dieu pour cet individu là où cet individu serait le plus apte à servir et serait le plus apte à bénéficier par service. Le service rendu pour avantage de profit financier n'apporte aucune récompense. Le service effectué pour Dieu, même récompensé financièrement, est accepté par Dieu et confère la bénédiction sur le travailleur. Ainsi, les conseils donnés à tout individu contemplant la progression vers la perfection seraient de rechercher la direction du Dieu Tout-Puissant pour obtenir une arène (chemin de vie) de service approprié et, une fois que cela a été atteint, de se consacrer ardemment à servir l'humanité dans cette arène au meilleur de ses aptitudes et d'être assuré que ce travail sera accepté comme sacrifice sur l'autel du service pour Dieu. Ses bénédictions suivront en temps voulu.

À la même mesure du service devrait venir la dévotion. La dévotion implique que l'individu se soumet lui-même à un être supérieur et reconnaît que cet être est capable de recevoir cette dévotion et est capable de conférer des bénédictions au dévot comme une récompense pour le dévouement donné. Le processus est un double. C'est un don du dévot au Dévoué et une réception par le dévot. Ce qui est donné dans une période de dévotion est, en fait, la puissance qui aurait normalement été utilisée pour alimenter les feux de la personnalité et de l'ego, le pouvoir qui aurait été utilisé pour renforcer les liens aux attachements de la terre. Ayant donné ce pouvoir au Tout-Puissant, le donateur reçoit, en retour, une puissance spirituelle qui élève et renforce le concept spirituel de l'individu. Ainsi, la matière générale a été transmutée en or spirituel.

Ce processus est vital pour l'individu concerné. Son avenir à tout égard dépend du changement qui se produit. Si la dévotion n'est pas pratiquée comme un rituel quotidien, alors, tout autre activités spirituelles entreprises seraient préjudiciables à cet individu. Le travail spirituel exige ce que seulement le pouvoir spirituel peut satisfaire. Le pouvoir spirituel est suffisant pour transporter le voyageur au long du chemin vers la perfection. Il faut donc souligner que des périodes régulières de dévotion sont nécessaires et doivent devenir une routine quotidienne pour le disciple de Dieu.

Il faut également insister sur la nécessité de considérer le corps physique à de tels moments et le soin apporté à minimiser la fatigue physique et émotionnelle aux fois mentionnés précédemment lorsque le corps a abandonné une certaine partie de sa puissance physique et n'a pas encore été remplacé par pure puissance spirituelle.

Il faut aussi tenir compte de sa stabilité émotionnelle à ces moments-là. Les turbulences créées dans la pensée pendant les premiers efforts vers la perfection sont grandes. La stabilité, bien que ténue, est atteinte par compromis par la plupart des individus avant de ressentir le besoin de trouver Dieu et, une fois les nouvelles routines fermement établies, la stabilité revient une fois de plus. Pendant les périodes initiales d'effort spirituel, des changements radicaux sont opérés dans la personnalité qui provoque beaucoup de turbulences et de malaise émotionnel. En effet, il n'est pas rare que les gens fassent l'expérience d'une dépression émotionnelle à de tels moments. Cela ne devrait cependant pas se produire si le chemin est suivi avec soin, en considérant toujours les sensations du corps.

Le traumatisme émotionnel est cependant une condition préalable à recevoir la bénédiction spirituelle et l'étudiant devrait être prêt à en faire l'expérience dans une certaine mesure et ajuster son travail, ses routines de dévotion, afin que les changements arrivent lentement et sans drame.

Faire le point sur les informations transmises jusqu'à présent et assimiler cette information dans le subconscient provoquera des changements dans la personnalité de l'étudiant. Ces changements, bien que subtils, commenceront à permettre un processus d'expansion de la pensée à se produire, dont les résultats seront le fruit de l'inventivité et un processus de créativité qui sera révélateur des débuts de la sagesse.

Sagesse est un mot souvent utilisé par des individus où le mot correct serait rusé. La vraie sagesse ne s'acquiert pas uniquement par l'expérience de la vie et il n'est pas non plus atteint par la connaissance académique. Le pouvoir, une fois acquis, n'apporte pas la sagesse comme une servante.

La sagesse est un processus de fusion de l'expérience terrestre avec la croissance de l'âme. Le résultat de cette activité est de créer une personne qui a la capacité de prendre des décisions et d'agir sur celles-ci pour influencer les autres, pas pour un gain financier, politique ou théologique, mais pour agir d'une manière qui implique la piété transposée dans un environnement terrestre. De telles actions ne sont pas colorées par l'égoïsme, mais sont la quintessence de l'altruisme modelé sur la réalité. Peu de décisions prises dans le monde aujourd'hui ou dans le passé utilisent de tels critères comme processus d'action, et peu d'individus pourrait vraiment être appelé sage. Cependant, comme avec tous les dons de l'esprit, la sagesse est ouverte à tous. L'intelligence, bien qu'importante, est secondaire à la croissance spirituelle et c'est la croissance spirituelle qui décide de la sagesse d'une personne. Le processus d'acquisition est long et nécessite une application assidue par l'élève avant qu'il ne soit remis à sa garde, mais, comme tous les dons de l'esprit, il vaut la peine d'être acquis et dès que possible.

Les manifestations de la perfection sont telles qu'elles ne laissent aucun doute pour le disciple que la perfection est en train d'être atteint. Pour qu'il n'y ait aucun doute dans le cœur et la pensée de l'enquêteur quant à son progrès le long du chemin, on place certains jalons pour le guider, pour lui rappeler les distances parcourues et pour avertir que le voyageur n'est pas arrivé à destination. Le passé est jonché des débris des efforts passés et doit être examiné avec beaucoup de prudence. Les efforts du passé, alors qu'ils étaient eux-mêmes précieux à l'époque, n'a aucun rapport avec ce qui sera nécessaire dans l'avenir et devrait être laissé sur le chemin, évité, avec le visage toujours tourné vers la lumière, les yeux seulement sur le but.

Les disciplines pertinentes pour les exercices d'aujourd'hui ne s'appliquent pas nécessairement demain, car l'étudiant s'éloigne de la terre de Maya et s'approche plus près dans la réalité, de sorte que les règles régissant ses actions au sein de ces sphères changent.

Le Christ n'était pas lié ou limité par les lois de la nature qui s'appliquait aux non-initiés. L'initiation n'apporte rien d'autre que la connaissance que l'initié a beaucoup à apprendre et l'initiation ne confère aucun droit spécial sur l'individu.

En effet, cela amène une grande obligation envers le groupe avec qui il voyagerait et de qui il reçoit la connaissance. L'initiation est une responsabilité qui lie un individu à son groupe et est le premier pas vers l'arrêt de son sentiment d'isolement, avec la possibilité de confirmer l'unité avec le groupe.

Pour tous ceux qui sont concernés, il est clair que l'individualité n'est qu'une mesure temporaire créée par la personnalité et est destiné à durer le temps qu'il faut seulement pour que cette personnalité réalise de plus grandes réalités. Puis le pas peut être franchi pour le libérer de l'isolement, le libérant dans la chaleur de multiples âmes agissant comme une seule. Cet état, étrange dans son concept, est une réalisation des plus bénie et apporte avec elle assurance et paix.

Cependant, comme pour toute chose, il y a un prix. Le prix est la dévotion à Dieu, la suppression et le remplacement des émotions et opinions terrestres et une volonté à ne pas résister au flux du groupe. On peut se demander comment une personne serait capable d'opérer dans ce qui semble être l'isolement alors que sa personnalité répond à une pression de groupe. Cette question, si elle est posée, implique un manque total de compréhension de l'initiation. C'est tout à fait possible d'accomplir ses devoirs chaque jour, répondant aux pressions de la vie, et en même temps, prendre des décisions en groupe. Pas la mienne, mais « que ta volonté soit faite ». Cet état a été mentionné précédemment et ne peut être imaginé par quelqu'un d'immergé dans le monde de l'illusion. Il est obtenu par ceux dont la conscience est élevée.

CHAPITRE 2 - CROISSANCE SPIRITUELLE & MÉDITATION

Le concept derrière une croyance en une divinité est un qui est mis en contraste avec une pseudo-analyse scientifique de la création de la vie et la matière. Il y a eu, de temps en temps, des groupes de personnes intelligentes mais ignorantes qui ont manipulé intellectuellement les preuves présentées à leurs facultés en vue de déterminer avec finalité la raison pour laquelle et comment la matière s'est avérée. Les arguments avancés par ces gens convainquent ceux qui se contentent de limiter leurs investigations au visible et au visible proche. Ils arrivent à des hypothèses par une méthode de déduction contenant des erreurs de limitation et de malentendu.

Il n'est pas possible de voir le monde à travers un télescope ni encore un microscope et d'observer toute la création. Il n'existe pas d'instruments pouvant quantifier l'immensité de la création sous toutes ses formes de manifestation. Ceux qui sont prêts à ignorer ce qu'ils ne peuvent pas voir, toucher ou mesurer sera à jamais limité à un faux concept de création. Cependant, leurs méthodes d'enquête sont fondamentalement acceptables et les mèneront, ou d'autres, avec le temps aux conclusions que la matière et la vie existent en dehors de leurs capacités à quantifier.

Dans une véritable enquête sur le royaume de Dieu, car la puissance de Dieu existe bel et bien, l'homme est pleinement équipé de tout ce qui est nécessaire pour visualiser, quantifier, et comprendre les vraies limites de la création. Il est doté d'un cerveau, d'une pensée et d'une âme. Ces trois instruments, s'ils sont utilisés correctement, ouvrent chaque porte vers chaque recoin de la création. Apprendre à utiliser ces instruments est encore plus difficile que d'apprendre à utiliser même les méthodes scientifiques les plus complexes, ou appareils, car la clé de l'investigation de la vérité est le lâcher prise de soi.

L'homme est conditionné, depuis sa naissance, par une société avide d'argent ou de chose matérielle et de mesurer les progrès en amassant lui-même des possessions, des qualifications et des richesses qui sont considérés comme une mesure de sa stature. L'éducation se concentre sur le développement de l'intellect et décerne des prix à ceux qui réussissent le mieux. L'homme est éloigné, avec toujours plus d'élan, de la vérité et de la réalité. Un processus de retournement est nécessaire avant qu'une véritable enquête sur la vie ne puisse commencer. Il est nécessaire que les biens soient considérés comme des accessoires au confort et non aux récompenses du succès obtenu. Les qualifications académiques et le respect de ses capacités intellectuelles doivent être considérés comme les récompenses dénuées pour la description d'une vie d'illusion.

Il faut redevenir comme un enfant pour entrer dans le royaume des cieux. Pensez-vous que Dieu prendrait un malin plaisir à cacher son univers à l'homme ? Il a créé l'homme et l'homme est entièrement équipé pour réaliser tout ce qui est. Une fois qu'on apprécie que rien du tout, dans un sens matériel, est nécessaire alors on peut se demander dans quelle direction il faut procéder pour déverrouiller les portes des mystères. On peut toujours être assuré que dans chaque enquête impliquant un voyage de découverte dans le royaume de Dieu que les réponses à toutes les questions, la solution à tout problème, est déjà à portée de main. Les outils utilisés pour découvrir ces réponses sont là et il est donc simplement nécessaire pour l'enquêteur de s'appliquer afin que tout soit révélé.

Le processus à suivre est toujours le même – méditation sur Dieu. Cet acte simple, s'il est assidûment accompli, fournira avec le temps toutes les réponses à tous les problèmes à tout moment. Il faut toujours garder à l'esprit que toute l'histoire et tous les mystères du monde peuvent être contacté et apprécié par chaque étudiant quand le développement de la simplicité dans la foi le permet. Contentons-nous donc de voir la vie du niveau que nous nous trouvons et au lieu de consacrer temps et efforts aux activités intellectuelles qui finalement s'avèrent futiles, consacrer plutôt nos énergies à déployer les puissances de Dieu latentes en nous et les merveilles du monde seront révélées dans la gloire.

Il y a un temps et un endroit pour que toutes choses se produisent relatif à la complexité infinie du changement matériel et de l'organisation. Ceux qui aspireront à comprendre chaque aspect de la vie feraient bien de comparer leurs voyages au voyageur dans des territoires inconnus. Il devrait se préparer du mieux qu'il peut en planifiant chaque étape à l'avance et s'assurer qu'il a obtenu l'équipement et les informations nécessaires pour assurer le succès. Si la préparation n'est pas complète, le succès n'est pas assuré, et le voyage sera dangereux et peut se terminer par l'échec.

Il incombe à chaque voyageur de se préparer et de s'assurer qu'il est pleinement capable de réussir avant de commencer.

Tout ce qui n'est pas fait, tout ce qui est laissé au hasard, peut compromettre la mission. Le voyageur ne doit pas se fier à toute autre personne pour l'assister ou le soutenir. Il peut très bien voyager en groupe, mais il fait le voyage lui-même par ses propres efforts. Personne ne le portera s'il trébuche. Les autres seront occupés à s'aider eux-mêmes.

Le conseil donné à tout disciple de Dieu est d'assurer une préparation minutieuse à tout égard, puis le voyage ne se terminera pas par un échec.

Une tâche pour le disciple est de découvrir ce qu'il nécessite pour le voyage. Les humains sont fondamentalement complets en eux-mêmes pour leur voyage vers le Créateur, mais parce que la personnalité joue son rôle en obscurcissant la lumière de la pureté et de la simplicité, il est nécessaire d'étudier les aspects de la personnalité du point de vue de l'investigation des forces et faiblesses. Les défauts de la personnalité doivent être portés au premier plan, examinés et les mesures prises pour les corriger parce qu'ils serviront de pierres d'achoppement pour progresser à un certain stade. Le processus de correction d'un défaut de personnalité exige simplement que la faute soit identifiée et une prière envoyée à Dieu pour que cette faute soit rectifiée. Par la suite, chaque fois que la faute survient dans la vie quotidienne, elle doit être amenée à l'attention de la personnalité, notée, et doit être laissée de côté. Finalement, la faute disparaîtra par manque d'alimentation par la personnalité.

Il est important que le disciple ne s'identifie pas avec l'émotion défectueuse considérée. Ce n'est pas une partie de l'âme et en tant que telle n'a aucune valeur. L'effet doit être regardé et mis de côté, laissant l'âme et la pensée imperturbable. Progressivement, les imperfections s'effaceront, laissant l'âme brillante, pure et entière, sans entrave par des lacunes ou des incapacités. Alors, le voyage peut commencer. Cependant, on remarquera que dans la mesure où les défauts de personnalité sont enlevés, alors la fin du voyage se rapproche. L'étudiant en fait ne voyage pas du tout. Le chemin et le but sont un. La personnalité et ses émotions assombries le chemin et assombries l'objectif. Le but attend ceux qui peuvent enlever les taches de l'orgueil inutile, l'ego et le doute.

Un examen chaque jour pendant la méditation sur les aspects de la personnalité révéleront rapidement et correctement ceux qui ne sont pas alignés sur le chemin de la perfection et permettra progressivement de s'en débarrasser. Les joies d'une vision élargie seront les récompenses de celui qui peut surmonter ses émotions, et la santé et le bonheur accompagnera celui qui atteint le véritable succès.

Compte tenu des différents facteurs liés au voyage de la découverte des mystères de la vie, on devrait arriver à la conclusion que la matière, le temps et l'espace sont liée et s'interpénètrent l'un l'autre. Si cela est vrai, cela conduit à la conclusion qu'il devrait être possible d'enquêter des domaines en dehors de « l'ici et maintenant ». Pour cela à devenir une réalité viable, il doit non seulement être vrai en principe, mais accepté par les enquêteurs potentiels ainsi que les connaissances acquises concernant les procédures nécessaires à l'élucidation des actes. Il doit être possible, pour une véritable enquête sur le passé, le présent et le futur, pour les limitations du temps et l'espace à être surmonté résultant en une forme surhumaine de contact s'étirant en plusieurs directions simultanément, si nécessaire. Ainsi, si nous pouvons accepter que les lois de la physique concernant ces sujets ne soient pas totalement en mesure de circonscrire la réalité, nous commençons à ouvrir des portes dans d'étranges nouvelles réalités qui ont peu de relations de limitation à celle vécue auparavant. Car la vérité est, que l'homme est semblable à Dieu, s'il le réalisait, et le royaume de Dieu est à lui à explorer librement et sans limitation une fois qu'il a accepté Dieu comme son père et permettra à Dieu et non à sa propre personnalité de prescrire les limites de ses capacités.

Il serait agréable de décrire les techniques et exercices, mantras et prières, pour ouvrir les portes vers les formes de vie plus larges, mais malheureusement, il n'y en a pas.

Il n'y a pas non plus de sociétés secrètes, de clubs et organisations détenant la clé et aucune pierre, couleur, parfum ou flamme qui ouvrent la porte. Le chemin vers cette liberté retrouvée est toujours le même pour tous dans tous les aspects de la vie à travers tous les temps. La croissance spirituelle est la clé. Seulement en suivant les préceptes donnés dans cette publication, qui s'est répété au cours des siècles par chaque prophète et resteront inchangés, peut permettre au chemin d'être aplani.

Tous les hommes désincarnés et incarnés ont des opportunités égales de suivre le chemin et, pour ceux prêt à le faire, la paix et le bonheur dépassant toute compréhension, les attend. Pour ceux qui ne veulent pas faire l'effort, la porte restera fermée, car elle ne peut pas être ouverte par la volonté de l'homme. Tel est la nature divine de l'homme et il peut et doit permettre à la Divinité de briller à travers lui, libérant tous ses pouvoirs supprimés et latents et lui permettant de réaliser son plein potentiel en tant qu'homme créé dans l'image de Dieu. Il est donc redevable au chercheur authentique de poursuivre le chemin vers Dieu avec ferveur et en paix en prévision du grand jour où la puissance de Dieu commence à briller de son âme, irradiant ses corps, physique et spirituel, avec la puissance de l'âme qui est l'esprit illimité de Dieu. Puis l'étudiant pourra s'élever pour devenir un avec le Maître.

Que l'on comprenne que la vie, la matière et la spiritualité ne sont pas des concepts qui peuvent être pleinement quantifiés en utilisant seulement l'intellect. La pierre d'achoppement est que la matière, par exemple, une substance multidimensionnelle s'étendant au-delà des limites purement physiques dans des domaines qui ne peuvent être appréciés que par ceux qui ont la vision élargie et ainsi, pour gagner quelque chose comme une image complète, il faudrait faire des déclarations concernant la matière et on doit inclure des données garnies de régions beaucoup plus éloignées que le Champ terrestre seul.

Cependant, la situation peut être inversée dans la mesure où une personne à vision élargie serait, en soi, dans une position pour faire des remarques logiques et significatives relatives à la matière sur un certain nombre de plans qui comprendrait des déclarations standards tirées des lois limitées de la physique régissant la matière ici sur le plan terrestre. De telles déclarations ne seraient pas seulement d'inclure des remarques concernant la masse, la taille, la forme et la quantité, mais inclurait des données relatives à la croissance, au sentiment et au potentiel. Il peut sembler irréaliste de prendre, par exemple, un morceau de bois et le considérer comme un organisme vivant, mais c'est exactement ce que c'est. Même quand il a été coupé d'un arbre vivant, séché, et prêt à l'emploi, il a encore un potentiel d'émotion et de développement.

De tels facteurs seraient difficiles à apprécier par toute personne incapable de se brancher sur la connaissance cosmique, mais pour ceux qui sont ainsi dotés, il est évident que toute la matière resplendit de vie sur plusieurs plans et le mot mort n'a absolument aucun sens ici. Un exercice relatif au développement de la capacité d'expansion de la conscience pourrait être de prendre un objet inanimé et, en le tenant dans la main et en essayant de le contempler, il devrait être possible de se lier avec son dynamisme sur des plans d'existence supérieurs, démontrant ainsi les débuts d'une expansion de la conscience.

Concepts, questions d'intérêt et moment soucieux de développer une opinion liée aux plans spirituels ne sont résolus que par ceux qui ont une expérience directe avec ces plans. Tout le reste doit être une conjecture et ne doit pas être confondu avec des faits. Par conséquent, il est nécessaire pour tout étudiant de l'occultisme, car tel est un terme que nous pouvons utiliser pour décrire les mystères cachés et est nullement limité au mal, de se familiariser avec les plans d'existence pertinents à ses progrès immédiats et futurs afin qu'il puisse pleinement se rapporter aux lois régissant ces plans, avec en vue de maîtriser les techniques nécessaires à la manipulation de la matière et de la forme, au profit des autres, à la gloire de Dieu, afin de faire avancer le flux ascendant d'énergie spirituelle dont tous les hommes bénéficieront. Les techniques requises sont d'aucune pertinence pour ceux qui sont incapables d'atteindre les sphères relatives et il serait donc imprudent, stupide, et dangereux pour le novice à pratiquer. Ceux d'un état de développement suffisamment avancé peuvent commencer à explorer ces nouveaux territoires et à commencer à mettre en pratique les techniques pertinentes à ce plan. Ensuite, on peut s'attendre à ce que des résultats soient obtenus qui ravira l'expérimentateur et ceux qui sont moins éclairés.

Nous élucidons maintenant graphiquement les techniques pour être suivi par l'étudiant souhaitant opérer en ce qu'on appelle le corps astral. Ce corps, comme tous les corps permanents ou plus durables que le cadre physique, est composé de matière de substance beaucoup plus fine (meilleure qualité) que celle trouvée sur le plan terrestre et n'est pas limité par la forme pour suivre les contours de la configuration terrestre, le corps humain. C'est à peu près ovoïde comme forme, mais peut changer d'apparence selon les pensées, sentiments et désirs qui circulent dans le cœur et dans la pensée de l'individu. Il irradie la couleur de diverses nuances et de pureté relative. Il peut briller d'éclat et de beauté dans une âme pure et peut être réduit en intensité et en configuration à une forme lugubre et devenir l'ombre d'une éminence maléfique.

Ce corps astral est aussi réel que la forme physique, en effet plus réel, et survivra à la forme humaine par beaucoup. Tous les objets et entités vivants ont une forme astrale et, comme tout est vivant dans un sens, il s'ensuit que toutes choses, même un grain de sable, a une forme astrale. Il s'ensuit également que le degré dans lequel cette forme astrale est capable de se manifester dépend de sa croissance spirituelle et que, par conséquent, la forme astrale autour d'un grain de sable est de moindre intensité que celle entourant une âme avancée. Cela ne signifie pas qu'un grain de sable est moins qu'un humain. Les deux ont leur place dans le royaume de Dieu et, aux yeux de Dieu, tous sont égaux.

Cependant, l'homme est normalement le plus avancé des créatures de Dieu marchant sur la Terre et l'on s'attend que l'homme devrait dégager une forme plus vibrante de rayonnement dans le monde astral que ne le ferait un grain de sable. Par conséquent, l'homme trouve quand il est capable de transférer sa conscience active dans son véhicule astral qu'il semble flotter dans l'espace. Il est, en fait, dans une zone où les formes astrales de toutes les choses l'entourent. Si quelque chose dégage peu de lumière, il semble presque inexistant et, par conséquent, il a cette expérience déconcertante de ne pas avoir de solides matières comme le sol, les arbres, les maisons, etc., pour lui à se rapporter. Il n'a bien sûr pas besoin de ceux-ci. La gravité n'existe pas. La température ne joue aucun rôle. Il ne mange pas.

Il ne dort pas. Il n'a besoin d'aucun abri contre les conditions météorologiques. Il est un corps de lumière vivant dans un monde de lumière qui est son véritable état et sa véritable demeure.

Beaucoup, cependant, ne peuvent pas accepter ce concept étrange et nécessitent d'avoir les pieds placés sur une forme de terre ferme. Alors ils créent avec leur imagination une forme d'existence terrestre avec des maisons, meubles, arbres, bibliothèques et tout ce dont ils ont besoin en étant incarnés. Il n'y a rien de mal à cela. Cela leur apporte du confort et une capacité à s'identifier à leur réalité perçue. Ce n'est pourtant pas la réalité.

C'est l'imagination mise au premier plan. Finalement, ils grandiront pour se rendre compte que rien n'est nécessaire pour eux pour faire l'expérience de la vie dans les royaumes astraux. Ensuite, ils permettront à leurs biens de disparaître et apprécieront la joie de se tenir en Dieu à la place d'être aveuglé par l'illusion.

Il est possible, et même nécessaire pour l'étudiant de se familiariser avec la technique d'entrer dans les royaumes astraux. Comme pour tout travail spirituel, jusqu'à ce que l'élève soit prêt, les portes restent fermées à lui. Il ne pourra que s'élever dans ce monde quand il aura développé son propre véhicule astral au point où il sera capable de supporter sa conscience. La véritable technique d'entrée le plan astral est très simple. En méditant sur Dieu, le pouvoir est transféré dans tous les corps de lumière entourant un individu et le véhicule astral se renforcera au point qu'il favorisera un transfert de conscience vers ce véhicule.

L'étudiant doit, de temps à autre, au cours de sa méditation, tester la facilité de son corps astral à l'accepter en essayant de passer dans ce royaume en imaginant, par exemple, franchir une porte ou en utilisant une technique similaire. Il découvrira la méthode la plus appropriée pour lui-même avec l'expérience. Ce qu'il expérimentera dans ces royaumes dépendra de beaucoup de choses. C'est un monde étrange comparé au plan terrestre parce qu'il n'y a rien de solide dont on peut faire des points de référence de progrès. Par conséquent, au début, cela semblera étrange et il n'y a pas deux personnes qui vivront la même chose. En réalité, c'est vrai aussi sur le plan terrestre, mais ce concept est obscurci par la vision de la réalité qu'apparemment le matériel solide crée.

Sans toute solidarité, l'étudiant se retrouvera littéralement confus. Cependant, il devrait, toujours, se rappeler qu'il n'est pas seul et que ses aideurs, guides et maîtres spirituels ne sont jamais loin. Ils peuvent être appelés à donner leur assistance à l'avis d'un moment près. De plus, l'étudiant est libre de retourner à sa conscience terrestre, s'il le souhaite. Il le fera automatiquement après un certain temps de toute façon, car il serait incapable de se maintenir dans ce niveau pendant plus de quelques minutes. Il doit être réitéré que ce travail n'est pas pour ceux qui n'ont pas une base solide de sensibilité et est certainement déconseillé à quiconque qui a des raisons de douter qu'il soit capable d'opérer fermement dans un état terrestre avec satisfaction.

La technique décrite ci-dessus serait dangereuse à toute personne prenant des drogues de quelque nature que ce soit ou de l'alcool ou pour quiconque a des raisons de soupçonner qu'il est schizophrène ou souffre d'une maladie hallucinatoire. En fait, il n'atteindra pas du tout le résultat souhaité. Le monde astral n'est ouvert qu'à ceux qui ont gagné le droit par le développement spirituel. N'importe qui autrement se leurrerait eux-mêmes et pour ceux qui sont dans les catégories mentionnées ci-dessus, le résultat pourrait être des dommages à la psyché et avoir un résultat complètement négatif.

Certaines personnes sont capables de développer une forme de projection astrale dans laquelle ils peuvent détacher leur conscience de l'intérieur de leur corps et projeter volontairement ou involontairement à distance, mais sont néanmoins toujours fermement sur le plan terrestre. Ce phénomène est causé par une forme astrale près du corps et est normalement associé en étroite collaboration avec le corps qui est capable de se dissocier et est capable d'errer, contenant la conscience de l'individu. Ce phénomène, bien que parfaitement normal, est rare et est une technique utile pour explorer le monde astral inférieur. Ce n'est pas un moyen d'entrer dans les vrais royaumes de l'astral de la lumière.

Le monde astral inférieur est étroitement lié au monde physique et est pratiquement identique. Les formes de toutes les choses terrestres sont visibles et de telles formes astrales peuvent parfois être discernées à l'œil nu. Cependant, la gravité, la chaleur et les matières connexes n'ont aucune pertinence dans ce domaine. Un tel état est souvent confus par ceux qui sont capables de l'exploiter de la réalité Terrestre parce qu'il n'y a pratiquement aucune différence.

Cependant, ce n'est pas le cas. C'est le plus bas des sphères de l'astral. Il y a un certain danger de rencontrer des formes-pensées astrales inférieures, souvent désagréables, sur ce plan et il serait peut-être mieux d'être laissé pour ceux qui sont conçus par la nature et par Dieu d'être les habitants de cette région. L'étudiant devrait se concentrer sur l'exploration des mondes astraux supérieurs de lumière et de beauté.

Ceci est le plan éthérique à partir duquel les gens non entraînés essaient de faire une projection astrale et, comme indiqué dans le livre, est dangereux. Bob Sanders.

Passons donc à la définition de la technique pour une vraie méditation sur Dieu. Ce n'est qu'en agissant ainsi que l'étudiant sera capable d'élargir sa conscience et son âme pour le libérer des entraves de Maya. Il y a de nombreuses techniques décrites par les représentants d'une variété de philosophies pour permettre d'atteindre la perfection. « Tous les chemins mènent à Rome », a-t-il été déclaré et nous pouvons être assurés que toutes les formes de méditation ouvriront les portes du royaume du Ciel. Certaines techniques incitent l'élève à ignorer les dons de l'esprit qui peuvent devenir disponibles grâce aux progrès accomplis et certaines formes de contemplation cherchent à immerger l'étudiant dans les joies de la méditation au détriment du progrès.

Il est donc nécessaire que l'étudiant choisisse un parcours de méditation et de contemplation qui non seulement ouvrira les portes du paradis aussi vite que possible en toute sécurité, mais qui lui révélera également les dons de Dieu qui en résultent pour le bien de son prochain malade par manque de contact avec Dieu. La technique de méditation recommandée est donc dépendante de l'étudiant se plaçant en mesure de bénéficier selon les avertissements et les recommandations décrites précédemment.

En supposant que la pertinence a été accordée à ces avertissements, il est recommandé que l'étudiant se place seul dans une chambre avec la porte fermée. Une pièce éloignée de la circulation ou l'interférence du voisin est nécessaire aux premières étapes. Plus tard, l'étudiant pourra ignorer tout bruit étrange. Il doit s'asseoir confortablement, au chaud et fermer doucement les yeux. Après avoir permis à son métabolisme de s'apaiser pendant quelques instants, il devrait invoquer la bénédiction et la protection de Dieu. Puis, il devrait concentrer son attention sur un point imaginaire de lumière devant lui, tenant ce point de lumière stationnaire dans son imagination du mieux qu'il peut et reconnaissant ce point de lumière comme la puissance de Dieu, comme Dieu lui-même.

Au départ, c'est difficile, mais devra devenir une technique accomplie à un certain stade de son existence, il vaut donc mieux la maîtriser maintenant. Le point de lumière doit être maintenu pendant quelques minutes au début. Comme l'élève progresse, il peut le tenir pendant des périodes de temps plus longues, mais il ne devrait pas forcer. Quand il ressent qu'il a suffisamment médité alors il peut retirer son attention, dire une bénédiction à Dieu, et reprendre son existence normale. Cet exercice apparemment simple apportera de grandes bénédictions et de l'avancement pour l'élève et est une technique qu'il peut continuer à utiliser après avoir retiré sa conscience de la Terre et a finalement entré dans sa véritable demeure, le monde spirituel.

CHAPITRE 3 - LES ACTES DES MAÎTRES

Ceux qui nécessitent de chercher dans les mystères des questions spirituelles doivent avoir de première main connaissance des techniques nécessaires pour dévoiler ces mystères. Il ne peut y avoir de réel et de véritables progrès réalisés par tout chercheur jusqu'à ce qu'il y ait une solide connaissance des règles de base régissant les questions d'enquête. Qu'il soit bien entendu que la spéculation et l'interpolation ne peuvent pas et ne doivent pas, être confondu avec la vraie connaissance acquise par l'expérience réelle et cette expérience ne peut être que gagné par les personnes qualifiées par moyen d'une longue et ardente dévotion au chemin de Dieu, car ce chemin, et ce chemin seul, permet de découvrir les mystères cachés de la vie.

Beaucoup dans le passé se sont efforcés d'imiter le maître en singeant les actes que ces maîtres ont été en mesure d'effectuer, mais aucun n'a réussi à reproduire ces actes avec succès ou à maintenir la tromperie. Tôt ou tard, une fraude est liée à être découverte, car il y a toujours quelqu'un avec des yeux suffisamment habiles pour observer le mensonge étant perpétré. Les vrais actes de nature spirituelle sont menés à un niveau très éloigné du spectre de l'œil nu et les résultats de ces actes, lorsqu'on l'observe d'un point de vue terrestre, ne peut être interprété comme une fraude, car il ne peut y avoir de détection d'un mécanisme à l'œuvre. Ainsi, ils sont classés comme des miracles.

De tels actes ont toujours étonné le grand public lorsqu'ils ont été exécutés, car le public a toujours été éduqué par l'orthodoxie à considérer les miracles comme impossibles dans les temps où ils étaient performés.

Les Écritures sont pleines de miracles qui se produisent, il y a de nombreuses années et le temps a ajouté un degré d'acceptabilité à de tels actes. Ils sont en sécurité dans le passé et peuvent être acceptés comme réels et vrais sans être une menace aux susceptibilités d'aujourd'hui. Ainsi, tout miracle exécuté aujourd'hui est considéré comme un tour ou comme une chance qui se produit, peu importe à quel point convaincant ce miracle pourrait apparaître ni combien efficace le résultat. Ils sont condamnés à être incorrects parce qu'ils sont une menace pour le contrôle des préjugés établis des notions de ce qui est et de ce qui n'est pas.

Ce processus s'applique quel que soit l'âge auquel ils se sont produits. Les miracles accomplis par Jésus ont été condamnés par les prêtres des temples comme faux et pourtant ces mêmes prêtres ont accepté les miracles accomplis par Moïse comme réels. Les actes de Jésus, aujourd'hui, sont des signaux acceptables et, en effets, vitaux quant à l'authenticité de Jésus pour les prêtres et le public d'aujourd'hui. Et pourtant, qui croirait que ces mêmes actes étaient accomplis par des gens doués à travers la Terre aujourd'hui ? Si une telle personne était découverte, il y en aurait avec des yeux suffisamment ouverts pour pouvoir accepter de tels actes comme authentique, mais la grande majorité des gens ignoreraient ou ridiculiseraient de tels actes.

Ceux qui sont incapables d'accepter que Dieu ait le droit de conférer les dons de l'esprit à ceux qui l'ont gagné sont, bien sûr, libres de faire ce qu'ils veulent. Souvent, ils sont plein d'amertume causé par les charlatans et les médiums frauduleux qui ont agi depuis des temps immémoriaux pour frauder un public crédule. Mais il y a toujours ceux qui sont authentiques et capables de démontrer les dons de Dieu et c'est dommage de condamner le réel avec les fraudes. Les médiums authentiques de la puissance de Dieu ne sont pas concernés par l'acceptation ou autre chose. Ils ont leur cœur et leur pensée fermement sur la Divinité et n'ont besoin d'aucuns acclamé du public ni de l'établissement pour booster leur ego. Ils accomplissent leurs actes comme ils peuvent et pour qui ils peuvent et laissent le reste du monde accepter ou rejeter à sa guise.

Telle est la nature de la vie que, sans aucun doute, un médium célèbre et authentique agissant de bonne foi aujourd'hui et pourtant méprisé aura sa vraie valeur reconnue que longtemps après sa mort à la Terre. La perte n'est pas celle du faiseur de miracles, mais celle de ceux qui le rejettent. Ils ne sont pas prêts à avoir leurs yeux ouverts et leurs cœurs ne sont pas prêts d'être vivifiés par l'âme répondant à la sortie courante de la puissance de Dieu et ainsi, ils dorment, se reposant dans les bras de Morphée jusqu'à ce qu'ils puissent s'éveiller aux réalités de la vie.

Alors, et alors seulement, pourront-ils devenir des étudiants de la puissance de Dieu eux-mêmes, dans le but que les dons de l'esprit sont de démontrer aux autres que Dieu est et que les dons de Dieu sont des représentations réelles et vitales de l'essence qui traverse toute l'humanité et fera irruption à la vie et sera vivifiante et l'élèvera s'il le permet. Les dons ont alors atteint leur objectif et resteront comme un hommage à Dieu alors qu'une autre âme s'éveille à suivre le chemin, car, comme indiqué précédemment, jusqu'à ce que tous les hommes puissent atteindre la perfection, aucun ne le peut. Tous sont un et un est tout. Il est du devoir de chaque homme de répondre à l'appel de l'âme et de suivre ce long chemin vers Dieu. En temps voulu, les dons de l'esprit seront remis en sa possession afin qu'ils puissent démontrer aux autres que Dieu est réel et ainsi, la chaîne de vitalité est portée en avant toujours et toujours dans le futur.

C'est le rêve et l'idéal que chaque âme avancée travaille vers l'avant et, si ça devenait réalité, guerres, conflits, séparatisme, maladie et malheur deviendraient des choses du passé au lieu, comme c'est le cas actuellement, que ces choses sont la réalité et les miracles sont considérés comme des choses du passé. Ne laissez jamais être perdu de la vue de l'homme que la puissance de Dieu essaie toujours de circuler à travers l'homme et finira par réussir. Quel dommage que c'est de l'exclure à l'opposé de l'acceptation qui fait tant de choses à devenir réel qui vaut bien mieux que ce qui existe aujourd'hui.

Il y a un autre aspect à l'étude du développement des dons de l'esprit qui doit être considéré. Trop souvent, il est présumé par les personnes laïques que toute personne qui prétend avoir des pouvoirs spéciaux et peut les démontrer est dans une certaine manière différente de l'individu ordinaire. Il est présumé qu'un droit spécial d'accès à des formules magiques leur a été conféré, permettant à ces personnes d'accomplir les actes qui, souvent, sont observés comme étant en contradiction avec la norme qui serait attendue de se conformer pour tous les individus et pour toute matière.

On peut se demander si une telle proposition aurait une base en fait. Il est bien vrai qu'une personne tellement enveloppée dans la puissance de Dieu qu'elle doit avoir accès à des pouvoirs spéciaux est considéré comme une personne spéciale et a, en effet, des pouvoirs magiques par rapport aux capacités d'une personne encore malheureuse d'être absorbé par les illusions d'une expérience terrestre. Mais, par la nature qui s'applique à toute l'humanité, tous les hommes sont égaux et tous les hommes ont les capacités latentes d'accomplir des actes similaires. Ainsi, on peut dire que les pouvoirs d'une personne enveloppée par la puissance de Dieu et dotée des dons de l'esprit serait spécial, mais cette personne elle-même ne serait spéciale qu'en étant un véhicule pour de tels pouvoirs, impliquant presque que la personne et le pouvoir se rapportant à travers elle étaient détachés, l'un de l'autre.

Tel est, en effet, le cas. La puissance de Dieu, aussi merveilleuse qu'elle soit, ne peut que se manifester à travers les êtres et les objets. D'elle-même, elle ne peut rien accomplir et ne peut exister qu'en tant que principe. Lorsqu'elle opère à travers n'importe quelle chose matérielle, qu'elle soit minérale, végétale ou de la chair, elle prend vie véritablement et est capable d'animer toute la création. Cependant, la création n'a pas de vie propre, c'est simplement la puissance spirituelle vitalisante l'animant qui lui donne l'apparition de la vie. Donc, si c'est vrai, alors les puissances de l'esprit coulant à travers une âme en développement et lui permettant d'accomplir de telles merveilles n'est pas du tout une fonction de lui-même, mais il n'est qu'un canal par lequel la puissance peut circuler pour remplir sa fonction miraculeuse. L'individu est relégué au rôle de l'alchimiste remuant une potion magique, la potion contenant le pouvoir, pas le magicien.

De même, si une personne, un animal ou un objet bénéficie d'un tel afflux de pouvoir, est-ce que c'est la personne qui en profite ou est-ce l'esprit de Dieu à l'intérieur de cette personne qui reçoit cette sortie de pouvoir d'un autre ? Est-ce l'esprit de Dieu qui reçoit l'énergie entrante et est elle-même stimulée afin de pouvoir affecter, disons, la guérison d'une personne malade ? On considère normalement que l'esprit de Dieu dans une personne est parfait et que, d'une certaine manière, un individu peut tomber malade en s'enfermant loin de cette puissance spirituelle envahissante. Cela doit sûrement être vrai et pourtant s'il en est ainsi, alors, de quelle façon une personne est amenée à répondre à la puissance rayonnante étant transmise par un guérisseur en développement pour guérir cette personne ?

En réponse à cette question et à toutes les autres concernant la puissance de Dieu et à sa capacité à se transmettre en tant que force de guérison, il est nécessaire d'entrer dans le royaume d'existence par rapport au niveau auquel ces actions se produisent. Dans le cas de la guérison, l'action se déroule normalement dans les royaumes astraux supérieurs, car c'est souvent dans ces domaines que la maladie s'établit. Une telle maladie est souvent déclenchée par l'incapacité d'un individu à s'adapter à des situations dans lesquelles il considère qu'il est traité durement ou injustement par d'autres ou a connu un certain manque d'amour ou de possession matérielle dans le passé. Beaucoup de maladies sont provoquées par des émotions de ce type et ainsi des vibrations discordantes se mettent en place dans les auras ou corps de lumière. Ces vibrations discordantes ont pour effet d'étouffer le flux de la puissance de Dieu pour cet individu et se faisant, étouffera la capacité du corps humain à se régénérer correctement. Ainsi, la maladie est le résultat.

Si un guérisseur est amené en présence de la personne malade, il passe par les mouvements d'exécution d'un service de guérison et automatiquement le pouvoir de Dieu agissant à l'intérieur et à travers le guérisseur détecte la zone de besoin du patient et il commencera l'afflux de puissance dans cette région, manipulant la matière dans la sphère concernée avec l'effet recherché de ramener l'harmonie dans l'aura affectée. Si cela réussit, alors la guérison sera produite. Si le contenu émotionnel émanant des défauts de la personnalité d'une personne est assez fort et reste, alors il n'y aura pas de guérison. La bataille sera perdue jusqu'à ce que le malade réduise le pouvoir de la personnalité et permet à la puissance de Dieu de s'écouler.

Ceux qui trouveraient l'inspiration par la prière et la méditation sont ceux qui ont déjà établi un lien entre leurs vies intérieures et extérieures, leurs corps de lumière supérieurs et inférieurs. Ces gens sont capables de puiser dans les énergies qui circulent dans une direction à double sens qui amplifie la vitalité dans les mondes éternels de lumière et de réalité. Ceux qui ont commencé à réaliser ce processus peuvent tirer de l'encouragement et de l'inspiration du fait que ce processus peut se développer jusqu'à ce que chaque état soit aussi réel que l'autre. Un individu est alors capable d'opérer dans les deux domaines à la fois, un état proche d'avoir ses pieds sur terre et la tête dans les nuages.

Cependant, le terme « nuages » en est venu à impliquer des zones d'irréalité alors que le processus que nous voulons décrire est un processus qui nous rapproche de plus en plus de la réalité.

Par conséquent, tous les étudiants de la vie devraient être ouverts à recevoir les premières idées de prise de conscience que de tels processus peuvent se produire dans leur vie et être prêt à recevoir l'état supérieur et rendre grâce à Dieu que cela leur est arrivé. Alors la condition s'enracine de plus en plus fermement dans le conscient et le subconscient jusqu'à ce qu'il devienne automatique. La condition apporte avec elle un grand bonheur et de l'épanouissement sous forme d'énergie, de l'énergie spirituelle et coulera dans l'arène consciente de la vie, balayera la méfiance, la consternation et le doute, le remplaçant ainsi par les qualités divines mentionnées dans un chapitre précédent de ce livre.

S'il serait possible d'abréger les pas vers Dieu, les mesures prises devraient adopter des sauts cognitifs de conscience un peu comme monter un escalier, mais, malheureusement, il n'est pas possible de prendre des raccourcis vers la perfection et il faut donc réaliser les étapes mentionnées ici lentement, une à la fois, jusqu'à ce que l'ancien mode de vie soit laissé en arrière comme des réalités qui pâlissent dans l'insignifiance par rapport aux nouvelles réalités vives présentées à la conscience à mesure qu'on se concentre sur de plus grandes réalités.

Il y a des étapes précises que l'on doit suivre pour réaliser ces états de réalité élevés et ces étapes sont celles que Jésus a décrites dans son sermon sur la montagne que nous connaissons sous le nom de Dix commandements et illustré par sa vie. Il est nécessaire

pour tous les étudiants de la perfection d'embrasser les diktats donnés dans un modèle de
réalité qui supprime le mal et les pensées basses afin que le vide créé par le rejet du mal
puisse être rempli d'amour et de beauté. Ne faites pas d'erreur. Il n'est pas possible de
vivre une vie qui adopte des concepts vils et volontaires, agir d'une manière autre que
spirituelle et être toujours doté des qualités considérées. Il faut faire le vide avant de
recevoir des bénédictions. Les bénédictions ne peuvent que remplir le vide créé par le
rejet des pensées basses. Ils ne peuvent pas s'amonceler au sommet d'une personnalité
déjà pleine. L'étudiant est donc invité à étudier les enseignements de Jésus parce que ces
enseignements sont des déclarations valables d'un illuminé.

Il y a eu d'autres prophètes de temps en temps qui ont reçu des enseignements du ciel et
ont diffusé ces enseignements dans le monde. Le message original contenait les éléments
que les enseignements de Jésus contenaient.

Cependant, comme c'est souvent le cas, le message tel reçu par le prophète peut être
déformé par les propres émotions du prophète et ne peut donc pas nécessairement être un
compte-rendu fidèle de l'information transmise.

Jésus n'avait pas ce problème car Lui-même était illuminé et était à l'origine de loi
spirituelle telle que définie par ceux qui étaient illuminés de la même manière que lui-
même. L'information qu'il a donnée provenait de son âme et par sa pensée, ne souffrant
donc pas de distorsion dans le récit. Cependant, une grande partie de temps s'est écoulé
depuis que Jésus a prononcé ces perles de sagesse et une grande partie des informations
attribuées à Jésus aujourd'hui, contenue dans la Bible, est dans le meilleur des cas qu'une
ombre des grandes vérités prononcées par le Maître et, au pire, une fabrication par des
personnes de moins bonnes intentions. Cependant, le Sermon sur la Montagne contient la
pureté et est, en substance, l'intention qu'a prononcée Jésus.

Ces commandements seuls, s'ils sont suivis et respectés par quiconque, suffisent à le
porter dans les bras de Dieu. Il y a d'autres vérités et d'autres déclarations qui peuvent être
ajoutées pour contribuer davantage au progrès, mais il est certain que les dix
commandements sont les pensées de ceux qui ont marché le chemin, ont atteint la
perfection, et qui ont compris les principes qui doivent être suivis. Il n'y a aucune
mention dans ces commandements de l'absolution du résultat des mauvaises actions. Il
n'y a aucune mention du pardon des péchés par le rituel de confession. Les
commandements présentent une image de la responsabilité absolue de l'individu pour ses
propres actions et pour son interrelation avec son frère homme et son père Dieu.

Il est suggéré que l'élève écrive dans sa propre main les Dix Commandements et qu'il
étudie et les médite jusqu'à ce qu'il a) puisse les réciter par cœur, b) il absorbe leur
signification dans la fibre de son être. Rappelez-vous que de ne pas tuer signifie éviter
toute action entraînant une implication ou responsabilité du décès de toute personne,
animal, espoir ou inspiration. Combien de fois nous moquons-nous des tentatives de
quelqu'un de plus faible que nous qui tente de réussir dans la poursuite d'un objectif ?
Nous tuons leur désir d'accomplir. Nous tuons leur confiance. Réfléchissez à la
signification de "tu ne tueras pas" et essayez de vivre une vie sans reproche.

Comprendre le concept profond de ne pas voler. Nous savons qu'il est mal de voler les biens d'un autre, mais est-ce que nous volons les idées des autres ? Est-ce que nous volons l'affection qu'une personne montre à un autre par jalousie ? Est-ce qu'on vole les espoirs et les amours, les idées et les plans d'un autre afin de nous faire paraître grands dans les yeux du monde et à nos propres yeux ? Combien de fois portons-nous un faux témoignage en déformant la vérité, en discutant des lacunes de l'autre avec un ami ou collègue ?

Nous pourrions continuer et examiner chacun des commandements tour à tour, mais assez a été dit pour illuminer l'élève. C'est plus bénéfique pour chacun de faire sa propre interprétation des commandements, puis de se résoudre à vivre par eux.

L'échec est certain au départ. Si l'on pouvait vivre selon les enseignements de Jésus sans jamais mettre un faux pas, on serait sur un pied d'égalité avec le Maître.

Par conséquent, il est inévitable que l'on trébuche de temps en temps. L'échec ne doit pas être considéré comme dommageable. Corriger sa pensée où cela est possible. Décidez de ne plus commettre cette erreur et d'affronter le monde avec l'espoir d'atteindre le succès. Peu à peu, les anciennes méthodes disparaîtront et les nouvelles voies divines prendront le relais. Quand cet état est atteint, alors on en viendra à réaliser des significations toujours plus profondes des commandements et à trouver des domaines toujours plus grands pour l'amélioration de soi. Le résultat d'atteindre des mesures de succès sera un plus grand déploiement des dons de l'esprit, un plus grand bonheur et une plus grande conscience de l'unité de toute vie.

Attention à ne pas se tromper. Il est très facile de croire que l'on agit d'une manière pieuse à travers la fâcheuse habitude de ne pas examiner ses vrais motifs. Par conséquent, un mode de vie doit être établi dans lequel on doit a) rechercher les conseils de Dieu, b) permettre la contemplation et l'ouverture de l'âme à l'influence divine, et c) donner la bénédiction à Dieu pour l'aide reçue. Il est suggéré que la prière matinale soit pratiquée pour établir un lien avec l'âme divine à chaque jour, ce temps est réservé chaque jour pour examiner les mesures prises au cours de cette journée, et que la prière du soir rendant grâce à Dieu soit également pratiquée. Les âmes divines qui guident l'homme incarné sur Terre influenceront l'individu à mener sa vie de prière de la manière la plus susceptible d'apporter le succès et ainsi, graduellement, un modèle de vie sera mis en place qui permettra à l'individu de rouler sur l'autoroute vers Dieu.

Penser en termes de juste et d'immorale, de bien et de mal, de Dieu et du diable est de simplifier la réalité au point où toute discussion significative serait infructueuse. Toute vie est complexe. La plupart des sujets et des expériences les concernant sont complexes. Il y a rarement une situation liée à un sujet où la situation peut être considérée comme noire et blanche. Il est donc impossible de décrire des situations concernant la vie en termes simplistes et s'attendre à ces déclarations de porter la marque de la pureté dans la vérité. Toute déclaration catégorique relative à un événement ou une situation devrait être considérée avec suspicion comme il y a toujours des circonstances atténuantes.

Même si tous les faits connus relatifs à une affaire à l'étude sont connus, évalués et actualisés, il faut être conscient que la situation à l'étude n'est visualisée qu'avec une expérience limitée. Il y a toujours des zones de vie au-delà du domaine dans lequel on opère et, par conséquent, il existe des domaines de la réalité sur lesquels on ne peut avoir aucune connaissance, empêchant ainsi une véritable évaluation de la situation à faire. Il est donc impossible d'être certain que des assurances peuvent être faite concernant la fiabilité des déclarations faite par toute âme vivante. Pour cette seule raison, il est sage de ne pas tenir compte du dogme.

Cependant, il est nécessaire d'avoir quelques lignes directrices à suivre pour vivre sa vie, rapporter des expériences dans des schémas logiques de pensée et, certainement, l'histoire ne manque pas d'adages et de commandements, de déclarations et d'implorations, de règles et de règlements donnés pour le bénéfice ou non de l'homme. Jésus lui-même est crédité avec de nombreuses paroles qui n'ont pas été suivies quant à la façon dont on doit se comporter dans des situations. C'est ainsi que nous avons des recueils de lois de taille et poids puissants contrôlant chaque aspect de comportement dans notre monde soi-disant civilisé.

Si l'on tient compte du règne animal et végétal, l'attention semble être portée sur certains modes de comportement et les modèles d'événements semblent suivre des règles données. Qui pourrait prétendre que nous sommes mieux lotis en raison de réglementations explicites limitant le pire des excès de ceux qui gagneraient à tricher et profitant de leur prochain ? Nous considérons que les règles, implicites et explicites, sont nécessaires au complément du terme « civilisation ».

Comme c'est si souvent le cas, nous semblons avoir une dualité, un dilemme. D'un côté, nous avons la vie sur Terre, gouvernés par d'innombrables déclarations d'intention explicites, que nous appelons règlements et lois, et, d'autre part, l'affirmation selon laquelle personne n'est jamais dans une position pour donner, avec sagesse, ces lois. Le dilemme repose sur le mot "sagesse". La sagesse est l'attribut le plus important acquis par toute âme vivante et, comme la plupart des attributs, c'est en partie un don de l'esprit. Il est considéré comme n'étant pas entièrement un don de l'esprit parce qu'il doit être gagné par beaucoup d'efforts.

Cependant, il peut être gagné par tous les hommes lorsqu'ils sont prêts à assumer le rôle et sont interdits à tous ceux qui n'ont pas acquis la croissance spirituelle et intellectuelle.

Ceux qui aspireraient à être sages ne le trouveraient pas dans n'importe quel livre. La sagesse n'est pas la connaissance. Ce n'est pas le don d'un roi, d'un gouvernement ou d'une université, ni d'actes ascétiques comme le jeûne et la mutilation du corps. La sagesse se trouve dans le degré que l'âme dirige vers les corps inférieurs de lumière de l'homme, la puissance de Dieu dormante et attendant l'aube de la vie. C'est la croissance de l'âme. L'homme est une créature double. Il a le bas et le haut des corps. Ses véhicules inférieurs sont en contact avec les expériences de la Terre et ont une fonction nécessaire jusqu'à un certain point. Les hauts corps restent sans formation et somnolent jusqu'au réveil par l'appel de l'âme et l'appel des véhicules inférieurs cherchant la nourriture du doux pouvoir de Dieu.

Comme l'âme dirige la puissance de Dieu dans ces véhicules plus élevés, de sorte qu'ils brillent avec dynamisme et sont capables, à leur tour, de nourrir et d'élever la période des véhicules inférieurs. Le résultat est une croissance vers Dieu et le commencement de la sagesse. Une personne sage peut être considérée comme ayant atteint un équilibre entre Ciel et Terre. Cette définition peut suggérer à l'élève que de nombreuses personnes qui ont atteint l'honneur et le rang élevé, le pouvoir, et la fortune à travers les annales du temps, par leurs actions, peuvent être considérés comme nettement dépourvus de sagesse.

Il y en a d'autres, les gens gentils qu'on entend rarement parler de, qui correspondrait à la description.

Si une personne sage peut être localisée, l'étudiant ferait bien d'écouter ses enseignements. Ils seraient de paix, d'amour, de compréhension. Ils ne seraient pas des mots de guerre, d'égoïsme et d'avantage fiscal. Il y a des sages sur Terre, ou à proximité. Ils ne peuvent cependant pas être trouvés par des moyens terrestres. Ils ne font pas de publicité, ils donnent rarement des conférences en lieux publics, et ils ne se vantent pas de leurs attributs. L'étudiant à la recherche d'un enseignant avisé doit suivre les traces de tous les étudiants des mystères de la vie devant lui et prier Dieu pour l'aide, vivre une vie la plus irréprochable que possible, et, éventuellement, lorsque l'étudiant est prêt, le maître apparaîtra.

Ce maître peut être incarné ou il peut être désincarné. Ça ne fait pas de différence. Les sages ne sont pas limités dans le temps, la distance ou la langue. L'étudiant, lorsqu'il est accepté par le maître, prendra conscience du pouvoir et de la grandeur qui accompagne les sages et sera enseigné les mystères de la vie.

Il sera également informé des limites dont l'étudiant est soumis, des limitations implicites en conséquence du développement de l'âme de l'élève. Puis il réalisera que les lois imposées à l'homme par l'homme sont en effet pathétiques en dehors des limites qu'ils imposent, car toutes les lois par leur nature sont restrictives et, à mesure que l'étudiant lui-même commence à acquérir la sagesse, de sorte que les limitations et les restrictions, créées par l'homme et naturelles, s'appliquent de moins en moins.

Il doit y avoir des lois sinon le chaos s'en suivrait parmi ceux dont les âmes dorment. Les directives sont nécessaires pour les aveugles. Les signaux sont nécessaires pour ceux qui sont perdus. Malheureusement, proportionnée à la réglementation, vient la punition pour les transgresseurs et avec cela vient le jugement. Ensuite, nous sommes de retour dans le vieux piège d'avoir à juger les actions des autres, quand nous-mêmes ne sommes pas irréprochables, et infligeant des dommages à ceux qui sont trouvés coupables. Toute personne prise au piège d'avoir à vivre dans ces conditions trouverait virtuellement impossible d'atteindre la croissance de l'âme.

En même temps qu'un juge compare l'action d'un scélérat supposé à un ensemble de règles créées par l'homme, il limite automatiquement la possibilité, la réalité, d'un ensemble infini de situations et de variantes à cette règle qui existe en dehors de l'expérience du juge ou du législateur. On disait que Jésus avait été jugé par Ponce Pilate. Pour cette raison même, il essaya de suggérer à Pilate que les règles applicables à ce lieu et cette époque n'étaient qu'une infime partie des lois de Dieu et ce sont les lois de Dieu auxquelles l'homme doit obéir et que font, sans aucun doute, tous les autres aspects de la vie, qu'elle soit animale, végétale ou minérale.

L'humanité seule établit des règles parce que l'humanité seule exige d'enfreindre les lois de Dieu. Ainsi, nous suggérons que les instructions pour la vie données par Jésus dans la Bible sont conformes aux lois de Dieu et il incombe à tous les gens de les suivre. Qu'elles coïncident avec les lois de l'homme ne sont pas l'affaire de l'étudiant, tout comme Jésus ne s'est pas préoccupé des lois des Hébreux ou des Romains. Jésus a été crucifié plutôt que d'admettre des limites aux lois de Dieu et, si nécessaire, l'étudiant doit être prêt à subir le même sort.

L'étudiant, une fois qu'il réalise la vérité des lois de Dieu, ne peut pas trouver la vérité dans les lois de l'homme et nier les lois de Dieu serait de mentir devant Dieu. Le mensonge est un péché et, chez un homme sage, la mort est préférable au péché, car le péché apporte la mort à l'âme. La mort physique est inévitable de toute façon tôt ou tard, mais la croissance de l'âme est tout ce qui compte. Il est imprudent pour quiconque de retarder la croissance de l'âme. Le sage ne peut pas être imprudent.

Par conséquent, la crucifixion vaut mieux que le péché.

Il est recommandé à l'élève de réfléchir sur ces mots. Ils ne suggèrent pas que l'anarchie est autorisée à n'importe quel degré. En effet, le contraire est implicite. Les lois de Dieu exigent l'obéissance absolue par l'étudiant et les lois de Dieu ne permettre aucun acte qui serait considéré antisocial. Cependant, il est suggéré que, comme Jésus, nous ne jugeons pas les actions des autres et nous ne devrions pas être impliqué dans la prise de décision dans les actes qui restreignent la croissance de l'âme des autres. L'étudiant doit rechercher emploi dans des domaines où il n'est pas placé dans la position de nuire aux autres par la parole ou l'acte et devrait régler sa vie sociale de manière à être en paix avec lui-même, avec toute vie, et peut ainsi permettre à son âme de se développer, apportant la sagesse dans sa vie.

CHAPITRE 4 - LES APPARENCES

L'indifférence à sa condition est une position assumée par des personnes aux extrémités opposées du spectre du développement spirituel. D'un côté, ceux qui sont si peu développés qu'ils ont un état moribond n'ont pas développé le degré de conscience nécessaire pour porter un jugement concernant les états d'existence au-dessus et au-delà de celle nécessaire au maintien de la vie elle-même. Ces gens sont dans un état similaire par essence à celui d'une plante en termes de progrès spirituel et acceptent sans poser de questions les rigueurs de la vie, les frondes et flèches d'une fortune scandaleuse, sans comprendre la possibilité de pouvoir améliorer cette situation.

Sans aucun doute, ces personnes souffrent, mais leur souffrance est une souffrance d'inconfort, pas l'angoisse des âmes intelligentes qui réalisent de plus grands conforts et qui se retrouvent sans eux. Faut-il, par conséquent, avoir pitié d'une telle personne, car elle ne sent pas de pitié pour elle-même ? Doit-on essayer d'offrir cette personne du réconfort lorsque ce confort peut en causer de l'angoisse lorsqu'il se rend compte qu'il est sans confort ? Ces questions ne sont souvent pas posées par ceux qui se déplacent avec compassion parmi les échecs et les rejets de notre société, tendant à améliorer la situation de ces personnes.

S'ils se posaient de telles questions, on douterait peut-être qu'ils puissent se résoudre à la conclusion qu'il vaut mieux ignorer de telles personnes. Ce n'est pas dans la nature humaine de faire ainsi et pourtant, en troublant la tranquillité relative de ceux que nous considérons comme malheureux, nous assumons un lourd fardeau de la responsabilité de la douleur que nous causons à eux en apportant la lumière dans leur monde.

Ils ne nous demandent pas de les aider. Ils rejettent spécifiquement cette aide. Ils vivent selon un ensemble de règles différent à nous. Leur existence est valable et fait partie de la totalité de toute vie.

À un moment donné, bien sûr, ils changeront. Tous les humains sont de nature divine et le destin de tous les humains est de s'asseoir à la droite de Dieu. Par conséquent, les individus dont nous parlons doivent, aussi, atteindre ces sommets un jour. Mais qui dit quand ils sont prêts à assumer ce chemin ? Certainement pas nous qui ne pouvons pas contrôler nos propres vies, qui ne voient pas plus loin que le bout de notre nez. L'aube du réveil de leurs âmes est entre les mains de Dieu et il faut attendre que les personnes concernées viennent nous demander de l'aide.

À ce moment, nous devrions nous réjouir, nous réjouir de savoir qu'un autre disciple est sur le chemin de Dieu et nous devons offrir toute l'aide que nous pouvons, avec douceur. Un grand soin est nécessaire, car l'éveil de cette âme est fragile et il ne faut rien faire pour abîmer sa progression. Par conséquent, notre aide doit être adaptée aux simples exigences de fournir de la nourriture, un abri, de la chaleur et la bénédiction de Dieu. Les leçons et les remontrances doivent être évitées à tout prix.

Quant à ceux qui dorment encore, allez parmi eux si vous voulez, administrez à leurs besoins physiques si cela vous apporte ce plaisir, mais ne perdez pas votre temps à essayer de les rendre conformes à votre réalité. Ils marchent sur leur propre chemin et se contentent de le faire. Ne ressentez pas de la tristesse en les regardant. Imaginez comment vous apparaissez à un esprit élevé. Ne vous moquez pas et ne les rejetez pas. Ils font toujours partie de vous comme toute vie. N'essayez pas de vous en débarrasser. Ils ont le droit à leur existence tout comme vous. Acceptez-les pour ce qu'ils sont, des humains comme vous, mais plus bas dans l'échelle spirituelle. Ils réaliseront votre statut un jour et vous atteindrez vous-même un niveau supérieur. Acceptez-les comme vous vous acceptez et toute la vie.

À l'inverse, il y a ceux qui ont une élévation de conscience et qui ne se soucient pas des conforts matériels de la vie. De telles personnes sont tout aussi mystifiantes à la personne ordinaire. Ils prennent souvent l'apparence de fakir ou d'homme mystique vivant dans une grotte reculée dans une montagne. Ils peuvent prendre l'apparence d'un saint homme de foi occidentale, catholique par exemple, et vivre une vie solitaire dans un monastère ou une cellule creusée dans un rocher. Ces gens, si avancés, si sensibles, et si saint, semblent souvent vivre une vie forcée d'austérité pour une raison ascétique particulière.

Ne laissez pas les apparences vous tromper. L'homme n'a besoin de rien pour ne faire qu'un avec Dieu. Ceux qui ont atteint un avancement suffisant pour l'avoir réalisé sont en mesure de rejeter le glamour d'objets matériels et de ne faire qu'un avec Dieu manifestée en eux. Par conséquent, de telles âmes n'ont besoin d'aucune aide de votre part.

Si vous visitez l'un d'eux, ils n'ont même pas besoin de votre compagnie, car en étant un avec Dieu et eux-mêmes, ils font automatiquement un avec toute la vie. Ils ont tout le monde comme ami, voisin, et frère. Ils ne sont pas seuls.

S'ils daignent vous voir, c'est parce qu'ils sont prêts à troubler leur paix et leur tranquillité et descendre à votre niveau pour communiquer une partie de leur sagesse pour vous. Ils n'ont rien à gagner de vous et en fait le contact qu'ils ont avec vous est aussi désagréable que votre expérience le serait d'être en contact avec ceux de faible existence mentionnée avant. Par conséquent, n'imaginez pas que les sages qui vivent sans leurs conforts matériels sont en manque de quelque chose. Ils ont transcendé les illusions de la Terre et n'ont plus besoin de toute chose matérielle.

Il peut sembler étrange que sur Terre nous soyons capables de voir les deux extrêmes du développement spirituel. D'un côté, nous avons ceux qui n'ont besoin de rien parce qu'ils sont suffisamment peu développés pour être hors du spectre des choses matérielles et, sur l'autre, nous avons des gens vêtus de la même façon et dans un état identique à nos yeux qui ont totalement dépassés les exigences matérielles. Assurez-vous de ne pas confondre l'un avec l'autre. Assurez-vous également que vous n'offrez pas votre aide ou vos conseils à l'un ou l'autre groupe à moins qu'il ne soit demandé. Restez à l'intérieur de votre propre groupe. Il y a assez à faire.

CHAPITRE 5 - LE CONCEPT DE LA PAIX

L'histoire de l'humanité est un long récit de guerre et d'effusion de sang. L'histoire du règne animal est une histoire de vie prise par la violence afin de préserver le plus fort de deux animaux. On dit que la nature est cruelle.

Ce que nous voulons dire, c'est que certaines créatures vivent en étant carnivores et donc la manière dramatique dont ils obtiennent de la nourriture capte notre imagination. En fait, la grande majorité de la nature vit de manière paisible. Pratiquement, l'ensemble du règne végétal et la plupart du règne animal vivent en obtenant des nutriments sans tuer dans le sens accepté. Cependant, l'imagination de l'homme est captivée par les détails sanglants concernant les méthodes de chasse des créatures relativement peu nombreuses qui sont carnivores.

La nature est, dans l'ensemble, en paix avec elle-même et l'un ne peut pas vraiment accepter comme vrai le dicton qu'elle est cruelle. C'est l'imagination de l'homme qui correspond à cette description. Dans ses états désincarnés, la créature qui devient l'homme sur Terre vit sans meurtre. Il n'a pas besoin de nourriture. L'énergie est ingérée directement à travers les auras et, à cause de la nature des éléments des auras, il n'est pas possible d'enlever la vie à un autre homme ou à un animal. Ainsi, le concept de tuer est limité à la planète Terre et à l'homme et aux animaux sous forme physique.

Cependant, la haine est une condition qui ne se limite pas à la Terre. Il est possible que la haine existe par l'homme vêtu de ses corps de lumière et, en effet, il y a au moins un domaine de la vie qui a, en association avec lui, les conditions nécessaires pour fomenter la haine au maximum et ceux qui souhaitent faire l'expérience de ce degré d'anti-amour sont attirés par cette zone. Bien sûr, comme avec toutes les émotions qui ne correspondent pas à l'amour, les individus attirés par cette zone finiront par tourner, une fois rassasiés, et rejeter le concept de la haine pour trouver l'amour.

À la mesure de la haine vit la peur. La peur et la haine vont de pair, tout comme la paix et l'amour et sont en fait le complément, l'opposé, l'un de l'autre. Les dons des esprits aussi. Ils sont des attributs vers lesquels l'homme s'efforce. Ils ne sont pas naturels pour l'homme non plus. Il n'est pas né avec le concept de peur et de haine en lui. Ils étaient inconnus de lui avant qu'il ne s'incarne sur Terre et ils finiront par le quitter une fois qu'il reviendra abriter les royaumes spirituels.

D'où viennent les sentiments presque universels, de la haine et de la peur si profondément enracinées dans le cœur d'homme ?

La haine est un concept inconnu du royaume animal. Eux, les animaux, n'ont pas la capacité de haïr et pourtant, ils ont la capacité d'aimer. Qui pourrait nier qu'un chien a de l'amour pour son mentor connu de nous comme son maître ? Certes, il y a des individus vicieux incarnés qui abusent et maltraitent leurs animaux de compagnie de la manière la plus épouvantable et ces animaux de compagnie craignent leur maître, mais ils ne le détestent jamais. Ce serait un triste jour si ce concept était introduit dans la conscience animale.

Par conséquent, récapitulons et disons que la peur et la haine dans les auras des humains vont de pair, que la peur est connue exclusivement des animaux au départ et que la haine est connue exclusivement de l'homme. C'est ainsi qu'ils se retrouvent sur Terre.

Ils sont encouragés et présentés à l'homme par le complément des directeurs de vie, les archanges que l'on pourrait appeler les directeurs du chaos. La fonction des directeurs du chaos est essentielle à la continuité de la vie, mais une fois qu'ils ont le champ libre, alors leur effet est vraiment mauvais.

C'est ainsi qu'une force insidieuse est introduite dans le cœur de l'homme pour provoquer le plus haut degré de séparation du concept de Dieu possible. Dieu est pour la paix, l'amour, la beauté et l'unité. Le contraire est la guerre, la haine, la laideur et la séparation. À la racine de ces concepts négatifs est la peur. La peur séparera un groupe d'un autre et amènera un homme à tenter d'en tuer un autre au cas où il serait d'abord tué. La peur est au cœur de la méfiance, dresse des barrières à être construites, et veillera à ce que rien de positif ne puisse être atteint. Et pourtant, la peur est un concept étranger à l'homme. Il n'existe que dans la vie animale.

L'examen d'un être humain révèle deux créatures en une. Son vrai moi le plus grand est entièrement de nature spirituelle. L'homme peut être comparé à un iceberg dans le sens où ce qui est visible pour l'œil nu ne représente qu'une partie de la totalité d'un iceberg. Avec l'homme, il a un seul corps physique visible à l'œil nu et sept auras invisibles à cet œil. Il a aussi une âme et un esprit de Dieu. Par conséquent, si les sept huitièmes de l'homme sont spirituels en concept et ne connaissent pas la peur naturellement, comment se fait-il que le corps puisse exercer une telle emprise sur son intégralité ?

La réponse simple est que parce qu'avec la plupart des gens les auras ne sont pas développées, donc, ils ne fonctionnent pas efficacement et donc le corps physique de l'humain représente une grande partie de la composition d'un homme. C'est ainsi que la peur peut s'introduire et dominer ses émotions. Cependant si, et quand cette personne commence, par la prière, la méditation et la dévotion à Dieu, à développer ses auras, il est évident que ce concept de peur doit être réduit parce que des auras développées, pleines de la puissance de Dieu, ne savent rien de l'émotion peur. Ainsi, la totalité de la peur par rapport à la totalité que devient l'homme réduit. Simple, n'est-ce pas ?

Pourquoi alors la grande majorité de l'humanité est-elle détenue dans l'emprise de la peur et de la haine ? La réponse, bien sûr, est cette connaissance des auras de l'homme, la connaissance des techniques de méditation, qui ont été cachées à l'homme par ceux qui sont sous l'emprise du pouvoir du mal parce qu'un tel pouvoir reconnaît instantanément que la connaissance de telles affaires sonnerait le glas de la mort pour ce pouvoir et le pouvoir du mal, comme le pouvoir du bien, s'efforce toujours d'acquérir la suprématie.

Par conséquent, nous avons les tristes concepts qu'à travers le monde, les techniques de méditation sont attribuées à des religions marginales non-applicables à nous, que la prière est formalisée et émasculée dans des chants rituels qui ne touchent ni l'esprit ni le cœur, et que les auras sont considérées comme des produits de l'imagination d'âmes égarées pas loin de l'asile d'aliénés. Le résultat se manifeste dans la guerre et le crime, le malheur et la décadence des éléments de beauté inhérents à l'homme. La situation se poursuivra jusqu'à ce que le climat soit modifié, que les individus soient conscients des auras qui les entourent et du besoin désespéré de les développer.

Il est d'une importance primordiale, également, d'assimiler dans la pensée le concept de liberté par rapport au mal. Alors qu'il est assez facile pour la plupart des gens intelligents de comprendre que ceux qui sont carrément d'accord avec Dieu peut être permis latitude en relation à la liberté d'action et que, une fois qu'on les connaît et qu'on leur fait confiance, qu'ils agiront toujours d'une manière pieuse, nous pouvons relâcher notre vigilance sur eux, les placer libres d'aller vivre leur existence comme ils l'entendent sans nous causer de détresse, le même ne peut pas être dit pour les individus utilisés par les forces du mal.

Lequel d'entre nous peut accepter qu'une personne mauvaise ait le droit d'agir d'une manière antisociale perverse, causant malheur dans les domaines où il opère et être toujours en paix avec le concept de permettre qu'il agisse ainsi ? Et qui parmi nous serait capable de comprendre qu'il en a le droit ?

Les enseignements de la plupart des publications religieuses exhortent d'une part la rotation de l'autre joue par rapport aux actes perpétrés par des âmes égarées et, en même temps, nous exhortons à nous occuper de ceux pris au piège des forces du mal. Nous sommes encouragés à chasser le diable des âmes de ceux qui sont sous son emprise, exorciser les gens et, en somme, agir pour retirer le diable et son pouvoir des gens aussi loin que nous pouvons. Cette action, est-elle valide ? Le diable, n'a-t-il pas le droit d'exister si l'on considère que lui aussi doit avoir été créé par Dieu ? Est-ce que quelqu'un qui agit d'une manière antisociale n'a pas le droit de le faire ? Quelle devrait être la position prise par un vrai disciple ?

Eh bien, dans un monde idéal, il n'y aurait pas d'acte antisocial et le diable n'existerait pas. Nous énonçons à la fois qu'une telle condition n'existera jamais parce qu'elle ne fait pas partie du plan magistral de vie de Dieu. Le concept de l'opposé de Dieu a été créé par Dieu et est une partie essentielle de la création de Dieu. Sans les forces négatives, il n'y aurait pas de monde, aucun peuple. Rien ne pourrait exister sans le yin et le yang – les forces opposées auxquelles nous devons nous efforcer d'atteindre un équilibre.

Une fois de plus, nous constatons que des générations d'âmes à travers le monde ont été trompées par les religions orthodoxes et par des philosophes qui auraient pu accumuler suffisamment d'informations pour arriver à la vérité. Mais ils ne l'ont pas fait. Nous sommes donc en position d'essayer de rééduquer les âmes mûres qui considèrent que cette domination complète et la défaite des forces négatives créerait un Jardin d'Eden.

Tel n'est pas le cas. Nous devons toujours avoir les forces s'opposant l'un à l'autre. C'est parce que les forces du bien et du mal agissent automatiquement et aveuglément. Nous ne voulons pas heurter la sensibilité de ceux qui visualisent Dieu comme un homme avec une barbe blanche et ceux qui supposent que Dieu doit être infiniment sage, mais nous nous sentons obligés de présenter la vérité. Dieu était représenté avec des attributs humains par ceux qui ont réalisé que l'homme simple ne pouvait pas comprendre une force abstraite. Ce n'est que récemment que l'homme a commencé à comprendre et à quantifier la nature de la gravité. Alors pouvez-vous imaginer que si un être angélique avait suggéré à ceux qui vivaient il y a de longues années que c'était nécessaire d'obéir à certaines règles, mais que le créateur de ces règles était une force aveugle ? Probablement, qu'il y a aujourd'hui des communautés entières qui ne pourraient pas ou ne voudraient pas reconnaître une telle vérité.

Cependant, cela n'a pas d'importance. Nous présentons la vérité comme nous le voyons et comme nous le savons dans nos cœurs et nous permettons à quiconque qui n'est pas d'accord avec la latitude, à le faire. La puissance de Dieu est une force qui va dans le sens du concept de créativité dans toutes ses variations tout à fait automatiquement et sans cesse. S'il n'y avait pas de force d'opposition, alors le chaos arriverait. La matière se combinerait à l'infini jusqu'à ce que l'univers soit rempli d'une énorme planète. Toute force vitale dans la nature des plantes et des animaux vivrait et ne mourrait jamais, procréerait jusqu'à ce que la surface de la planète soit étouffée par des êtres vivants. Bref, la vie telle que nous la connaissons ne pourrait pas être. Alors on a besoin de la force négative pour limiter le pouvoir du bien et ralentir le taux de croissance de la reproduction. Le pouvoir du mal agit comme l'éboueur, le croque-mort de la vie, disposant des morts et mourant, laissant ainsi la place à la génération suivante.

Comme la puissance de Dieu, la puissance du mal agit tout à fait automatiquement et sans cesse. S'il n'y avait aucun pouvoir de Dieu, alors le chaos s'en suivrait dans la direction opposée. La vie s'éteindrait. Les planètes se décomposeraient en leurs éléments constitutifs et la vie cesserait. Par conséquent, nous espérons que vous pourrez comprendre que la vie est un équilibre sur le fil du rasoir entre les deux forces opposées.

Le problème est qu'à moins que des mesures ne soient prises constamment par ceux qui sont du côté du bien, le pouvoir de la corruption prend rapidement le dessus. Imaginez une maison debout n'importe où sur la surface de la terre. Une fois construite, elle commence à se décomposer et les propriétaires de la maison ont le devoir constant de repeindre le bois, rejointoyer la maçonnerie, réparer le toit, et cetera, ou dans un court laps de temps, la nature la réduit en décombres. Ce n'est pas malin. C'est la force négative naturelle à l'œuvre inconsciemment pour assurer la rupture de tout ce qui est. C'est sa fonction et il l'effectue bien. Les travailleurs pour le pouvoir du bien peuvent être comparés au propriétaire de la maison. Ils doivent constamment travailler juste pour réparer les dommages causés par la nature.

S'ils souhaitent améliorer la maison en termes de la rendre plus grande ou plus belle, ils doivent y mettre encore plus d'efforts et puis ça demande encore plus d'efforts pour la garder en parfait état.

À partir de cet exemple, vous pouvez voir pourquoi, de temps en temps, de grands esprits comme Jésus viennent sur Terre pour exalter tous ceux qui comprendront, tous ceux qui écouteront, entreprendre la lutte contre le mal. Nous espérons que vous pourrez comprendre pourquoi vous aussi devez-vous battre.

Pour revenir au point initialement discuté, devons-nous empêcher toute personne d'agir pour les forces négatives ? Peut-on répondre à une telle question et pourtant, nous devons y répondre afin d'aider à clarifier notre position par rapport à l'attraction des forces opposées. Nous pourrions adopter le point de vue que nous devrions tuer toute personne agissant de manière antisociale et pourtant, instinctivement, nous savons que c'est faux. Mais pourquoi est-ce comme ça ? Cela résoudrait le problème en supprimant de la face de la Terre toute personne agissant de manière antisociale et les projetant dans une zone du monde des esprits où ils pourraient causer de la détresse à ceux qui leur ressemblent, mais n'offenseraient pas les âmes plus élevées.

Mais notre devoir envers Dieu et envers l'homme doit toujours être positif. L'acte de tuer est une force négative et tombe donc sous la juridiction du diable. Donc, si l'on tue, on agit pour le diable et, par définition, en opposition à Dieu.

De même, si nous emprisonnons ou punissons, torturons ou mutilons, nous agissons pour la force du mal. Alors les mécréants sont libres et marchent toujours sur la Terre et cause toujours de la détresse à ceux qu'ils contactent. Peut-on faire quelque chose pour améliorer la situation ? Je crains que la réponse soit non, au sens physique. Nous ne devons pas les toucher.

Cependant, tout n'est pas perdu. Nous avons de notre côté la puissance de Dieu qui peut être magnifiée à tout degré requis à travers la trinité de la prière, méditation et dévotion à Dieu. Ce pouvoir peut se déchaîner contre ceux qui nous font du mal, à nous et à nos semblables. Cela se fait de la manière suivante.

Asseyez-vous tranquillement. Visualisez l'individu et/ou la cause préjudiciable à la paix dans le monde. Puis prier Dieu dans un langage simple pour cette personne ou cette organisation d'être aidée par Dieu. Quand vous avez fini, remerciez Dieu pour la puissance qui a été envoyée pour améliorer la situation. Est-ce que Jésus ne vous demande pas de prier pour vos ennemis ? Nous vous demandons de faire la même chose. Après avoir placé ces ennemis dans les mains de Dieu, vous devez les y laisser. Ne pas effectuer toute action visant à les restreindre. La puissance de Dieu entrera dans leur cœur et réduira l'action de la puissance du mal et donc leurs actions antisociales réduiront.

Par un processus similaire, les actions des contrôleurs du pouvoir dans le monde peuvent être modifiées. Ceux dont nous avons parlé plus tôt qui agissent en qualité de juges, politiciens, pédagogues, syndicalistes, et cetera, et qui sont effectivement en mesure d'être manipulé par la force négative peuvent avoir cette action réduite et modifiée au profit de tous. La tâche, bien sûr, est monumentale. Les gens tenus sous l'emprise d'une force maléfique ne seront pas, à la légère, libérés par cette force. La tâche de chasser le mal et faire apparaître la bonté peut être imaginée par ceux sur le côté du bien. Le nombre de personnes agissant pour le pouvoir du bien par l'action de la prière et la méditation est très petit par rapport au nombre tenu sous l'emprise du mal.

Mais, néanmoins, il faut commencer quelque part. Le départ a été fait, il y a de nombreuses années par les premiers prophètes et sages qui se sont incarnés et il y a une vaste armée d'âmes désincarnées qui prie constamment pour la paix. Par conséquent, lorsque vous nous rejoindrez dans la prière pour la paix, vous vous joindrez à une foule puissante. Ne vous sentez pas isolé.

Vous pourriez être le seul dans votre maison ou dans votre rue et pourtant, vous rejoignez automatiquement avec la pensée de ceux qui sont incarnés à travers le monde et ceux désincarnés dans les royaumes spirituels qui, comme vous, prient pour la paix.

La puissance de Dieu est envoyée et s'envole pour entrer au cœur de ceux qui dorment et les réveillent à la réalité de la vie et de la vérité. Ne soyez pas consterné par les histoires qui paraissent dans vos journaux. Ils racontent simplement les actions de ceux qui n'ont pas encore été gagnés du côté du bien. Les journaux ne mentionnent pas ceux qui ne commettent pas de crime parce que la puissance de Dieu réside dans leurs cœurs. Bientôt, viendra le temps où l'homme verra les crimes commis par ceux qui les contrôlent. Les choses vont changer.

Dans de tels moments, il sera naturel pour ces nouveaux illuminés de se venger des longues années de souffrances infligées par le peu de ceux qui détenaient le pouvoir. Il ne doit pas y avoir de vengeance. Laissons Dieu s'occuper des auteurs de ces crimes comme il s'occupera des auteurs de tous les crimes. Ne permettez pas à la paix dans vos cœurs d'être troublée par des pensées de vengeance. Vous ne feriez qu'agir pour renforcer la main de la force du mal. Agissez toujours pour Dieu dans la paix et l'amour. Puis par votre exemple, que tous apprennent à suivre le chemin de paix.

Dans le cadre de l'étude de l'aura humaine, il a été la mention de champs de force entourant un individu que nous appelons auras. Ces champs de force sont de l'énergie pure, de la vie pure et, en tant que telles, peuvent répondre à l'énergie totale ou à la force vitale émise d'une personne à travers ses émotions. Donc, il est à noter que les auras peuvent changer de couleur, mais plus important encore, tout individu réagissant à l'environnement qui l'entoure augmentera ou abaissera le taux de vibration de ces auras et ainsi transmettant ou absorbant de l'énergie.

Ceux qui sont influencés par les forces obscures sont utilisés pour manipuler les gens et les situations pour créer une atmosphère de consternation, d'abattement et de désespoir. L'effet est évidemment de réussir à réduire le taux de vibration de vos auras lorsqu'elles réagissent aux vibrations qui les entourent. Elles diminuent de valeur et en teinte, et la matière est réabsorbée dans ces auras et ceci permet un processus de destruction à se produire. Le résultat peut être un accident, un incendie, un tremblement de terre. Cela dépend de beaucoup de choses, mais vous pouvez être sûr que si vous vous sentez déprimé, vous contribuez à votre propre chute et aussi à la chute des autres.

De même, toutes les émotions antéchristiques, la cupidité, la jalousie, la haine, l'envie, et cetera, produira des résultats négatifs et affectera la vie à la fois proche de vous et, peut-être, de loin en réduisant légèrement l'énergie totale disponible pour la création. Il doit être clair alors que chaque personne incarnée et désincarnée doit s'efforcer d'être heureux, joyeux, et d'être rempli des émotions positives et chrétiennes de la paix, l'amour, la compréhension, la compassion, etc. Le résultat sera une augmentation de l'énergie totale disponible pour que le monde soit en paix. Puis accidents, haines, guerres et autres bouleversements seront réduits.

Le problème, bien sûr, est de savoir comment être en paix dans un monde où nous sommes entourés de forces négatives. Pour commencer, vous ne serez pas en paix si vous vous identifiez avec les choses de la Terre. Les forces sataniques influencent la pensée de beaucoup de ceux qui travaillent dans des domaines de la publicité et de la gestion pour créer au sein de la société un sentiment de manque. C'est une condition résultant d'essayer de "suivre les Jones". La situation est fabriquée pour vous faire sentir que vous manquez en quelque sorte de ce que vous devriez avoir à la suite de l'effort que vous avez mis dans la vie. Pourquoi devriez-vous posséder une vieille voiture quand tous autour de vous semble changer la leur tous les ans? Pourquoi devriez-vous rester à la maison chaque été quand vos amis, ou ennemis, peut-être, voyagent à des lieux exotiques dans la recherche infructueuse d'épanouissement ? Nous pourrions continuer à inclure les maisons, les ménages d'électroménagers, vêtements, perspectives d'emploi. La liste est interminable. Des nouveaux domaines de création d'insatisfaction sont explorés en permanence.

L'effet, bien sûr, est manifeste et multiple : la grande quantité de ressources en termes de pétrole, de bois, les métaux et l'oxygène qui sont consommés pour créer les objets du désir ; la grande quantité de souffrance par ceux qui conçoivent, fabriquent et vendent ces articles souvent inutiles ; la quantité incroyable de l'envie générée par ceux qui ne peuvent pas obtenir les biens et la terrible déception quand les effets, étant finalement obtenus et en s'apercevant qu'ils n'étaient pas nécessaires du tout, sont de mauvaise qualité et ne créent pas un bonheur et un contentement durables. Le degré auquel les forces obscures avancent d'une telle pratique est génial.

La contre-attaque doit être un rejet complet du mode de vie matérialiste. Si vous avez besoin d'un véhicule, achetez-en un et assurez-vous qu'il est un véhicule solide et bien construit et décidez de le garder pour de nombreuses années. Si vous avez besoin de vacances, cherchez une retraite paisible dans un quartier calme de la campagne et détendez-vous. Si vous avez besoin d'une maison, achetez-en une que vous pouvez vous permettre et y vivre en paix. Rejeter ce chaotique mode de vie et vous trouverez le contentement à l'intérieur de vous-même qu'aucune quantité de courir après les arcs-en-ciel ne vous apportera.

Ne vous inquiétez pas de la promotion à votre emploi. Servez votre prochain du mieux que vous pouvez et laissez vos employeurs chasser leur fortune. N'agissez pas en concert avec eux. Ils sont perdus et ne savent pas où ils vont. En fait, ils ne vont à nulle part.

Laissez-les être comme des chiens qui courent après leur queue et marchez sur le chemin de Dieu dans la paix et la tranquillité.

Méditez chaque jour. Priez chaque jour. Servez Dieu au service de votre prochain. Ayez du respect pour l'esprit de Dieu inhérent à chaque atome de tout ce que vous utilisez. Ne jetez pas de vieux vêtements simplement pour en acheter de nouveaux. Le même esprit de Dieu est dans les deux. Ne pas jeter des véhicules pour en acheter de nouveaux. L'esprit de Dieu est dans les deux également. Servir Dieu manifesté dans tout ce que vous avez et essayez d'être en paix avec ce que vous avez. En le faisant, vous changerez de l'âme perdue que vous êtes maintenant pour le fils de Dieu qui est votre destin. Trouvez la paix dans votre cœur. Gardez la paix dans votre vie. Montrez la paix sur votre contenance et assurez-vous que, lorsque les gens regardent vers vous, ils verront la face de Dieu.

CHAPITRE 6 - RÉGIME POUR LA SANTÉ & SPIRITUALITÉ

Maintenant, avant de commencer ce chapitre, je dois clarifier un ou deux points. La personne de La Fraternité Blanche qui a dicté tout le livre à moi, et vous devez vous rappeler qu'il a été fait en utilisant la clairaudience ou la canalisation tel qu'elle est parfois appelée, m'a demandé si je pouvais dresser une liste de tous les fruits, noix et légumineuses que je pourrais trouver et il me dirait à quelle catégorie ils appartenaient.

Or, alors que ce livre a été dicté il y a environ 30 ans, Internet n'existait pas et la seule source d'information sur la nourriture qui était à ma disposition était à travers des livres de diététique et de cuisine. Alors, j'ai ramassé autant que je pouvais et j'ai dressé une liste. Cependant, je n'étais jamais vraiment satisfait d'avoir compilé toute la nourriture qui était disponible à ce moment-là et, avec le passage du temps, sans doute y a-t-il plus d'aliments exotiques disponibles aujourd'hui qu'ils n'étaient alors disponibles.

Je dois aussi dire que les noms de certains fruits, et cetera, changent selon le pays. Par exemple, en Angleterre, nous avons le poivron rouge et le vert. En Amérique, ils sont connus sous le nom de « Bell Peppers » etc.

J'ai donc supprimé la liste actuelle des aliments pour divers signes du zodiaque jusqu'à ce que je puisse obtenir une mise à jour moderne de mes guides qui est conforme à la nourriture disponible aujourd'hui. Ensuite, je compléterai ce chapitre.

De plus, la façon dont fonctionne la clairvoyance est que je dois avoir déjà les mots dans ma tête pour que le guide puisse me les dicter. Si je n'ai pas de connaissances d'un mot, ils ne peuvent pas le faire résonner dans ma pensée. Ainsi, même si la personne qui me dicte connaissait d'autres aliments, si le nom de cet aliment m'était inconnu, je ne pourrais pas le capter.

Et, au sujet de la langue, vous avez peut-être remarqué, si vous avez suivi le livre jusqu'ici, que le langage utilisé est très formel, précis et un peu démodé. Bien que j'aie eu une raisonnable éducation à l'école, la Fraternité Blanche m'a demandé, avant de commencer ce livre, de lire de la littérature classique et m'a poussé à revenir en soirée pour des cours d'anglais pour faire progresser mon vocabulaire. Ainsi, j'ai pu capturer ce langage plutôt guindé avec précision, mais je comprends que ce n'est pas la lecture la plus facile.

Maintenant, je vais continuer avec le chapitre. Donc je commence. Bob Sander.

Le prochain point à discuter d'intérêt et de la préoccupation de l'élève porte sur le sujet du régime. Il y a eu de nombreuses factions au fil des ans qui ont considéré l'alimentation du corps humain en termes de calories, graisses, glucides, et cetera, en vue d'obtenir un régime équilibré. Une alimentation équilibrée suppose qu'une personne est imprégnée des éléments nécessaires pour le soutenir en parfaite santé et c'est ainsi qu'au fil des générations, les savants ont proposé que certains aliments en certaines quantités doivent être consommés à des moments donnés de la journée et il est attendu que tout irait bien.

Cependant, comme c'est maintenant de l'histoire, tout n'allait pas toujours bien. Les gens sont tombés malades malgré les conseils de bons diététistes et donc, peu à peu, les diététistes ont changé le régime alimentaire au fur et à mesure qu'il leur est apparu que certains aliments étaient hostiles au corps humain et encore des gens sont tombés malades. C'est aussi intéressant d'observer les régimes proposés à tout moment par de soi-disant experts du monde entier, en Chine, Russie, Scandinavie, etc. Au même moment dans le temps, dans différentes parties du globe, les experts étaient et sont en train de proposer les vertus absolues d'une alimentation très différente de celle proposée par un confrère diététicien d'un autre segment du monde. Ça ne fait pas de différence. Leurs patients succombent encore à la maladie et meurent encore prématurément de maladies liées à l'alimentation.

Est-il donc possible de découvrir un vrai régime qui apportera les vitamines nécessaires et minéraux, dans leurs justes quantités, pour favoriser une existence saine tout en évitant d'ingérer des toxines qui nuisent au métabolisme ? La réponse est oui, mais cette réponse doit être nuancée par certaines affirmations et par des qualités concernant la vie en général. Le sujet du régime est long et complexe et ne peut être écarté simplement en énumérant quelques aliments à manger et quelques éléments à éviter. Le sujet couvre un champ beaucoup plus large que les seuls noms d'aliments.

Il est nécessaire de réaliser que les humains sont affectés par les rayons qui dominaient à leur naissance et qui vont affecter leur progression durant toute leur existence. Ces rayons étaient présents dans la réalité d'une personne depuis longtemps avant qu'il ne naisse sur Terre et le verra à la Divinité. Les rayons, dont les gens, généralement, connaissent peu sauf en termes de signes du zodiaque, sont une partie vitale du métabolisme d'une personne et affectent cette personne à chaque instant de sa vie. Il n'est pas le moment de parler de ces rayons, car ça aussi, est un sujet complexe et nécessite beaucoup d'études pour comprendre.

Il est mentionné, afin d'élucider, que les gens peuvent être regroupés selon le signe du zodiaque. Les rayons qui les affectent et les transportent le long du chemin vers Dieu n'affectent pas seulement les humains. Ils affectent également les plantes et les animaux.

Ceux qui mangeraient bien feraient bien de se rendre compte que la nourriture diffère selon les rayons avec lesquels elle est en harmonie et que, en mangeant des aliments à l'amiable pour lui, il mangera la bonne nourriture pour lui. Par conséquent, il peut être évident qu'avant qu'une personne peut espérer ingérer les bons types de nourriture pour son métabolisme, il a besoin non seulement de savoir et d'apprécier les rayons sous lesquels il voyage, mais a également besoin d'apprécier les différents types d'aliments vibrant ou correspondant à ce même rayon afin qu'il puisse apprécier ce qui est sûr et avantageux pour lui de consommer et ce qui est un anathème pour son système.

Ces informations sont vitales pour son bien-être et il deviendra nécessaire que l'élève apprécie les détails les plus fins relatifs à son signe de naissance et aux rayons correspondants par lesquels la nourriture se rapporte à lui. S'il est incapable de suivre ce précepte, il est dans la position où la grande majorité de l'humanité se retrouve, c'est-à-dire qu'ils sont tous en train de se nourrir et s'empoisonner à chaque bouchée de nourriture qu'ils mangent.

Ainsi, on se rend compte que le sujet de l'alimentation peut être assez complexe et qu'il n'y a pas deux groupes de signes de naissance que les individus peuvent participer exactement aux mêmes types de nourriture. Ceux qui ignorent ce fait doivent continuer à nourrir leur corps de la façon anarchique qu'ils le font déjà, mais ceux qui peuvent apprécier la validité de cet avis constatera une amélioration de la santé du corps qui se reflétera tout au long de leurs corps spirituels aussi. Ainsi, ils vont grandement bénéficier des changements alimentaires qu'ils effectuent sur eux-mêmes.

S'il devait y avoir une raison pour laquelle une personne ne peut pas suivre les conseils diététiques donnés, alors cette personne devrait suivre les conseils de son médecin, car c'est certain, il y en a, avec certaines lacunes dans leur métabolisme qui auraient besoin de suppléments de certains minéraux ou vitamines. De telles personnes devraient suivre un régime alimentaire correct dans la mesure où il leur est conseillé de faire et suivre les instructions d'un médecin praticien qualifié après. Que ce soit bien compris que les conseils prodigués profiteront à toute l'humanité et doivent être suivis scrupuleusement afin de récolter les bénéfices qui en découlent.

C'est la coutume générale parmi un grand nombre dans le monde entier pour baser leur alimentation sur la consommation de chair animale. Il a été considéré depuis des temps immémoriaux comme nécessaire à la condition humaine malgré de nombreux peuples à travers ce même monde vivant des vies réussies comme végétaliens pour des raisons économiques ou religieuses. Les mangeurs de viande se cachent derrière un voile sur le succès du maintien de la vie sur les légumes seuls et les mangeurs de viande s'unissent pour se convaincre que tuer des animaux est à la fois vital et excusable, car la vie ne peut pas être maintenue avec succès sans cela. Des raisons sont données que l'homme a toujours été un omnivore puisqu'il vivait dans des grottes. Son proche, le singe, est connus pour manger de la viande.

Et donc l'argument est établi de manière concluante que de manger de la viande est requis par la forme humaine. Et pourquoi pas ? C'est bon, ça devient un attrayant centre à n'importe quel repas, il ouvre d'innombrables possibilités culinaires, etc. Il y a une raison valable pour laquelle les humains incarnés sur Terre ne devraient pas manger de viande, à moins et seulement à moins qu'ils ne soient en danger de mourir de faim. Il est excusable de consommer la chair d'un animal fraîchement abattu afin de préserver le temple du corps parce qu'un corps humain est d'un ordre spirituel supérieur à celui d'un animal et, dans l'équilibre du pouvoir spirituel, il est plus valable qu'un humain devrait survivre qu'un animal. Mais c'est la seule raison de tuer et de manger la chair de n'importe quel animal.

La plupart des êtres humains sur Terre, aujourd'hui, ne meurent pas de faim et donc, pour eux, il est dit avec la plus grande force et vigueur qu'ils doivent cesser immédiatement de tuer et de manger les créatures de Dieu parce qu'ils sont en train de se faire du mal physiquement et spirituellement et, en outre, bouleversent l'équilibre spirituel du pouvoir que les archanges s'efforcent de maintenir avec tant d'acharnement. La viande est nocive à la forme humaine. Il contient des toxines qui empoisonnent le corps. Il commence à se décomposer dans le corps avant d'être évacué créant ainsi plus de toxines et, pire encore, il remplace dans l'alimentation certains aliments qui doit être consommé afin de maintenir l'individu en pleine santé.

La viande ne fait que nuire au corps. Ce n'est pas nécessaire et la viande ne contient aucun minéral ou des avantages vitaminiques qui ne peuvent être remplacés par légumes, fruits et noix. Le tube digestif de l'homme est formé pour la digestion des végétaux. Ainsi, c'est long. Le tube digestif des carnivores est court afin qu'ils puissent extraire les éléments vitaux nécessaires et excréter rapidement les déchets avant qu'il ne commence à se putréfier. L'inverse se produit chez les humains. Ainsi, un certain nombre de maux peuvent arriver dans certaines conditions où elles pourraient être évitées.

Deuxièmement, il existe une relation complexe entre la qualité spirituelle d'un animal et la qualité spirituelle des humains. Alors qu'il est tout à fait possible de mêler l'aura de l'animal de compagnie à celle de son ami ou soi-disant propriétaire, il n'est pas possible de mélanger l'aura d'un animal tué contre son gré, et dans une peur abjecte, avec ceux de l'individu qui consomme cet animal avec les restes de cette aura toujours accrochée à la viande. Un modèle complexe de bouleversement se forme dans l'aura du mangeur qui peut entraîner des sensations étranges affectant les émotions du mangeur, des émotions de violence, de haine ou de peur, reflétant les conditions émanant de la viande consommée et modelant la personnalité du mangeur. Ainsi, il a été écrit que manger de la viande peut enflammer les passions, d'où la mystique que certains aliments ont en référence, par exemple, étant aphrodisiaque. C'est pourquoi certaines tribus de l'Afrique tuaient et mangeaient la chair crue d'un lion avant d'aller au combat.

Ces passions ne sont pas requises par le disciple de Dieu. Les passions requises sont le véritable amour, la paix, et la compréhension. Ils peuvent être gagnés en partie par se lier d'amitié avec un animal et éveiller sa sensibilité au-dessus du niveau animal en partageant la chaleur et gentillesse de la belle compagnie humaine avec, mais rien ne peut être gagné en le mangeant. Donc, comme il a été dit auparavant, "tu ne tueras pas". Il est nécessaire pour l'étudiant sur le chemin vers Dieu de devenir végétalien pour ne pas s'empoisonner sous forme physique et ni ses corps de lumière avec le mal émanant d'un animal dont la vie a été déchirée avant son terme naturel. Il n'est pas acceptable non plus de manger les sous-produits de la mort d'un animal. Ni encore tout fruit de cet animal comme les œufs, le lait ou du fromage.

Pour être disciple, il faut ne manger que des fruits, noix, raisins secs, légumes ou légumineuses. N'importe qui, qui pense qu'il peut entrer dans le royaume de Dieu et manger de la viande se fait des illusions. Le royaume de Dieu traite dans les réalités, pas dans les délires. Le Christ Jésus, c'est noté dans la Bible, mangeait de temps en temps du poisson, de l'agneau, et diverses autres viandes et pourtant, il venait de Dieu, était de Dieu, et retourna à Dieu. Pourquoi et comment est-ce ? S'il était suffisamment illuminé, il ne devrait pas avoir consommé la chair des animaux. Donc, il semble y avoir un dilemme.

La réponse 2000 ans, plus tard, est difficile à dire avec toute certitude. Si Jésus était né aujourd'hui, il serait certain qu'il aurait été végétalien. Ceci peut être considéré comme une certitude parce que ses opinions aujourd'hui nous sont connues. Quant au passé, il est probable qu'il a mangé de la viande. Peut-être qu'il n'y avait rien d'autre pour soutenir le corps. Peut-être mangeait-il de la viande pour s'associer à ceux qu'il a enseignés et à ceux à qui il offrait l'illumination. Peut-être que la traduction grecque a admis de mentionner qu'il ne mangeait que des légumes. Peut-être, comme les histoires, étaient transmises de bouche à oreille à travers le temps, ils se sont corrompus dans les vues de ceux qui ne pouvaient pas imaginer que quelqu'un puisse survivre sur des légumes seuls. Nous ne saurons jamais avec certitude et que cela ne soit pas une pierre d'achoppement pour l'avenir.

Il est certain aujourd'hui que la viande est nocive pour l'homme et l'empêchera d'atteindre le but qu'il cherche. En étant végétalien et en étant disciple de Dieu, ça montre aux autres comment vivre et dans la mesure que d'autres deviennent végétaliens, puis, espérons-le, la violence diminuera dans le monde et la paix régnera comme il se doit. Par conséquent, ceux qui voudraient aspirer à une parfaite santé physique et ceux qui aspirent à utiliser cette santé physique comme un moyen de diriger leurs énergies vers l'intérieur et en montant pour fortifier leurs corps de lumière sont tenus d'observer le régime comme un acte spirituel d'obéissance à Dieu. Ensuite, cette nourriture ingérée ne fera pas que reconstituer la forme physique, mais générera également des flux d'énergie dans les royaumes astraux, en les renforçant et les revitalisant avec une puissance spirituelle vibrante qui permettra à ces auras d'agir comme des véhicules de conscience quand l'individu est prêt et capable de le faire.

Discuter du rôle de l'alimentation dans le cadre de la complexité d'une condition humaine totale conduit à poser certaines questions pertinentes. Ces questions se rapporteraient à l'effet de ce régime sur le métabolisme et feraient des considérations concernant l'efficacité de ce régime pour maintenir le métabolisme dans un état de fonctionnement et état équilibré. Une considération serait également donnée à l'effet que le régime aurait sur les corps spirituels de lumière, car ce n'est en aucun cas juste un flux d'énergie à sens unique qui émane des corps de lumière à la forme humaine.

Le processus, comme tant d'autres, est un double. L'énergie circule du corps vers les auras. Cette énergie est obtenue initialement à partir de la nourriture ingérée et elle est transformée et renforcée en valeur selon le degré de spiritualité de l'individu et selon la valeur originale de la nourriture ingérée. Il peut sembler étrange de considérer que les aliments de toute sorte ont potentiellement un impact variable sur la capacité de manipulation spirituelle selon le type de nourriture que c'est, mais c'est ainsi. La relation entre la nourriture et sa valeur spirituelle est complexe, mais la valeur potentielle d'un aliment particulier peut être altérée par sa pertinence à l'individu qui le mange.

Ainsi, pour donner un exemple, la valeur d'un animal peut être considérée comme supérieur à celui d'une plante. Cependant, son potentiel de bien faire est fortement influencé par les conditions dans lesquelles il a été élevé vers l'âge adulte, la manière dont il a été soigné lors de son voyage à l'abattoir, et la manière dont il a été tué. Comme ce fut précité, les viandes prises sous ces circonstances ne présentent aucun avantage pour l'homme et sont en fait nocives. L'énergie spirituelle potentielle d'un tel animal est annulée par les auras mortelles émanant de sa vie et de sa mort, de peur et malheur, et cette peur contamine la viande, annulant tout potentiel pour aider les humains à augmenter l'énergie spirituelle.

Il a, en fait, l'effet inverse. Il abaisse la spiritualité des humains, ainsi, il a été écrit plus tôt qu'il n'est pas possible pour un mangeur de viande d'entrer dans le Royaume du Paradis. Peu importe à quel point un initié s'efforce d'élever sa conscience vers les mondes supérieurs, peu importe à quel degré il pratique les techniques de méditation, et cetera, il est entraîné en dessous du niveau auquel il a commencé chaque fois qu'il ingère une bouchée de chair d'un animal tué avant l'heure fixée par Dieu pour qu'il meure. Par conséquent, il est répété que ceux qui aspirent à tendre vers Dieu ne peuvent le faire avec succès jusqu'à ce que toute la viande, le poisson, les œufs, le fromage, et les produits laitiers soient éliminés de leur alimentation.

Par un processus similaire, on doit considérer un autre produit traditionnellement considéré comme étant bénéfique pour l'humanité - le miel. Nous accepterons que tout le monde connaisse les vertus du miel comme aliment et comme médicament, mais un processus similaire s'applique lorsqu'il est ingéré à celui de la viande prise. Parce que les abeilles hésitent à donner le miel, il doit leur être volé. Donc, le voleur, l'apiculteur, doit parfois nuire avec de la fumée afin d'affecter son crime et puis il plonge les abeilles embryonnaires vivantes dans l'eau en ébullition pour les tuer pour faire fondre la cire et obtenir sa récolte.

Le sensible n'a pas besoin d'autre représentation graphique de l'aura attachée au miel. Avec les viandes, un péché est exécuté – « tu ne tueras pas ». Avec du miel, deux crimes sont commis - "tu ne tueras pas" et "tu ne voleras pas". Il est donc conseillé à tous d'omettre le miel de leur alimentation, car cela aussi empêchera une personne d'entrer dans le royaume des cieux s'il est consommé. On n'est pas autorisé à devenir un avec Dieu alors que sa vie est pleine de péché et donc il faut devenir un vrai végétalien si l'on désire faire l'expiation son objectif.

Considérons maintenant le sujet de quel aliment, il est possible de manger afin d'en tirer le meilleur bénéfice possible. Il faut d'abord préciser que personne ne devrait consommer plus que nécessaire pour se maintenir en bonne santé. Les légumes sont vivants et bien qu'il soit jugé nécessaire que les humains les mangent afin de conserver leur santé et leur vie sur Terre, il devrait également être rappelé que ces légumes sont récoltés contre leur volonté et le même type d'aura, entoure un légume pris contre son gré comme entourerait un morceau de viande.

Heureusement, comme le degré de sensibilité des légumes, est faible, la quantité de
haine, de douleur et la peur qu'ils sont capables de générer est très faible et donc les
avantages qu'ils donnent à l'humain sont plus grands que le mal généré par l'absorption de
l'aura de la haine. Mais il faut se rendre compte que plus il y a de nourriture qui est prise,
plus le degré de haine est grand, et cetera, et est donc ingéré. Il est donc conseillé de
manger seulement suffisamment pour maintenir une santé parfaite.

Ensuite, il faut aborder le sujet complexe de quels sont les aliments qui sont sans danger
pour les gens. De même qu'évoqué plus haut, cela varie selon les rayons le long desquels
les gens voyagent, ce qui correspond aux signes du zodiaque. Ces rayons sont nécessaires
pour les gens et pour les animaux et les plantes et, en effet, toute la vie est générée et
progresse au moyen d'ondes porteuses de différents types et fréquences. Quant au
pourquoi et comment tout cela se passe, le lecteur est renvoyé au chapitre approprié. À
l'heure actuelle, acceptons la validité des rayons, les signes du zodiaque, comme
s'appliquant non seulement à la race humaine, mais à toute vie dans tous les aspects de la
manifestation.

Ainsi, on peut voir qu'en se concentrant sur le royaume des légumes et y compris les
noix, les fruits et les légumineuses, ils sont également divisés en groupes et seront
séparés, l'un groupe d'un autre, en vertu d'ondes différentes. On peut également apprécier
que ces groupes de légumes d'un rayon particulier se mélangent le plus convenablement
avec un humain du même rayon. Donc, il est proposé d'annoncer que pour qu'une
personne se conforme à l'attraction de cette onde qui l'a emporté pendant de très
nombreuses années jusqu'à présent, il vaudrait mieux qu'il commence à limiter son
alimentation aux aliments conformes à ses besoins selon ce rayon.

*Comme je l'ai dit au début de ce chapitre, la liste réelle des aliments a été supprimée
jusqu'à ce qu'elle puisse être mise à jour. Bob Sanders*

CHAPITRE 7 - AURAS

Pour décrire en termes simples l'action entreprise dans l'aura d'un individu lorsqu'il ou elle accomplit n'importe quelle action serait, comme c'est si souvent le cas en matière spirituelle, de simplifier les faits au point où la réalité n'aurait aucune autre signification. Essentiellement, l'action du pouvoir de Dieu coulant à travers les auras d'un être sensible est assez simple, mais la mécanique relative à, et régulant ce flux nécessite une analyse et une étude approfondie.

Les auras contenues dans la force vitale qui prescrivent les paramètres d'un être humain sont plusieurs en nombre et divers en teinte. Il est généralement supposé qu'il y ait 7 auras distinctes. Ce n'est pas ainsi. Essentiellement, il n'y a qu'une seule aura, mais cette aura peut être considérée comme formant un certain nombre de bandes distinctes qui se rapportent aux domaines de l'émotion et de l'intellect. Cependant, une description de telles auras serait incorrecte si elle était laissée à la compréhension de l'étudiant que les bandes majeures qui constituent les éléments vitaux de l'humanité sont séparés et distincts, l'une de l'autre.

Elles ne le sont pas. Elles sont jointes en une octave continue de lumière et de puissance, qui répond et scintille en réponse au désir de l'intellect et l'âme. L'action se déroule dans tous les domaines de l'aura et il est important de réaliser que l'humanité, en effet toute vie, est interreliée et jointe via les éléments supérieurs de l'aura, à la fois dans le sens de tous les êtres sensibles étant connectés et aussi dans la réalisation que l'unité de la vie est le lien entre l'homme et Dieu.

Supposons donc que la connexion entre l'homme et son Dieu se résout dans la beauté d'une relation basée sur la pureté et l'amour - sûrement, des concepts de la plus haute qualité qui pourraient ne jamais être souillé par une interprétation ou une fausse déclaration. La relation peut être des plus élevées, mais peut être obtenue dans la mesure où l'individu est capable de mettre son esprit en avant dans la relation avec son ego et sa personnalité. La suppression de l'ego est finalement nécessaire avant que de telles conditions ne puissent être rendues manifeste de manière à susciter l'état de pensée requise.

L'ego, bien que nécessaire à la création de l'identité lorsque l'âme dort, doit et se réduira quand la croissance de l'âme est atteinte. Ainsi, le pouvoir de la sagesse semblera briller dans les yeux d'une âme avancée au lieu de l'éclat de l'ego se défendant contre une nation intrusive.

De tels états exigent une grande paix dans l'âme avant que le succès ne vienne. Comme ce serait facile si l'action donnait des résultats, si les combats atteignaient les objectifs, et si la lutte de pouvoir atteindrait l'unité avec Dieu. Le contraire est vrai. Lâcher l'ego, la peur, l'impulsion et l'ambition aboutissent au succès. La sagesse vient à ceux qui n'ont pas d'intérêts dans un sens matériel et commercial, qui ne seront jamais riches ou célèbres en leur temps, et pourtant, de telles personnes apprécient tout, gagnent tout, et leurs noms sont sanctifiés dans tous les royaumes spirituels. Peut-il être que l'on décèle une idée familière à de tels concepts ? Cela, suggère-t-il, une fois de plus, que la vraie vie est au total écart à l'existence terrestre ? Si oui, pourquoi est-ce ainsi ? Dieu a fait la Terre et tout ce qu'elle contient. Comme il a créé les royaumes spirituels, il a créé toute vie. Pourquoi est-ce alors que la planète Terre est le seul domaine où le succès qui repose sur la mesure applicable à ce plan est à l'opposé du succès obtenu dans tout autre domaine ?

La réponse est à la fois complexe et simple. La simple vérité est qu'il est nécessaire pour la plupart des humains de ressentir la chaleur et le froid, la douleur et le plaisir, le succès et l'échec, et toutes les émotions qui sont disponibles sur Terre. Il faut les vivre afin d'en rejeter la plupart et, ce faisant, grandir en stature. Pourriez-vous sympathiser avec quelqu'un dans la douleur à moins que vous n'ayez vous-même vécu de la douleur ? Pourriez-vous apprécier les sentiments de ceux souffrant de la faim, de la soif, de la chaleur et du froid à moins que vous aussi avez une connaissance directe de ces affaires ? Ainsi, vous grandissez en stature lorsque vous appréciez les choses de beauté et de vrai plaisir, décidez de chercher ces choses de beauté et décidez de les apporter près de vous. Vous grandissez aussi quand vous avez la capacité d'infliger de la douleur et du malheur et décidez de ne pas le faire. Vous grandissez en aidant ceux qui souffrent des résultats de leur propre folie et de celle des autres.

Ces choses ne peuvent être vécues qu'ici sur la terre. De tels sentiments que la vie sur Terre génère trouvent un écho dans d'autres domaines de l'existence et il y a d'autres plans où il y a des événements surprenants qui attendent d'être vécus. Mais ce plan, la Terre, fournit le plus haut degré d'expérience concentré et compacté dans le temps que n'importe quel autre plan. Vivez-le pleinement si vous le souhaitez. En fin de compte, que vous soyez le plus grand pécheur ou le saint le plus glorieux qui ait jamais parcouru les chemins, vous finirez aux côtés de Dieu.

Il faut dire que si vous souhaitez être un criminel, un sadique, un pervers, ou un meurtrier et que vous vous privez vous-même de ces expériences pour une raison quelconque autre que la réalisation de leur inexactitude par rapport à la bonté, alors il est possible que vous ayez à vous réincarner pour les expérimenter à une date ultérieure.

Cependant, il n'est pas suggéré que de tels désirs devrait avoir carte blanche, mais il est suggéré que l'emprisonnement, à moins qu'il ne réforme véritablement le caractère du mécréant, n'est pas réellement la réponse au problème de l'individu. Il supprime cependant de la société cet individu, offrant ainsi une protection au public.

Il se peut, bien sûr, qu'un tel individu, une fois qu'il meurt de la Terre et se rend dans sa nouvelle demeure dans les royaumes spirituels, peut se trouver dans une zone où il peut, au moins mentalement sinon physiquement, soumettre ceux de nature semblable à lui-même aux terreurs qu'il aurait fait sur Terre et être lui-même soumis à eux jusqu'à ce qu'il se rende compte qu'il doit y avoir de meilleures façons d'exister et de dépasser ces notions.

Par conséquent, il est clair que la planète Terre est d'une importance vitale pour la croissance des âmes immatures et est le seul domaine à offrir une telle expérience. C'est aussi important de réaliser que nous qui foulons la Terre le faisons donc parce que, au départ, on dort d'un point de vue spirituel et qu'il est de notre devoir d'éveiller l'âme. Alors, et alors seulement, pourrons-nous nous élever au-dessus des limites de la terre. Étrange, alors que les individus qui ont éveillé leurs âmes excluent souvent les possibilités des réalités d'une vie plus grande telles que mentionnées dans cette publication. Étrange que de telles personnes qui ont l'occasion de faire l'expérience de la beauté des plus grandes réalités s'accrochent encore aux vieilles manières terrifiantes, et les excluent.

Pourtant, comme pour toute vie sur Terre, la mort physique, apporte la libération et une fois que ces personnes sont en mesure d'apprécier la continuité de l'existence, ils reprennent bientôt le contrôle et entrent pleinement dans la vie spirituelle. Nous devons comprendre, par conséquent, que les auras entourant un objet vivant, y compris les humains, interpénètrent les auras de tous les autres êtres vivants et aussi qu'ils interpénètrent les régions physiques de cet organisme vivant dans la tâche qu'ils accomplissent.

De plus, une fois que quelque chose est touché par Dieu, cela ne meurt jamais. Toutes les choses qui existent ont été créées par Dieu et sont, par conséquent, dans un état de vie éternelle. Alors les auras qui vous entourent s'interpénètrent aussi avec les auras de chaque être humain, animal, plante ou minéral qui a été construit par la main de Dieu et vos auras s'interpénètrent avec eux. De cette façon, le passé et le présent sont liés et nous pouvons dire que le temps, tel qu'il est compris sur Terre, n'existe pas. Il n'y a qu'une séquence d'événements. L'avenir ne se conforme pas entièrement à ce schéma bien que le futur proche se rapporte au présent et y est en partie lié.

Nous souhaitons vous faire comprendre que, via les auras, vous faites partie de chaque être humain qui n'a jamais vécu, vit ou vivra. Aussi, que vous faites partie de tout, de la plus grande planète au plus petit microcosme envisageable. Tout est un, un est tout.

Il n'y en a qu'un et son nom est Dieu. Vous faites partie de l'un. Vous faites partie de Dieu, mais vous êtes Dieu totalement comme vous avez été créé par Dieu. Considérez ce concept. Méditez là-dessus. C'est une grande vérité, probablement la vérité la plus fondamentale que vous pouvez commencer à comprendre. Vous ne pourrez pas prouver la vérité de ces mots jusqu'à ce que vous ayez avancé au point où vous pouvez opérer dans les auras. Alors vous allez reconnaître que ces mots sont vrais. En attendant, acceptez, si vous le pouvez, la valeur de cette déclaration et permettez là de faire partie de votre réalité. Vous ferez un pas-de-géant dans votre progression.

Par conséquent, du général, le concept de la grande esquisse de description des auras, laissez-nous se tourner vers l'intérieur pour examiner le particulier, les multiples auras que l'homme peut voir s'il a la faculté et à propos duquel un tel intérêt est pris. Il y a, en fait, 7 auras distinctes qui peuvent être appréciées par vision clairvoyante cependant, comme indiqué précédemment, les auras ne sont pas séparées, mais s'interpénètrent l'un l'autre dans un glissando par rapport à un arpège. Les auras interpénètrent le corps humain en des points qui ont été décrites dans des livres sur les questions mystiques depuis des temps immémoriaux, à savoir: la base de la colonne vertébrale, de la rate, du plexus solaire, du cœur, la gorge, le front et la tête.

Ces points d'entrée sont nommés chakras et forment un point de connexion dans le corps physique de sorte que l'information et la force vitale peuvent passer d'une manière double entre le corps et les auras. Cependant, appréciez que l'aura relative à un chakra particulier ne soit pas simplement un nuage de couleur comme un ballon attaché à cet individu. C'est un corps de matière fine assis dans une planète de matière fine et capable de connecter ou d'apprécier la réalité de toute vie similaire à ce niveau. Nous ajoutons encore que chaque chakra est une partie vivante, réelle et active de vous, placée sur une partie de la planète de vibration similaire à cette aura, et capable d'apprécier la réalité et la valeur de la vie à ce niveau qui, à son tour, a des réalités habituellement sur le niveau physique.

Par conséquent, il peut être apprécié que toute aura particulière, a sa base dans une zone de vibration similaire à cette aura, tout comme le corps physique est placé dans un environnement de vibration qui permet le contact avec cet environnement à être établi (Terre). Une aura, ainsi placée, doit donc, en supposant que le corps de l'aura est suffisamment développé, être capable d'apprécier l'existence à ce niveau et d'être uni avec la vie à ce niveau.

Ce processus est vrai pour toutes les auras qui entourent un organisme vivant. Non seulement que le corps physique est placé sur une Terre physique et capable d'entrer en contact avec tout ce qui se trouve sur cette Terre physique, mais chaque aura est placée de la même manière. Tout comme vous pouvez contacter un autre humain par la parole - le processus impliquant le mouvement physique de l'air - à la vue - le processus impliquant des particules physiques de lumière - par l'odeur, et par le toucher, en même temps, les auras de deux ou plus de personnes sont en mesure d'atteindre et de réaliser une communication par voie éthérique à n'importe quel niveau applicable à ces personnes. Les moyens physiques de la communication peuvent donc, entre n'importe quel groupe ou des groupes d'individus être remplacés par la communication aurique. Si cela se produit, les limitations placées sur la communication à un niveau terrestre n'existent pas et on peut contacter ceux que l'on souhaite sur de vastes distances et partout dans le temps. De tels moyens de communication sont cependant limités à ceux qui ont développé les auras au point où ils sont capables de maintenir le pouvoir et le poids de l'esprit.

Lorsqu'un individu s'incarne pour la première fois sur la Terre, il est forcément né dans le corps d'un bébé. Ce bébé est pratiquement incapable de communiquer dans n'importe quel mode significatif pour un certain nombre d'années. Comme le temps passe, l'enfant grandit et, à mesure qu'il grandit, sa capacité à contacter et à exprimer ses pensées et ses idées deviennent plus grandes. Finalement, il mûrit au point où il est à sa plus grande maturité. Il faut noter que le niveau de communication entre deux individus au plus fort de leur maturité intellectuelle peut être très différent. Un instant de considération, par exemple, d'un bushman de l'Australie qui tente de communiquer de manière significative avec un professeur d'une université anglaise suffit pour apprécier que les niveaux de communication entre les gens diffèrent largement et ne sont en aucun cas une mesure d'intelligence. Cependant, pour revenir au concept d'un bébé qui grandit jusqu'à la maturité, il devrait être apprécié qu'à mesure que la jeunesse grandit, donc la capacité d'interagir avec son environnement et avec ceux qui l'entourent grandit également. Les auras de la plupart des individus qui s'incarnent sur Terre sont dans un état similaire à celui du nouveau-né. Ainsi, l'interaction et la communication, le flux d'énergie depuis et vers les auras est au minimum. C'est parce que a) la plupart des gens ne se rendent pas compte qu'ils ont des auras, et donc b) ils ne font aucun effort pour les développer et c) le développement est lié à la croissance de l'âme dans une certaine mesure. C'est pourquoi, dans un premier temps, et généralement, la plupart des humains qui s'incarnent sur Terre sont liés aux expériences des cinq sens de la Terre. Tout le reste, reste non expérimenté. Cependant, à travers le processus désormais familier de la méditation, de la prière, et la dévotion à Dieu, les auras peuvent assez rapidement se développer, permettant ainsi l'interaction dans un plan véritablement tridimensionnel de se produire.

Si les étudiants des voies divines développaient l'aura suffisamment alors de vraie communication instantanée et précise pourrait avoir lieu à volonté, sans que la parole soit nécessaire du tout. Le processus par lequel ce livre est conçu et transmis suit ce modèle. Les membres de la Fraternité Blanche, très éloignés les uns des autres en termes de développement spirituel, sont capables d'unir leurs pensées dans un consensus d'opinion sur la qualité des informations à être véhiculée puis cette information est implantée dans la pensée de l'instrument sur Terre qui cherche à recevoir, avec exactitude, ces informations. Le processus est celui de la fusion des auras et des transmissions d'informations d'une aura à une autre. Le processus peut être comparé à celui d'une réaction en chaîne où un événement déclenché à une extrémité se déplace jusqu'à ce qu'il soit mis en miroir à l'autre extrémité. En aucun temps pendant la transmission de l'information écrite ici que l'aura du plus haut, de l'âme la plus développée, a effectivement touché l'aura de l'âme la plus basse, mais, néanmoins, l'information a été transmise de la pensée à l'autre pensée jusqu'à ce que le désir du groupe soit atteint. Ce processus est ouvert à tous ceux qui voudraient réaliser la croissance nécessaire. Si un individu réalise cette croissance, le renforcement des auras, alors il ou elle est libre d'atteindre avec leurs pensées et faire l'expérience des réalités à tout niveau qu'ils peuvent atteindre.

Souvent, les seules âmes qu'ils peuvent atteindre sont désincarnées et, même alors, ils ont souvent tendance à être des guides et enseignants, car peu sur Terre ont la croissance de l'âme nécessaire pour se déplacer dans les auras et, même dans la vie après la mort, la majorité des individus se contentent de rester parmi leurs groupes pairs. Peu s'aventurent dans les voyages de découverte à faire en transférant la conscience dans les auras. Cependant, ne soyez pas consterné. Si vous faisiez l'effort d'atteindre les résultats mentionnés ci-dessus, vous auriez une grande liberté - la liberté d'observer les plans de la beauté aussi bien que les lieux tristes et la liberté de contacter des âmes élevées. Alors vous atteindrez la croissance de l'âme en vous déplaçant vers Dieu beaucoup plus rapidement.

Se pourrait-il que l'on soit capable de contacter des êtres d'un statut égal en termes de développement et qu'un tel contact aurait un sens ? Est-ce que les contacts devraient produire des résultats mesurés pour agrandir l'expérience de l'âme de l'individu ? Cette expérience et l'interrelation avec d'autres personnes n'apportent souvent que de petites récompenses directes. Tout le monde n'est pas une âme avancée et pure - loin de là. La grande majorité de l'humanité incarnée sur Terre, et désincarnée, est piégée encore dans les enveloppes du matérialisme, car ne supposez pas que le manque de corps physique apporte la libération des désirs matérialistes et terrestres – loin de cela.

Il y a de grands groupes d'êtres qui peuvent avoir vécu dans les royaumes spirituels pendant de longs âges, mesurés par normes terrestres, qui n'ont pas lâché les liens du désir. Ils satisfont ces désirs du mieux qu'ils peuvent en créant avec leur pensée des zones d'illusion dans laquelle ils peuvent se conformer à une norme de discipline et ce domaine leur apparaît réel. Ils acceptent que chacun d'eux joue un rôle dans l'illusion et chaque individu tend à accepter son rôle et aussi le rôle de ses contemporains en conservant un sens du réalisme. Cette notion peut sembler étrange quand on se rend compte qu'en élargissant la vision, l'illusion disparaîtrait et la liberté s'obtiendrait.

Mais la majorité des gens qui habitent la surface de la Terre se conforment exactement à ce modèle. Les illusions créées par les gens depuis l'aube de l'existence terrestre de l'humanité sont soigneusement maintenues en créant des modèles de comportement auxquels tous doivent se conformer, des lois étant créées pour perpétuer les illusions, et ceux qui défient les sentiments de normalité, retirés de la société. Si l'on cherche à changer le modèle de réalité auquel s'accroche la majorité, l'individu concerné est rapidement exposé, son pouvoir efficacement supprimé et les dégâts rapidement réparés. Croyez-vous que ceci est une véritable évaluation de la civilisation dans laquelle vous vivez ?

On nous apprend à ne pas penser selon des lignes élargies et nous sommes encouragés et récompensés par la société pour maintenir les concepts établis et à travailler avec pour les renforcer. Considérer, par exemple, la réaction de l'établissement s'il était proposé que la religion orthodoxe n'est pas nécessaire et que chaque individu peut avoir un lien direct avec Dieu et qu'il n'est pas nécessaire d'avoir de prêtres, de représentants de Dieu, de cérémonie, d'icônes, et de rituel. Est-il concevable que les gens seraient autorisés, voire encouragés, à s'asseoir là où ils sont à la maison, au travail, dans un parc et à méditer sans aller à l'église, sans avoir un corps religieux pour diriger leurs pensées ? Pouvez-vous imaginer une situation où toutes les personnes du monde déposeraient les armes, où les forces armées se dissolvent, où les barrières et les frontières entre les nations sont ignorées, où les passeports et les visas ne sont pas demandés, et les gens se regroupent en fraternité ? Pouvez-vous imaginer la réaction de l'établissement à ces concepts ?

Et pourtant, la vérité est, la réalité est, que Dieu est en tout et tous. L'humanité est une. Il n'y a pas besoin des églises, des dignitaires, des chambres secrètes et les sociétés. Il n'y a pas besoin de murs, de barrières, d'exclusivisme. Ce sont des illusions créées par la société et soigneusement entretenues afin de conserver quoi ? Illusion. Elle existe pour elle-même et pourtant semble réelle. La croissance de l'âme détruit l'illusion. Par conséquent, les Églises du monde entier, dans l'ensemble, émasculent l'âme et rendent les gens esclaves à la religion et non des fils de Dieu. La connaissance que tous les hommes sont frères détruirait le sens du séparatisme et donc chaque race, chaque pays, est considéré comme un ennemi potentiel pour cacher la vérité et pourtant, il est tellement évident que la vérité est vraie.

Les chefs de religion du monde entier expriment des doctrines de paix et d'unité avec Dieu et en même temps, ils perpètrent l'exclusivité de leur marque particulière de religion, en veillant à ce que les âmes simples qui fréquentent cette Église remplissent leurs pensées avec de fausses doctrines, perpétuant ainsi l'illusion. C'est la loi dans de nombreux pays qu'une religion particulière est enseignée dans les écoles et, dans certains pays, c'est la loi que la population indigène se conforme à une église. Bien qu'il y ait certains avantages à se conformer aux normes apparentes, il restreint la croissance de l'âme des individus, ce qui est impardonnable. Il met indéfiniment en retard les jours de confusion qui doivent, et résultera de l'éveil de chacun à la lumière de la vérité.

Souvent, comme nous l'avons mentionné précédemment, un tel événement est retardé pendant de longs âges même dans les royaumes spirituels, pour ceux qui se conforment encore à la normalité applicable sur Terre, restent dans leur propre groupe et rencontrent rarement un illuminé.

Ainsi, ils renforcent l'idée que leur normalité doit être correcte, la seule façon d'être. Les individus se réveillent cependant de temps en temps et ils sont aidés sur le chemin de la réalité. Nous vous encourageons, dans la paix et dans l'amour, à défier les concepts auxquels vous vous conformez. Faites-le dans la méditation. Posez-vous une question et laissez la réponse remplir votre cœur.

Cherchez à transcender les limites de votre pensée et progressivement, au fur et à mesure que vous développez votre conscience dans les auras, vous ressentirez la vérité que ces auras vous révéleront. Vous sentirez l'unité avec Dieu, la fraternité de toute l'humanité, votre unité avec toute vie qui existe. Vous pourrez explorer les royaumes spirituels et sachez qu'ils existent malgré la masse des gens indignés qui prétendent et espèrent qu'ils ne sont pas réels. Vous vous sentirez complètement en paix en réalisant qu'il n'y a rien à craindre, rien d'inconnu, pas de sombres secrets cachés de vous, que Dieu est un Dieu d'amour et de paix et non le tyran vengeur qu'il est dépeint dans de nombreux livres prétendant contenir le vrai message. Comme vous vous rendez compte de ces faits, alors vous vous demandez pourquoi vous avez passé si longtemps au terrain de Maya.

Cependant, soyez averti. Ceux qui contrôlent et sont immergés dans la grande illusion, ne prennent pas à la légère le fait de regarder quelqu'un se tenir dans la lumière. Ils vous feront du mal par tous les moyens qu'ils ont à leur disposition. De nombreux pays, maintenant quelque peu civilisé et autorisant certaines libertés, se limiteront aux agressions verbales, mais dans certaines régions, le porteur de lumière sera mis à mort. C'est arrivé à Jésus, il y a plus de 2000 ans et pourrait vous arriver encore.

Par conséquent, le conseil donné est de suivre votre Dieu comme vous pouvez en toute tranquillité. Ne portez pas votre nouvelle liberté retrouvée sur votre manche. Jésus lui-même encourageait souvent les personnes à qui il apportait la lumière de ne le dire à personne et il en va de même aujourd'hui. Gardez vos propres secrets. « Ne jette pas de perles devant les pourceaux ou ils se retourneront sûrement et vous mordront ». Disséminer vos nouvelles connaissances uniquement à ceux qui sont chercheurs eux-mêmes et qui comprendront et grandiront avec vous.

Pour continuer à étudier le matériel dont les auras sont composées et de suivre l'enquête pour savoir pourquoi ils existent et pourquoi ils reflètent la couleur, nous devons comprendre la nature de la matière. Les scientifiques sur Terre ont dépensé beaucoup d'énergie et ont fait des progrès merveilleux dans l'investigation des particules physiques. Ils ont fait le saut quantique en réalisant que la matière existe en dehors des domaines qui peuvent être observés et mesurés par des techniques orthodoxes. C'est bien parce que ces enquêteurs ont commencé à mettre de côté les télescopes et les microscopes et ont commencé à travailler dans les domaines connus sous le nom de physique pure.

Cela implique l'utilisation de la pensée au lieu des sens et ainsi des portes peuvent être ouvertes dans des royaumes que nous appelons spirituels, mais auquel la plupart des scientifiques ont attribué une appellation plus pragmatique. Nous ne souhaitons pas s'enliser dans la terminologie. Le point étant fait, c'est que l'enquête peut efficacement et correctement être effectuée en utilisant le plus puissant des instruments, c'est-à-dire, la pensée. La pensée n'est pas le cerveau. La pensée ne calcule pas et ne quantifie pas. La pensée est. La pensée atteint les zones de connaissances et reçoit l'information directement. La pensée ne fait qu'un avec tout ce qui existe et fait partie du concept de Dieu. En tant que tel, elle n'est limitée que par le piégeage de l'individu dans son corps. S'il essaye d'atteindre, il peut trouver.

Par conséquent, les scientifiques travaillant en physique pure sont, enfin, en train d'utiliser l'outil qu'ils auraient dû utiliser tout le long. Leurs enquêtes ont abouti à la suggestion que la matière existe à l'extérieur et au-delà des particules atomiques qui constituent la matière physique. Leur enquête devrait, en fin de compte, leur révéler que la matière existe sur plusieurs plans, chacun séparé, l'un de l'autre et pourtant réunis chacun en un tout composé qui comprend la particule d'origine qui constitue l'atome qu'ils ont commencé à enquêter.

Cette notion de matière relative à différents plans a été mentionnée plus tôt dans ce chapitre et est répétée maintenant afin de reprendre et d'élargir sur le sujet. Il est donc tout à fait clair qu'un morceau de la matière peut exister sur une vibration terrestre et constituerait tout ce que nous observons autour de nous sur Terre et ce même morceau de matière existe aussi sur un certain nombre d'autres domaines de vibration plus élevée, pour utiliser une expression facilement compréhensible, qui a sa base de réalité dans un monde visible et solide à chaque niveau particulier. Le même morceau de matière est répété plusieurs fois et pourtant, la totalité de ses plusieurs formes est un seul morceau de matière.

Pourquoi cela devrait-il être ? La réponse à cette question nous conduira dans un autre domaine qui est presque un sujet de discussion à part entière et pourtant doit être compris avant que la question posée ne puisse être répondu. La matière est vivante. La matière est la vie. Rien n'existe qui n'ait pas de solidité en un domaine d'existence. Donc tout est vivant et tout est réel et solide, palpable et quantifiable.

L'essence de la vie est le changement. Rien de vivant reste le même pour toujours. Le schéma de naissance, de croissance, déclin et décomposition – la mort est un mot incorrect, car rien ne peut mourir - est universel. Ce modèle est indispensable à la pérennité de l'existence.

Le changement est la seule constante. Si une seule chose pouvait rester inchangée pour toujours, toute vie serait cessée, car toute vie est une. Un éphémère vit quelques heures et suit le schéma de naissance, croissance, déclin, et décomposition. Un système solaire dure pendant d'innombrables millénaires et pourtant, à moins qu'il ne suive le même modèle qui s'applique à l'éphémère, cette belle créature n'aurait pas pu exister parce qu'elle n'aurait pas pu suivre son destin de naître, de grandir jusqu'à maturité, de s'accoupler, de devenir faible, de sa force vitale retirée, et de son corps se décomposant, l'énergie ainsi libérée reconstituant celle utilisée par la créature lors de son bref séjour sur Terre.

Tout est un. Le système solaire et l'éphémère ne font qu'un. Ils doivent se conformer aux mêmes règles et donc on peut dire que tout, y compris le système solaire mentionné ci-dessus, est né, grandit, va décliner, finira par se décomposer et libérera de la matière pour reconstituer ce qu'il a utilisé lors de son apogée. Ce processus quadruple est nécessaire, car la flexibilité est la clé de la continuité. Le changement est une exigence inhérente à la vie. Ainsi, comme toute créature ou objet existe, il est étudié par une force archangélique qui existe pour contrôler la vie et qui est appelée les directeurs de la vie et note étant faite de toute lacune dans ce qui est à l'étude afin que des améliorations puissent être affectées dans la poursuite continue vers la perfection de cet objet.

Une fois que le changement a été effectué dans ce domaine particulier, objet ou être, alors bien sûr, le changement sera nécessaire dans tout le reste pour maintenir l'équilibre du concept de tout étant un. Cela étant, pourquoi les directeurs de vie ne laissent-ils pas bien seules les choses et de s'asseoir pour se reposer sur leurs lauriers ? Ceci est dû au fait que le changement de circonstances concernant tout ce qui existe est constant. Le temps n'existe pas, mais la séquence des événements oui et le moment présent n'est pas le même que le moment passé ou le moment qui s'en vient. Au fur et à mesure que la matière se désintègre et est libérée à la suite de la loi naturelle concernant l'équilibre des forces, alors le suivi systématique des événements apporte avec lui la possibilité de corruption.

Ceci, à son tour, est sous le contrôle d'une force d'êtres que nous considérons normalement comme malins. Ils ne le sont pas. Ils existent pour nettoyer les débris après que tout a décliné et fait partie intégrante de la vie. Ils ont leur parallèle sur Terre. Il y a de nombreuses créatures qui existent pour disposer de la perte de vie sensible qui jouent un rôle vital pour maintenir un environnement équilibré où la vie peut continuer, mais elles aussi doivent être gardées sous contrôle.

De même, dans le domaine de la vie dont il est question, le complément des directeurs de vie effectue une fonction vitale, mais ils la rempliront trop bien si les directeurs de la vie se détendent et ils s'efforcent ainsi de ramasser les morceaux après que quelque chose a décliné et le pousser vers l'avant avec les modifications appropriées. Par conséquent, nous dépeignons une existence où rien n'est stationnaire. Même après la mort d'un objet ou d'une créature, le logos essentiel, ou concept, est tiré vers la perfection ou vers le déclin. Peu à peu, la matière est arrachée à l'emprise de ces archanges qui travaillent pour la décadence et cette matière est amenée en toute sécurité dans les enveloppes du pouvoir des directeurs de la vie.

Rappelez-vous que la matière se réfère non seulement à un sens physique, mais aussi en termes de plusieurs couches qui contribuent à sa totalité. Une fois que cette matière est revendiquée, l'opportunité existe pour qu'elle soit manipulée et modifiée dans le concept en préparation d'assumer un nouveau rôle en tant que partie intégrante d'un autre objet vivant. Pour illustrer le propos, nous pourrions envisager une plante, une jonquille, qui, dans le printemps, lève ses feuilles vers la lumière, les fleurs se fane, puis les feuilles finiront par dépérir. L'énergie libérée par la mort des feuilles est considérée par les jardiniers comme contribuant à la croissance du bulbe ou de la racine de cette plante. Il est dit que l'énergie revient par les feuilles et dans le bulbe à nouveau, la bonté nourrissante pour cette plante. Le résultat est une croissance de ce bulbe particulier et, espérons-le, la naissance de plusieurs autres petits bulbes, chacun destiné à devenir des jonquilles à part entière dans l'avancement de l'existence de cette espèce de plantes.

Cependant, les faits sont légèrement différents qui semblent apparaître d'un simple examen physique des événements. Il est vrai que les feuilles meurent et c'est également vrai que les nutriments sont renvoyés dans le bulbe, mais à différents niveaux, d'autres événements se produisent. Alors que le processus de décomposition des feuilles d'une jonquille se produit, les forces angéliques chargées avec production de décomposition travaillent dur causant une dégradation du tissu des feuilles provoquant ainsi les nutriments à être libéré.

Mais, en même temps, plus important encore depuis le point de vue de la jonquille, les directeurs de la vie qui assurent que l'énergie libérée en termes des atomes qui constituent le nutriment physique sont examinés en ce qui concerne le niveau supérieur de ces atomes et, à partir de ces niveaux supérieurs, de légers changements à la constitution génétique est affectée, ce qui causera de minuscules changements à se produire dans le format de la jonquille, en phase avec les légers changements qui se produisent sur la planète Terre en termes de constituants du sol, de température, l'humidité, ainsi que des changements dans l'orbite de la Terre par rapport au soleil. Ces modifications génétiques sont conçues pour garantir que, quelles que soient les conditions qui règnent sur Terre, la plante survivra parce qu'elle a été modifiée pour s'adapter à son environnement changeant, un processus connu sous le nom d'adaptation au changement.

Ainsi, pour que ce soit clair, nous allons élucider davantage en indiquant que pendant le processus de décomposition d'une feuille de la plante en question, l'atome d'origine dans un sens physique est altéré par des changements étant affecté à sa structure par manipulation de ses auras. C'est un fait qu'en termes spirituels à l'étude, plus la vibration est élevée, plus facilement la matière peut être manipulée et ainsi les directeurs de la vie commencent au sommet, à l'aura de vibration la plus élevée, effectuent le changement requis, et puis faire en sorte que ce changement se reflète dans la baisse des auras inférieures jusqu'à ce que l'atome physique devienne modifié.

Cependant, le processus de changement consomme de l'énergie. Cette énergie doit être obtenue de quelque part. Il n'y a qu'une seule source d'énergie dans l'univers et qui est obtenue à partir de matière élevée. Comme le taux de vibration de la matière est augmenté, elle émet donc l'énergie un peu comme le processus de souffler sur une braise incandescente de charbon et le faisant briller davantage brillamment. Le passage du rouge terne au presque blanc est reflétée par la libération d'énergie thermique. Cette analogie n'est pas scientifiquement correcte et est utilisée simplement pour illustrer le propos et ceux qui ont immédiatement ramassé les défauts dans cette description ne devraient pas supposer que l'information étant diffusée est également imparfaite. La notion d'énergie étant relâchée lorsque le taux de vibration augmente est vraie et est l'épine dorsale de l'existence continue par tout ce qui a été, est et sera.

Pour en revenir à la feuille mourante, l'énergie est tirée du processus en prenant le logos, ou concept de vie, à un niveau quasi-physique puis en spiritualisant cette énergie afin de transférer ce logos dans l'aura suivante. Le processus est répété jusqu'à ce que le logos - force vitale, appelez-le comme vous voulez - atteint puissamment la plus haute aura. Ce processus, qui parmi les êtres sensibles est en grande partie laissé à ces êtres, est effectué par les directeurs de vie. Une fois que la force vitale a atteint l'aura, la plus élevée, les changements mentionnés ci-dessus sont causés, puis le processus de retour de la force de vie dans les auras et dans la structure physique de l'atome est effectué, l'atome n'est plus étant tout à fait le même qu'il était quand il a commencé à être manipulé.

L'énergie libérée par le processus d'élévation de la vibration est, bien sûr, renvoyée à l'atome pendant le processus de descente et l'équilibre est restauré.

Comme nous l'avons mentionné précédemment, un tel changement est conçu pour permettre à la plante la plus grande opportunité possible d'évoluer dans un environnement en constante évolution pour assurer la pérennité de cette plante. Bien sûr, personne n'est parfait et parfois, le changement forgé par les directeurs de vie ne sont pas compatibles avec l'environnement qui change de manière imprévisible, de sorte que cette plante particulière, ou ce groupe de plantes, ne parvient pas à survivre. Cependant, vous devez comprendre que le processus de changement s'opère sur chaque plante dans le monde et, par conséquent, beaucoup survivent. Certaines se modifient et deviennent de nouvelles espèces par un processus de jardiniers appelé un "lusus" qui sont des changements qui se produisent de manière quelque peu imprévisible en raison de l'ingénierie génétique forgée d'en haut.

Par conséquent, les auras entourant cet atome d'une feuille, d'une jonquille, changeront à mesure que la vibration est augmentée ou abaissée et que l'énergie est créée ou absorbée. Le processus se produit assez lentement dans une plante et donc, à ceux de la vision clairvoyante, peu ou pas de changement surviendrait pendant toute période d'observation. Néanmoins, ces changements se produisent et pourraient être examinés par un clairvoyant de talent suffisant, d'expérience et de patience.

Une grande évaluation est faite des couleurs relatives à l'aura. On pourrait se demander pourquoi les auras ont une couleur. La réponse est assez simple en termes d'acceptation de couleurs terrestres. La lumière blanche du soleil est composée de nombreuses couleurs individuelles. La raison pour laquelle il en est ainsi ne sera pas discutée à ce stade. Admettons que la lumière blanche puisse être observée pour contenir les couleurs de l'arc-en-ciel et chaque autre combinaison possible que l'œil et le cerveau peut quantifier. Cela peut être vérifié scientifiquement que la lumière blanche est composée d'un large spectre de vibrations et chaque bande de vibrations correspond à une couleur. Ainsi, nous savons et acceptons que le rouge soit d'un taux de vibration beaucoup plus faible que le bleu, le bleu étant beaucoup plus élevé en termes de vibration que le rouge. Les autres couleurs s'insèrent entre les deux ou s'étendent au-dessus et en dessous le bleu et le rouge selon leur taux de dynamisme.

Il a été dit plus tôt qu'un atome a un corps physique et possède 7 auras. Le corps physique de l'atome est "baigné" de la lumière blanche du soleil et, parce qu'il vibre, il répondra avec sympathie au taux de vibration d'une couleur du spectre solaire. La première aura d'un atome a sa réalité dans un monde identique à celui de la Terre bien que retiré en termes d'un ensemble différent de vibrations. Par conséquent, la première aura correspondra à une couleur proportionnée au taux de vibration de la lumière émise par ce soleil aurique et ainsi le processus continue.

Ainsi, chaque aura peut être vue briller d'une manière particulière une couleur en fonction de son taux de vibration. Ces couleurs peuvent être appelées la base de l'atome ou couleurs quiescentes. Au fur et à mesure que l'énergie s'élève ou s'abaisse à travers les auras de cet atome par les directeurs de la vie, donc, bien sûr, les auras augmenteraient ou diminueraient en vibration et changerait donc de couleur au fur et à mesure qu'ils vibrent en sympathie avec n'importe quelle bande de la lumière blanche à laquelle ils correspondent dans n'importe quel système solaire aurique particulier.

Cette image peut être comprise plus facilement si l'on considère une situation dans laquelle la matière est causée de vibrer en sympathie avec le champ magnétique comme il est réalisé au Micro-onde. Bien que dans ce cas, la couleur n'est pas impliquée, l'action de provoquer un objet pour augmenter son taux de vibration libère de l'énergie dans la forme de chaleur. Si cette énergie devait être contenue dans un vide parfait, il resterait dans le même état, chaud, pour toujours. Cependant, rien ne reste stationnaire. Le vide parfait ne peut pas être atteint en pratique et donc la chaleur s'échappera lentement dans l'atmosphère environnante jusqu'à ce que l'objet sous considération revienne à la température ambiante. La chaleur libérée dans l'atmosphère serait égale à l'énergie utilisée pour créer le champ magnétique initial. Par conséquent, l'équilibre en termes d'énergie est maintenu.

Pour revenir sur un point qui a été abordé brièvement plus tôt dans cette étude des auras, nous étions en considération de quels événements étaient nécessaires pour régulariser le flux d'énergie à travers ces champs de forces qui constituent la croissance aurique. C'est dans l'intérêt de l'élève d'essayer de comprendre la nature de la vie. Il est considéré par ceux qui sont incarnés sur Terre et qui y sont suffisamment liés de ne pas réaliser la magnificence de la seule création de Dieu que la vie est liée au champ d'électricité d'un objet et qui peut être vu pour stimuler les nerfs d'une créature sensible et suivre le contour d'une plante. Mais, tout comme le mystère de ce qui est Dieu ne saurait être répondu, de même, la vie est un concept qui équivaut avec Dieu et reste inquantifiable.

Ceux d'entre vous qui ont suivi le parcours de certains individus, cultures en croissance, le clonage de créatures, et peut-être se tromper qu'ils se rapprochaient de la résolution du mystère seront désabusés. La création de la vie n'est pas dans le don de l'homme ni encore la réponse à où et comment la vie est créée n'est connue de toute personne vivante dans les royaumes supérieurs de la lumière. Certes, il semble que les forces angéliques qui travaillent pour la puissance de Dieu traitent et manipulent la vie une fois qu'elle est créée, mais quant à l'origine de la création de la vie, nous devons accepter que ça le soit. Nous aussi, nous aimons enquêter et nous avons un certain nombre de théories sur l'origine de la vie, mais parce que nous ne savons pas avec certitude, nous nous abstenons de la spéculation.

Comme vous, nous acceptons que nous soyons vivants et nous savons que nous vivrons aussi longtemps qu'il sera possible de l'imaginer. Nous savons aussi que le destin de toute vie est de fusionner avec la Divinité afin que le cercle de la vie puisse continuer, mais nous ne pouvons pas décrire la nature de la vie. Nous ne pouvons pas vous donner la formule pour faire cela. Nous ne pouvons pas découper un corps et supprimer cet organe de vie comme nous le ferions avec le foie, la rate ou le cœur.

De même, et liée au concept de vie, se trouve l'âme. L'âme n'est pas l'esprit de Dieu dans l'homme. C'est un véhicule. C'est le véhicule qui contient l'essence de la vie un peu comme la coquille d'un œuf contient l'essence d'un poulet. L'âme restera toujours en conjonction avec la force vitale, la protégeant et en la gardant intacte au moins jusqu'à ce que le couple, l'âme et la force de vie, fusionnent avec Dieu. Après cela, nous perdons la trace et nous ne pouvons donc pas commenter.

Cependant, nous souhaitons que vous réalisiez qu'en association avec vous et toutes vos auras diverses, vous avez une dernière essence, la force vitale, et cette force vitale est et restera dans cet objet appelé l'âme. Cependant, l'âme n'a pas de pouvoir spécial et ne doit pas être vénérée. Ce n'est rien de plus qu'un revêtement protecteur autour d'une noix.

La force vitale, qui fait à la fois partie et totalité de l'esprit de Dieu, est ce qui devrait être vénéré parce que c'est Dieu lui-même. L'âme, bien sûr, n'occupe pas d'espace et n'est donc pas réellement en vous. Il vous est associé et est une partie essentielle de vous, mais est, en termes de vibration, même au-dessus de l'aura la plus élevée. Votre âme est, parce qu'il est de Dieu et que Dieu est tout et un, unique et séparé de toute autre âme et pourtant, en même temps, est un et fait partie de chaque âme qui est.

Si vous ne pouvez pas saisir ce concept intuitivement, n'essayez pas de l'analyser intellectuellement. Vous ne saisirez pas le concept. Vous apprendrez à accepter la vérité au fur et à mesure que vous allez croître dans la croissance de l'âme. Par conséquent, il est clair que, comme tout est un et que tout est Dieu et que tout est vivant, donc, tout a une force vitale et, de même, tout a une âme. N'acceptez pas les doctrines chrétiennes qui disent que les plantes et les animaux n'ont pas d'âme. Ce sont de fausses doctrines énoncées par ceux qui devraient mieux connaître. Réalisez que, lorsque vous interagissez avec les plantes, les animaux, en effet, les rochers, le sable, l'eau, et tout ce qui est, que tout est vivant, que tout a une âme, et que la force vitale et l'âme ne fait qu'un avec vous, séparée de votre pensée uniquement par votre, et son, ego et personnalité.

Pensez-y si vous mangez un animal, tuer une mouche, et couper une mauvaise herbe. Ils ne sont pas inférieurs à vous. Ils sont exactement égaux à vous et sont en effet vous. Traitez toute la vie comme vous souhaiteriez que la vie vous traite parce que, si vous deviez délibérément nuire à quoi que ce soit, vous vous faites du mal. Sur le sujet relatif à la consommation d'aliments pour la santé et à maintenir votre corps, reportez-vous au chapitre sur l'alimentation.

Après avoir tenté de quantifier, au moins dans une certaine mesure, cette force de vie mystérieuse, nous nous tournons maintenant à examiner comment cette force se rapporte au corps humain. Mention a été faite plus tôt d'une jonquille et tentatives faites pour indiquer que chaque atome de la plante existe dans plus de domaines que simplement le physique et que la totalité de sa réalité physique et aurique ne font qu'un.

Nous nous arrêtons dans notre examen des atomes à ce point, car en réalité, nous ne décrivons pas exactement la vérité exacte. Nous nous sentons obligés de présenter les informations sur un point de vie et comment il existe et nous utilisons le terme atome pour représenter des points de vie. En réalité, les atomes n'existent pas en tant qu'objets arrondis et solides et, par conséquent, nous les utilisons comme exemple plutôt que de représenter la vérité. Nous pensons que si nous essayons de vous présenter les faits concernant des points singuliers de la vie a) vous ne comprendriez peut-être pas, et b) nous perturberions l'équilibre de connaissance scientifique en contournant les longues années que la science a encore à prendre pour se rapporter à la vérité. Aussi faut-il dire que de tels concepts, auxquels il est fait allusion, sont capables d'être improprement utilisés comme l'a été l'atome et nous ne souhaitons pas ajouter à l'arsenal de destruction de l'homme.

Donc, pour répéter, il y a une force vitale qui court tout au long du concept total du point de vie de chaque individu que nous appellerons encore atomes. À un moment donné, un seul atome doit décider s'il va former une goutte d'eau, un morceau de roche, une plante, un animal ou un humain, et nous allons donc considérez pourquoi il se fait que les atomes qui constituent un humain le fassent au lieu de constituer un rocher. Si, dans l'essence, il est vrai que chaque concept individuel de la vie, qui peut être considérée comme étant au centre de chaque atome, provient de Dieu, est le même et est un, il s'ensuit que, par essence, il n'y a pas de différence entre vous et un morceau de pierre et pourtant, ce n'est clairement pas le cas. Vous êtes beaucoup plus une forme de vie avancée que la pierre et vous le resterez toujours.

Qu'est-ce qui fait la différence ? Certainement pas Dieu. Dieu crée, mais il ne différencie pas. Il ne prédispose pas certains points de force vitale avec plus de sensibilité que les autres. Il crée tout également. Donc, à un moment donné, une force de vie singulière doit être dirigée pour devenir un être humain et un autre doit être choisi pour devenir un rocher. Là sont les directeurs de la vie mentionnés précédemment, une force archangélique qui eux-mêmes ne sont pas humains et ne pouvant pas être imaginé par les humains, qui prennent les forces de vie différenciées et les dirigent pour devenir ce qui est nécessaire, un peu comme un fermier peut avoir un ruisseau et le dirige d'abord dans un champ puis dans un autre comme l'irrigation est demandée.

C'est une pensée qui porte à réfléchir que la force de vie, qui est votre essence et que beaucoup d'humains considèrent qu'il l'élève à une plus grande importance, aurait si facilement pu être utilisé pour faire un chien ou un cochon, un géranium ou un chou, une pierre ou une goutte de pluie. Si cela vous ouvre les yeux sur le fait que vous n'êtes pas plus important qu'une goutte de pluie, alors vous aurez appris une précieuse leçon. Cependant, humain vous êtes comme vous avez été créé et humain, vous êtes destiné à rester. Elle s'accompagne de certaines obligations en matière d'élever ou spiritualiser la matière pour favoriser la continuité de la vie et donc beaucoup d'efforts sont, ont été et seront déployés pour vous aider dans la réalisation de la croissance de l'âme nécessaire pour atteindre l'augmentation de ce pouvoir.

Une fois que les directeurs de la vie ont localisé un déficit dans un domaine particulier - et nous bifurquons encore une fois pour suggérer qu'il y a des domaines de la vie loin au-delà de la planète Terre et bien au-delà du même des plus avertis d'entre vous - ils accèdent à cette banque de vie et libèrent une certaine quantité de celle-ci. Supposons qu'il soit décidé de créer des humains. La force vitale tirée de la banque est ensuite préparée de la manière requise. Elle serait placée dans le champ de force appelé l'âme et des énergies seraient dirigées vers elle, ce qui lui donnerait certaines caractéristiques.

Nous ne décrivons pas ces énergies, car ce n'est pas possible de le faire. On ne peut pas décrire la gravité, l'électricité ou le pouvoir de l'amour. On ne peut que décrire leurs effets. L'électricité est souvent quantifiée comme "cette force qui" ... Une telle description raconte l'un de ses effets, mais ignore complètement la nature de la force elle-même.

Par conséquent, nous n'essaierons pas de tirer la laine sur vos yeux sauf pour dire qu'une force vitale peut être imprégnée avec "cette force qui donne les caractéristiques de la force de vie humaine". Nous espérons que vous apprécierez le dilemme qu'une telle description aussi désespérée nous réserve.

Nous ressentons un désir ardent d'être ouvert et honnête avec vous, mais dans de tels domaines, la langue n'existe pas pour quantifier ces concepts. Nous vous demandons simplement d'accepter que de telles forces existent qui peuvent et effectivement donne une définition à la force vitale différenciée. Une fois que cela a été atteint, bien sûr, la force vitale peut être considérée comme un embryon humain. Cependant, il se compose de sa force vitale, de son âme, de son empreinte humaine, et rien d'autre. Commence alors le long processus de mouvement vers le bas depuis le plan élevé dans lequel l'embryon a été créé, sur un plan inférieur. Ce premier plan inférieur serait le plus élevé ou le septième plan vers lequel les humains montent plus tard. Afin d'atteindre ce plan et de se rapporter à lui, un champ de force est enveloppé autour de l'âme par un processus proche de la gravité et cette âme a maintenant une aura autour d'elle.

Cette aura est, comme l'âme elle-même, simplement un véhicule qui permet à l'esprit de Dieu de se rapporter au septième plan, un peu comme un corps vous permet de vous rapporter à la Terre.

Plus tard, la force vitale avec son âme et son septième aura commence à descendre vers le sixième plan. Tel qu'elle s'en approche, donc une autre aura, du sixième plan, fusionne et maintenant, la force vitale peut se rapporter à la vie sur cette planète. Ce processus continue jusqu'à ce que la force de vie fusionne avec le corps humain au moment de naissance et on dit qu'un bébé est né. Le corps humain n'est bien sûr qu'une aura lorsqu'on le considère à la lumière des informations ci-dessus, tout comme les auras peuvent être considérées comme des corps lorsqu'elles sont vues du point de vue d'un concept terrestre.

Une fois le point atteint, cela donne un bébé étant né, bien sûr, le point bas est atteint en termes de descente et c'est à l'individu à commencer à se spiritualiser dans l'ordre, en effet, pour effectuer le travail qui dans les plantes et règnes minéraux est atteint par les directeurs de la vie, à savoir spiritualiser ou remonter l'énergie vers le haut à travers les auras jusqu'à ce qu'un état soit atteint où l'on a rempli chaque aura d'un pouvoir accru. Le sujet des effets et les détails relatifs à la puissance augmentée à chaque étape, ou aura, seront traités en temps voulu.

Nous tenons à vous faire comprendre que vous êtes en effet sur une voie cyclique. Vous êtes originaire de Dieu au plus haut point imaginable, vous êtes descendu dans l'âge adulte, et maintenant vous avez du mal à vous élever pour revenir au point où vous avez commencé. Cela, semble-t-il inutile ? Eh bien, c'est le cas et cela ne sert à rien si vous vous attendez à ce que la vie contienne une grande importance vous concernant ou si vous imaginiez que vous et vos semblables sont en quelque sorte divins au-dessus et au-delà de la divinité dans tout objet inanimé. Nous sommes désolés de vous désillusionner. Vous êtes extrêmement important dans un sens et dans un sens seulement.

Vous faites partie d'un cycle de montée en puissance, un peu comme faisant partie d'un cours d'eau utilisé pour transformer une roue à eau. La roue hydraulique représente la continuité de toute existence et le ruisseau représente toute vie. Toute vie joue un rôle vital dans l'augmentation de l'énergie et vous agissez simplement dans un sens plus élevé et plus puissant qu'une goutte de pluie. Mais, essentiellement, le besoin d'un être humain et d'une goutte de pluie dans le plan de Dieu est de valeur et d'importance égale. C'est une partie essentielle du plan maître. Mais ne soyez pas consterné.

Ayant peut-être détruit tout délire de grandeur à laquelle vous avez peut-être été habitués à travers l'absorption des enseignements des religions orthodoxes, et perpétrés par ceux qui souhaitent exploiter la nature pour leur propre cupidité, nous souhaitons maintenant vous rassurer que, étant humain, vous êtes bien les élus de Dieu.

Comme mentionné précédemment, la force de vie différenciée est transformée en tout ce qui doit être fabriqué par les directeurs de la vie et c'est de la pure chance que vous ayez été transformé en humain. Ayant été sélectionné par hasard, vous êtes maintenant destiné à mener une existence au-delà de votre imagination la plus folle. Ne supposez pas que le monde terne où vous habitez actuellement est révélateur de toute la création. Ce ne l'est pas. C'est comme vivre dans un vaste et magnifique palais et vous avez simplement vu la soute à charbon. Lorsque vous avez gravi l'escalier vers la liberté, vous êtes qualifié pour quitter cette zone noire, visiter et séjourner dans les vastes salles de marbre qui constituent la masse du palais.

Cependant, nous parlons métaphoriquement bien sûr. Il n'y a pas de palais, pas de chambres dans la vraie vie, mais il y a quelque chose de bien mieux. Il y a des états de bonheur qui transcendent vos états euphoriques les plus fous imaginables et les états de bonheur sont empilés les uns sur les autres sous une forme sans fin, chacun infiniment plus exaltant que le précédent. La clé pour atteindre ces états est de suivre les préceptes donnés dans cette publication et de permettre à la puissance de Dieu de remplir toutes vos auras, toutes vos réalités, chassant tous les concepts de base alarmants. Vous n'avez pas besoin de croire que cela est vrai. Essayez la méditation. Essayez la dévotion à Dieu. Essayez la prière. Essayez de suivre les conseils donnés et vous verrez par vous-même que tout est vrai et plus encore. Il n'y a pas de limites à la joie que vous pouvez expérimenter, seulement la limite que vous placez sur vous-même.

Si vous trouvez que tout cela vous dépasse, alors ne vous sentez pas coupable. Tant que vous n'êtes pas prêt, vous ne pouvez pas faire l'ajustement, mais nous vous prions - une fois que vous êtes prêts à gravir l'escalier vers la liberté, vers la vie, ne restez pas dans la cave à charbon sous l'illusion qu'elle est sûr et confortable, chaleureuse et amicale, et parce que ceux qui sont vos chefs sont là. Si l'un de vos dirigeants, anciens et les supérieurs autoproclamés arrêtent le manège d'illusion sur laquelle ils chevauchent un instant et visualiseraient la zone la plus lumineuse qui les attend au-dessus d'eux, ils vous abandonneront en un instant. Ils conduisent le manège seul et isolé, et ils n'éprouvent aucune fraternité envers vous. Ils vous utilisent simplement au profit de leur propre ego et vous laisseraient vivre seul sans arrière-pensée s'ils avaient la chance de s'améliorer.

Vous aussi vous marchez isolé et bien que vous sentiez le désir d'unité, vous ne le trouverez pas en leur compagnie. Le véritable amour fraternel attend sur les plans les plus élevés et vous avez beaucoup plus de chances de monter à ces plans que ceux à qui vous vous inclinez actuellement. Laissez-les être les maîtres de rien. Les esclaves peuvent être libres et peuvent traverser le Jourdain. Laissez les Égyptiens dans la cave à tempêter et à faire leurs plans en s'exploitant eux-mêmes seuls. Vous n'en avez pas besoin, ils ont besoin de vous, mais vous méritez un meilleur maître. Faites de Dieu votre maître et ne servez que lui. Ensuite, vous pouvez vivre au pays de Canaan en paix et en harmonie avec vous-même et avec toute vie.

Ne croyez pas que nous vous disons la vérité. Essayez-le pour vous-même et nous vous promettons que vous réaliserez que c'est tout vrai. Qui sait ? Peut-être, par votre exemple, hommes politiques, responsables d'Églises, responsables de métiers des syndicats, et tous ceux qui exploitent maintenant les masses se rendront compte de l'erreur de leurs voies et peuvent se retourner à la prière à Dieu et, au lieu d'exhorter les masses d'être esclaves de leurs propres moitiés de théories, ils peuvent commencer à perdre les chaînes afin que les individus puissent aussi franchir le fossé entre l'esclavage et la liberté.

Vous aurez bien sûr remarqué que nous avons utilisé l'histoire de Moïse pour illustrer le point que nous avons fait ci-dessus. Il y a beaucoup, beaucoup d'histoires dans la Bible et aucune d'entre elles ne fait référence à des événements historiques. Ce sont tous des comptes savamment encodés de votre relation avec Dieu et avec votre prochain. Le peuple élu, les Israélites, sont des âmes libérées, non seulement de foi hébraïque, mais de toutes les confessions et toutes les races et de toutes les situations. Les Égyptiens ne sont pas le peuple de ce pays, mais représentent tous ceux qui asservissent les pensées et les cœurs des hommes libres partout où ils sont situés.

Cela peut choquer n'importe qui parmi la foi des Juifs de réaliser qu'ils ne sont pas les élus de Dieu, mais c'est la faute des rabbins qui aurait dû aller au-delà des limites de la Torah et regarder dans leurs propres âmes pour trouver la vérité. Ils auraient dû savoir que Dieu crée tous les hommes égaux. Vous vous faites un élu en vous alignant avec Dieu. C'est entre vos mains et vos seules mains. C'est ainsi que Dieu peut être trouvé au sommet d'une montagne ou dans un cachot de prison. Il n'y a pas de barrières à garder Dieu de votre cœur et c'est impardonnablement criminel à n'importe qui, qui a une idée de la vérité concernant Dieu pour le garder du public par le biais financier, raisons théologiques ou politiques.

La vérité concernant Dieu doit et sera mise accessible à tous les hommes, pas aux images de stéréotypes confus perpétrés par la plupart des livres et par la plupart des serviteurs des Églises mais la glorieuse liberté expérimentée dans le cœur de ceux qui cherchent à la place de croire intellectuellement et qui savent à travers l'expérience personnelle au lieu de connaissances acquises de seconde main. Puisse le monde commencer à être mis en ordre. Alors que la paix commence. Alors que le prince de la paix s'assoit vraiment sur son trône dans le Royaume de Dieu. Nous vous demandons dans la paix et l'amour, rejoignez cette foule marchant à travers le désert vers la liberté. C'est votre destin ultime. Ne le remettez pas à plus tard un jour de plus. Vous pouvez avoir toute l'éternité devant vous, mais oh, comme chaque instant est précieux, qu'il est beau et qu'il est vital le parcours que nous vous demandons de suivre. Réfléchissez à ces mots et, si vous doutez d'eux, priez pour être guidé. Si vous les acceptez, Rejoignez-nous.

Nous demandons, cependant, que si et quand vous nous rejoignez, vous le faites complètement. Il n'y a pas de place pour un sauveur à temps partiel. Accordez-vous suffisamment de temps pour vous adapter à votre style de vie, mais en fin de compte, nous vous demandons de suivre les instructions contenues dans ce livre à la lettre. Nous vous demandons également d'agir avec discernement. Nous ne vous obligeons pas à changer votre style de vie. Nous ne vous demandons pas de renoncer à votre emploi ni de prendre votre retraite dans un monastère. Nous vous demandons de vous adapter à l'intérieur, de vivre en paix avec tous les hommes, suivre le régime applicable à votre signe de naissance dans la mesure où cela vous convient, mais nous vous avertissons de consulter un médecin si vous avez des doutes sur votre santé et de considérer l'alimentation comme partie d'une routine de dévotion à Dieu.

Nous vous demandons d'être attentif à toute vie, de prier, de méditer, et de s'analyser quotidiennement. Nous vous obligerons aussi à respecter votre propre intellect, qui peut être puissant ou faible. Certains peuvent accepter une vie de prière et s'élever à la grandeur avec elle. D'autres d'intellects plus faibles deviennent des « excentriques ». Nous ne souhaitons pas chacun d'entre vous à pratiquer des austérités. Nous ne vous demandons pas de vous promener avec une planche écrite "la fin est proche" sur votre corps. Nous vous interdisons expressément de vous mutiler ou d'atteindre un point où vous considérer le suicide comme un moyen d'atteindre l'autre côté. Nous vous interdisons spécifiquement de nuire à toute personne, créature ou chose qui refuse de se conformer à votre nouveau salut. Bref, si vous êtes d'une nature avec une faible volonté, nous préférons que vous n'essayiez pas de suivre le chemin du salut avec une grande vigueur. Vous avez toute l'éternité devant vous et, éventuellement, vous allez mûrir au point où vous êtes fort et pouvez prendre le contrôle et être un chef parmi les hommes.

De plus, nous faisons un dernier avertissement. Comme vous vous développez spirituellement, vous développerez les dons de l'esprit. Vous obtiendrez des pouvoirs qui devraient être utilisés au profit de l'humanité. Cependant, comme l'électricité peut être utilisée pour fournir la puissance motrice derrière un stimulateur cardiaque ou pour dynamiser une chaise électrique utilisée dans certaines prisons, de sorte que la puissance accrue derrière les dons de l'esprit est susceptible d'abus. La tentation est grande, dans un premier temps, d'utiliser vos pouvoirs pour faciliter votre quotidien, pour fournir ces choses que le karma ne vous a pas fournies, et pour vous amuser. Ne soyez pas si tenté. Vous encourez une lourde peine et pourriez vous faire retirer les dons.

Jésus, confronté à Ponce Pilate, a mentionné qu'il aurait pu utiliser ses pouvoirs pour se sauver du sort qui l'attendait, mais il s'est rendu compte qu'il était obligé de suivre ce chemin. Suivez l'exemple de Jésus. Utilisez vos pouvoirs pour aider les autres et vous serez béni par Dieu. Rejeter toute idée d'utiliser ce pouvoir pour usage personnel ou pour le mal.

L'étude des auras, comme cela a été mentionné au début, est longue et complexe. Les auras, qui font partie de tout, interagissent avec Dieu et avec le concept le plus basique imaginable. Par conséquent, les auras font partie intégrante de tout ce qui est. En tant que tel, en fait, aucun livre sur les questions ésotériques ne serait complet sans une telle étude et aussi une étude des auras est tout ce qui est nécessaire pour quantifier la connaissance sur les questions ésotériques. En tant que tel, il doit être apprécié que le degré de profondeur obtenu par ces quelques pages ne permettra pas une analyse d'étude exhaustive à être fait et il est proposé, ultérieurement, qu'un volume épais soit produit qui fournira un consensus de toutes les connaissances qui sont actuellement disponibles concernant les auras.

Naturellement, un tel livre constituera en lui-même une amorce de la connaissance spirituelle, mais son orientation sera du point de vue des auras. Donc, nous souhaitons faire comprendre à l'étudiant que nous n'avons fait qu'effleurer le sujet, que suffisamment d'informations ont été mises à disposition pour l'élève pour apprécier sa relation avec Dieu et avec toute vie, et que nous terminerons la tâche d'apporter l'illumination aux gens de ce monde en compilant le volume mentionné ci-dessus.

Nous espérons, si vous en ressentez le besoin, que vous ferez l'effort de lire ce nouveau livre proposé et qu'il créera une base encore plus solide à votre fondement de spiritualité. Nous vous demandons de vous accorder toujours à la puissance de Dieu qui coule à travers les auras et d'apprécier l'immensité de ce pouvoir.

CHAPITRE 8 - ORGANISATION DE ROUTINE QUOTIDIENNE

Nous sommes habitués, dans n'importe quelle société dans laquelle nous vivons, à nous considérer nous-mêmes comme étant un avec cette société. Nous respectons les lois et les conventions qui nous permettent de nous adapter aux routines et à suivre les codes de conduite qui ont pour effet de permettre à la société au sein que nous vivons d'efficacement fonctionner. Cette cohésion de peuples différents avec des origines différentes en termes d'éducation, de classe et de compétences dans une force est considérée comme vitale et nécessaire dans la manière dont la société fonctionne. Sans un tel schéma de modification des comportements, on s'attend à ce que la société, telle que nous la connaissons, s'effondrerait, que la vie des affaires ne pourrait être efficacement menée et la détérioration en termes généraux de la loi et de l'ordre s'en suivrait.

Certes, nous avons une sorte d'équilibre maintenu en termes de la vie sociale, commerciale et politique et il est vrai qu'il est jugé nécessaire d'éjecter de la société ceux qui ne s'intègrent pas et pourtant combien de considération est placée sur la vraie qualité de cette vie ? Combien de considération est répartie par tout individu vivant ou groupe aux valeurs que nous prônons tant apprécier ? Nous respectons tous la loi et l'ordre. La loi et l'ordre, si vous considérez un instant, pointez dans la direction du concept appelé Dieu. L'auteur des lois naturelles, les lois de la nature, est Dieu. Les concepts de paix, d'amour et d'harmonie sont des concepts divins. L'ordre, à l'opposé du chaos, est l'essence de la puissance de Dieu. Le rapprochement de la matière, de la vie, de la société dans un environnement cohésif et paisible, et la manière constructive est une qualité divine. Par conséquent, nous devons accepter que la loi et l'ordre soient des règles qui doivent pousser les suiveurs sur un chemin conçu pour les rapprocher de Dieu.

Cependant, combien de personnes qui utilisent la loi dans leur vie quotidienne se demandent s'ils agissent d'une manière divine ? Combien de politiciens, avocats, juges et hommes d'affaires qui utilisent l'état de droit, qui consultent les livres de droit et qui utilisent la loi à leur avantage réalisent qu'ils agissent en contradiction avec le concept de Dieu ? La contradiction, l'opposé de Dieu, c'est bien sûr le Diable. Soit, nous travaillons pour Dieu, soit nous sommes utilisés par les forces de destruction. Il n'y a jamais d'état intermédiaire. Vous devez être conscient à tout moment que parce que rien n'est jamais fixe, le changement est la seule constante, que vous travaillez activement pour le pouvoir du bien, ou vous serez utilisé par le pouvoir du mal.

Ne supposez pas que vous devez pratiquer la magie noire afin de travailler pour les forces obscures. Ne supposez pas non plus que vous êtes accusé d'être mauvais vous-même. Très peu de gens pratiquent réellement les arts noirs, mais beaucoup, beaucoup de gens sont insensibles à la connaissance de la nécessité de s'efforcer activement pour Dieu. Beaucoup de gens dorment encore dans un sens spirituel et seraient donc presque certainement la proie de la puissance du mal. Par conséquent, nous vous demandons d'accepter que, à moins que vous n'étudiiez soigneusement vos motifs à chaque instant de la journée et agir uniquement d'une manière que vous ressentez et espérez être bénéfique pour votre prochain, vous serez utilisé par le pouvoir du chaos et apporterez le malheur dans votre vie, les vies des autres, et renforcera l'emprise que le diable a sur le monde.

L'ignorance n'est pas une défense. La loi fonctionne assez automatiquement pour le bien ou pour le mal et vous travaillez soit pour le bien ou pour le mal. Alors la prochaine fois que vous envisager d'utiliser le mot « loi » soit dans le sens d'être respectueux de la loi ou en utilisant les lois de l'homme pour affecter quelque chose, arrêtez-vous et réfléchissez que seul Dieu fait les lois et ces lois, lorsqu'elles se reflètent à travers vous, devraient toujours apporter la paix, l'amour et l'harmonie et le bonheur à tous. Toute autre utilisation de tout type de loi vous amènerait dans l'armée du seigneur du chaos. Choisissez et choisissez judicieusement.

Passons maintenant à un aspect des disciplines pour obtenir la paix et la tranquillité et considérer l'effet de fierté. Quand l'homme naît, il s'incarne avec une aura associée à lui qui est une partie essentielle de lui et est là pour permettre aux forces de vie de ses corps de lumière l'accès dans les deux sens entre le corps physique et ces auras. Cette aura, dont il est question, sert d'intermédiaire, de relais, pour les forces spirituelles essentielles qui doivent interagir avec l'homme. Elle est extrêmement dense par rapport aux véritables auras et, bien qu'elle n'ait pas de vie en soi, elle est souvent animée par l'esprit résidant en elle. C'est ce qu'on appelle le double éthérique. Il est facile à voir à l'œil nu exercé et apparaît comme une brume blanche proche, mais ne touchant pas le corps. Sa seule fonction est de permettre l'accès à la forme humaine et vice-versa.

Cependant, il agit souvent d'une manière étrange. Car il est à la fois très proche de la Terre en termes vibratoires et parce qu'il est encore une aura, il est sujet à l'influence par les forces émotionnelles terrestres. Ceux-ci sont distribués par des animaux et par des personnes à la fois incarnées et désincarnées. Sa proximité avec la Terre indique qu'il n'a pas l'avantage d'être influencé par des âmes supérieures élevées. La seule influence qu'il reçoit provient des forces grossières, égoïstes et de base. Par conséquent, il répond à ces forces, vibre en harmonie avec elles, et par conséquent alimente ces attributs très négatifs dans la personnalité de l'individu.

Nous constatons généralement qu'un bébé est très égoïste et centré sur lui-même, etc. Nous acceptons que les bébés soient comme ça et supposent que c'est une partie naturelle d'être un bébé. Ce n'est pas le cas. Les bébés nés sur Terre sont capables d'accepter des informations de toutes leurs auras comme n'importe qui d'autre et, si tel était le cas, l'enfant serait aimant, gentil et paisible. Cependant, parce que cet enfant n'a pas appris à ignorer l'attraction de ce double éthérique, il est retenu sous son emprise et devient la plutôt désagréable créature que nous connaissons tous. Heureusement, la plupart d'entre eux, en vieillissant, apprennent automatiquement à ignorer les informations du double éthérique et commencent à recevoir des informations de leurs véritables auras et ainsi, ils deviennent plus aimables.

Nous disons qu'ils sortent de ces conditions, mais bien sûr, il y a toujours des exceptions. Quelques bébés atteignent l'âge adulte et sont toujours détenus, au moins dans une certaine mesure, sous l'emprise de l'influence du double éthérique, alimentant ainsi leurs réalités des concepts terrestres de base mentionnés ci-dessus. De tels gens ne sont pas très gentils. Ils agissent de manière assez impulsive et souvent violemment. Ils ont peu ou pas de contrôle sur leur tempérament. Nous les appelons enfantins, une description précise, car c'est ce qu'ils sont. Il n'y a pas de corrélation entre les actions d'un individu d'être influencé par les émotions transmises à lui à travers les auras et l'action qui se déroule à l'intérieur de quelqu'un sous l'influence des forces des malins.

Dans l'un, les auras acceptent une vibration d'un taux ou niveau et provoquent des vibrations sympathiques à s'établir au sein de cet individu et, dans l'autre cas, celui de quelqu'un tenu sous l'emprise du mal, le processus qui se produit est celui dans lequel l'action des auras est réduite par une influence négative. En effet, l'un des processus est à l'opposé de l'autre. Cependant, l'effet observé par un autre du résultat de chaque type d'interférence apparaît souvent similaire. Les actions effectuées peuvent être des explosions de tempérament violent ou violence physique. L'individu peut osciller entre des éclats de bonne humeur et de profond désespoir, voire des emportements contre toute personne avec qui il pourrait être en contact. Mais la clé pour étudier les modèles de comportement de toute personne est de comparer les actions de cet individu à une norme connue.

Nous ne comprenons pas comment une personne influencée par le diable pourrait agir, mais nous sommes familiers avec les actions d'un enfant et nous pouvons comparer l'action de quelqu'un avec ce concept. Par conséquent, nous supposons que ceux qui agissent d'une manière typiquement enfantine sont encore influencés par leur double éthérique. Ces actions pourraient bien être, comme cela a été mentionné au-dessus, accès de colère rapides et violents, l'égoïsme, la cruauté insensée, le mépris des autres, et peut-être, le besoin de beaucoup de sommeil aussi parce que beaucoup de l'énergie nerveuse est utilisée et n'est pas remplacée par les auras.

Il est assez facile de repérer ces tendances dans un individu, y compris soi-même. L'action appropriée doit, bien sûr, être de permettre aux auras de s'étendre à travers la trinité de la prière, de la méditation et la dévotion à Dieu. Lentement, le double éthérique diminuera en importance au fur et à mesure que les auras se rempliront de l'énergie spirituelle et l'équilibre sera restauré à cette personne. Si l'on écarte le comportement enfantin, alors toutes les tendances négatives chez les gens doivent, à une certaine mesure, être le résultat ou crédité aux forces obscures. Les autres états désagréables pourraient inclure la ruse, la sournoiserie, l'orgueil excessif, la volonté de réussir au détriment, si nécessaire, des autres.

Peut-être la façon la plus simple de comprendre la différence entre les deux états est toujours de garder à l'esprit que les enfants agissent de manière égoïste, mais de façon inoffensive. Si leurs actions nuisent à autrui, ce n'est pas intentionnellement, mais par accident. Dans l'état de quelqu'un tenu sous l'emprise du mal, c'est le contraire qui s'applique. L'essence du mal est qu'il doit nuire à autant que possible. Ainsi, la personne effectivement influencée par le mal, par son désir d'atteindre le succès ou la renommée, serait tout à fait à l'aise avec l'idée de manipuler des individus ou des masses pour arriver à ses propres fins.

Nous voyons le résultat dans le capitalisme, ou bien le communisme, dans ses pires formes où des groupes de personnes sont exploitées au profit d'une ou plusieurs personnes. C'est vraiment mal. Il en résulte de la triste vie de millions de personnes, qui tout au long du temps ont été traitées comme des esclaves, comme des objets à utiliser et jetés lorsque leur utilisation est terminée. Il en résulte des guerres qui ont secoué cette planète depuis que l'homme a pris conscience de la façon d'inventer des armes et il en résulte directement beaucoup du dérèglement climatique qui dévaste de vastes étendues du monde de temps en temps. Il doit être clair, alors que de ces deux types de comportement sous considération, le second est définitivement le pire et doit être éradiqué des auras dès que possible.

De là, nous passons au concept d'organisation de la routine quotidienne qui permettra à ceux qui souhaitent suivre le chemin les moyens de le faire. La routine doit être établie qui donnera à l'individu le temps de suivre son emploi et ses fonctions terrestres tout en lui permettant en même temps de se retirer dans la prière et dans la méditation et aux plus grands concepts de la vie afin qu'il puisse élargir le pouvoir dans ses auras, apportant ainsi la paix et le contentement pour lui-même et avec ceux qu'il entre en contact et finira par faire régner la paix dans le monde.

Le premier aspect à considérer concerne le repos. Il est facile de remplir sa vie d'activité, d'aller jusqu'aux limites en poursuivant un concept ou un objectif, mais il faut bien comprendre que ce n'est pas le moyen de trouver la paix en soi. La première exigence est de prendre soin du temple de l'âme qui est le corps. Ce temple doit être nourri suffisamment et raisonnablement et aussi un repos suffisant doit être pris pour s'assurer que le corps est, chaque jour, renouvelé, régénéré.

À quelle fréquence nous réveillons-nous le matin et constatons que nous sommes nous-mêmes épuisés après une nuit passée à tourner et tournant alors que nos pensées revivaient les événements du jour et les événements à venir, nous empêchant ainsi de se réveiller rafraîchi ? Il est donc important qu'on se rende compte qu'avant de se coucher chaque nuit, un état d'esprit doit être conclu dans lequel les événements du jour sont rejetés, mis derrière soi, de sorte qu'un sommeil réparateur peut être obtenu tout au long de la nuit. Ce n'est qu'alors que l'on peut se réveiller suffisamment reposé pour affronter la journée et être suffisamment plein d'énergie pour accomplir les tâches que l'on s'est fixées à la poursuite de Dieu.

Il est donc suggéré à l'élève, avant de prendre sa retraite, de s'asseoir tranquillement pendant quelques instants et repenser aux événements de la journée, de faire une note mentale de ce qui est resté inachevé et noter mentalement ce qui a été achevé. Enfin, on devrait placer tout cela entre les mains de Dieu, prier pour la paix et prier pour le repos, et peu importe comment peu, on a accompli ce jour-là et quelle est l'ampleur du fardeau, on devrait essayer de les mettre de côté pour se retirer en sommeil réparateur et en profondeur.

Avec de la pratique, cet état peut être obtenu. Comme toute chose, plus on pratique, plus cela devient facile. Si, comme tant le font, vous avez l'habitude de revivre à travers le rêve les événements de la journée, alors vous aurez besoin de briser cette habitude et donc cela prendra du temps.

Mais nous vous exhortons à persévérer et, en fin de compte, vous commencerez à dormir le sommeil profond du juste comme vous vous remettez entre les mains de Dieu, et ainsi peu à peu, alors que vous vous réveillez chaque jour rafraîchi, énergisé et capable d'affronter pleinement chaque jour, vous accomplirez de plus en plus. Vous constaterez alors que vous serez capable de vous reposer plus complètement chaque soir dans le sens que vous avez accompli chaque jour les tâches que vous vous êtes fixé.

Une fois réveillé, il est suggéré qu'avant de se lever, on dit une prière d'accueil à Dieu et de se remettre entre les mains de Dieu pour la journée. Puis si on a suffisamment de temps, il serait peut-être bon de se lever et, avant de commencer à travailler, de méditer pendant quelques instants. Cependant, ce n'est pas toujours possible. Par conséquent, si cela n'était pas possible, nous vous suggérons d'essayer au moins de vous accrocher aux concepts de paix et d'amour et de service à l'humanité pendant que vous vous rendez à votre travail, ignorant tous les bouleversements que vous voyez et entendez et auxquels vous participez lors de votre voyage. Arrivez à votre emploi, si vous le pouvez, dans un état de paix et de tranquillité et tenter de maintenir cet état tout au long de la journée, vous impliquant pleinement dans les concepts plus détaillés que votre emploi implique, mais en évitant complètement la base et les aspects négatifs tels que l'argument, la jalousie, et cherchant à s'élever au-dessus son prochain.

Si vous gardez votre paix en vous-même, vous devriez arriver à la maison le soir avec encore suffisamment d'énergie pour passer la soirée sans vous sentir épuisé. Trop souvent, les gens rentrent chez eux de leur travail aigri par les épreuves et les tribulations de la journée, se sentant épuisé par les forces malignes qui se sont balancés autour d'eux, drainant leurs énergies psychiques et les laissant malades et fatigués. Faute que cela vous arrive, nous vous suggérons, avant votre arrivée à votre travail, de demander à Dieu de vous protéger, que vous placez une barrière d'amour autour de vous mentalement comme un grand parapluie et que vous vous assuriez de ne pas sortir de sous ce parapluie en entrant dans les arguments que vos collègues peuvent essayer de vous impliquer avec. Gardez votre paix. Effectuez votre travail. Servez votre prochain, mais ne vous impliquez pas émotionnellement avec des aspects médisants ou négatifs que vous pouvez trouver, trop souvent, et que vous avez dans le passé été impliqué. On espère donc que vous apprendrez à arriver à la maison tout en se sentant en forme et bien.

Lorsque vous avez terminé vos tâches ménagères et d'autres choses que vous devrez peut-être faire chaque soir, il est suggéré de s'asseoir et de méditer pour une période de temps. La technique a été mentionnée ailleurs et ne sera pas répétée maintenant, mais nous suggérons que la prière et la méditation vous avancera grandement. Ainsi, après avoir médité, il est suggéré que, si vous le pouvez, vous passiez la soirée dans le calme et la tranquillité, peut-être lire, peut-être regarder la télévision si vous le souhaitez, mais nous vous déconseillons de trop s'impliquer émotionnellement dans les films de violence que vous voyez. Ne vous impliquez pas avec les bulletins d'information montrant la violence et tous les aspects négatifs que l'homme glorifie tant. Ensuite, comme mentionné précédemment, nous vous demandons de penser à la journée, puis la rejeter et prendre sa retraite au lit pour dormir le sommeil du juste une fois de plus. Ainsi, il est possible de remplir votre vie de tranquillité.

Si vous le faites, vous constaterez que vous êtes plein d'énergie qui, dans la mesure où vous servez votre prochain de manière correcte, Dieu enverra une force vitale pour vous dynamiser et vous pourrez continuer encore et encore. Cependant, comme cela a été mentionné plus tôt, il y a une place pour toute chose. Il y a un temps pour le travail et un temps pour se reposer et il y a un temps pour le sommeil. Dans la Bible, on considérait que 8 heures de travail, 8 heures de repos et 8 heures de sommeil étaient les proportions correctes. C'est peut-être le cas, c'est à vous de décider. Vous décidez pour vous-même de la quantité de travail que vous pouvez faire, du repos dont vous avez besoin et du temps de sommeil dont vous avez besoin, mais nous vous demandons de respecter cette trinité, que vous n'essayez pas de travailler toute la journée et de ne prendre que quelques heures de sommeil. Nous ne vous demandons pas non plus de dépenser votre temps dans l'inactivité n'aboutissant à rien. Nous demandons que vous essayiez de trouver un équilibre dans votre vie de servir votre prochain, puiser en soi l'énergie à travers le processus de repos qui devrait inclure la méditation, et puis que vous rechargez enfin vos batteries grâce à un beau sommeil.

Il est prévu qu'en suivant ce processus, votre santé s'améliorera, que votre position à l'intérieur de la communauté pourrait s'améliorer, et que vous deviendrez un centre d'accompagnement spirituel pour ceux qui se sentent perdus. Si cela devait arriver et que des gens viennent à vous pour découvrir le secret de votre nouvelle santé et vitalité, nous vous demandons de leur transmettre les informations dans leur intégralité comme nous vous avons donné. Ce faisant, la parole de Dieu se répandra parmi les peuples du monde et le concept de paix, si indispensable aujourd'hui, sera répandu alors que toute l'humanité commencera à se détendre, baignée dans la beauté de la lumière de Dieu qui brille de leurs âmes.

Peu à peu, la paix sera rendue aux individus et aux groupes et aux nations. La première chose doit être d'établir la manière correcte de vivre. Aucun montant d'espoir, de travail ou de dispute ne causera la paix à l'intérieur du cœur. Aucun degré d'adoption de lois, de création des forces armées et de fabrication des armes apportera l'effet désiré. La première exigence est à chaque individu d'établir au sein de lui-même un code de conduite et d'éthique ou de comportement qui apportera la paix et la santé dans le cœur et le corps. Alors, et alors seulement, la prière et la méditation seront vraiment efficaces pour renforcer la paix et le pouvoir au sein de cet individu.

De cet état d'être, d'autres peuvent être baignés dans la lueur dorée de la puissance de Dieu émanant d'un tel individu, causant ainsi dans l'âme de tous ceux perdus et mécontents les premières agitations comme leurs âmes répondent en harmonie à la vague vibrante de Puissance. Une fois remuée dans la vie, l'âme ne dort jamais de nouveau. Ainsi, nous pouvons supposer que tous ceux qui entrent en contact avec un être vibrant sont, dans une certaine mesure, affectés. Ils auront leurs âmes éveillées et ainsi, ils seront sur le chemin de la perfection, qu'ils s'en rendent compte ou non. Leurs actions diminueront en termes de violence et de comportement antisocial.

Nous attendons donc avec impatience le jour où tout individu dont l'âme dort encore ne pourra s'empêcher de rencontrer des individus à l'âme vibrante où qu'il se tourne, car le mot expliquant comment et pourquoi, pour atteindre la spiritualité, est absorbé par des êtres de plus en plus nombreux. Cette réaction en chaîne doit avoir lieu et aura lieu, mais elle commence par vous. Ayant été privilégié par toutes les méthodes que Dieu a choisies pour vous donner accès aux informations et directions à la fois du besoin et des moyens d'atteindre la croissance de l'âme, vous avez un fardeau placé sur vous de remplir votre existence avec cette croissance de l'âme jusqu'à ce que vous deveniez une lumière qui brille devant le Seigneur.

Ensuite, vous aussi vous influencerez les autres en apportant cette lumière dans leur monde, éclairant leurs ténèbres. Voyez à cela que vous devenez en effet un exemple brillant. Votre avenir en dépend. L'avenir en fin de compte de millions d'autres en dépend. La paix du monde en dépend. Comprenez, si vous le pouvez, l'énormité de la responsabilité que nous mettons sur vos épaules. Nous ne vous donnons pas plus que vous pouvez supporter, mais nous vous donnons le maximum que vous pouvez porter. Au fur et à mesure que vous grandissez, le fardeau augmentera jusqu'à ce que vous puissiez supporter le poids du monde sur vos épaules comme le fait Jésus. Comme lui, acceptez la charge et faites le maximum d'efforts pour le reste de vos jours. Votre récompense sera au-delà de votre imagination la plus folle alors que vous atteignez les hauteurs élevées des maîtres.

Alors que vous commencez à prier, à méditer et à servir Dieu dans l'homme, les animaux, les plantes et tout ce qui existe, vous vous placez automatiquement sur la liste de sélection par les maîtres en tant que néophyte, ou étudiant. Au fil des mois et des années que vous suivez la trinité de prière, de dévotion et de service à Dieu, vous développerez les dons de l'esprit. Ceux-ci peuvent être à peine perceptibles pour vous ou ils peuvent grandement se développer comme certains soi-disant médiums les ont dans la clairaudience; la capacité d'entendre des voix désincarnées, la clairvoyance; la faculté de voir dans différents royaumes, la clairsentience; ressentir à travers les auras, la touche de guérison, et de nombreuses autres habiletés.

Au fur et à mesure que vous développez les dons, les enseignants et maîtres qui se consacrent à la diffusion de la paix dans le monde commenceront à vous utiliser de différentes manières. Vous pouvez en effet devenir médium, répandre la parole des plus grandes vérités aux gens, ou vous pouvez devenir un guérisseur. Encore une fois, vous pouvez être tenu de prêcher, d'écrire ou de communiquer d'une quelque manière la vérité pour l'humanité. En faisant cela assidûment, vous serez de plus en plus accepté dans la fraternité et vous aurez des tâches encore plus grandes placées sur vous. Assurez-vous alors de remplir chaque tâche qui vous est confiée au meilleur de votre capacité parce que seul l'effort maximum est satisfaisant pour Dieu. Il comprendra vos limites et échecs, mais Il voit aussi la paresse et l'oisiveté.

Ne laissez pas cette critique s'appliquer à vous. Cherchez toujours à maintenir une bonne santé. Cherchez toujours à apprécier l'exercice et reposez-vous dans les bonnes proportions. Nourrissez votre âme avec des poursuites et des passe-temps heureux, et inoffensifs, et vous serez en mesure de devenir un fidèle serviteur de Dieu.

Mention a été faite plus tôt de la médiumnité. Il y a des gens qui se disent spiritualistes médiums. La capacité de développer les dons de l'esprit est ouverte à tous. C'est un processus qui commence par la méditation et se termine au fur et à mesure que les auras se développent permettant ainsi à l'individu d'explorer les domaines correspondant aux auras développées.

Cependant, comme il a été mentionné à plusieurs reprises, vous avez un certain nombre d'auras. À leur niveau le plus bas, ils sont peu éloignés de l'état de vibration de la Terre et, les plus élevés, sont proches de Dieu. La pierre d'achoppement pour développer les auras est la croissance de l'âme, qui est liée, dans une certaine mesure, à la sagesse qui, à son tour, est connectée à l'intelligence. Les auras inférieures peuvent être développées par presque tous ceux qui s'appliquent, mais la clé du développement des auras supérieures est la croissance de l'âme. Seulement à force de longues années de prière, de méditation et de dévotion à Dieu que les auras supérieures peuvent être développées.

C'est ainsi que de nombreux médiums spiritualistes opèrent sur leurs auras inférieures. Ils se limitent donc à explorer ces royaumes et les royaumes supérieurs restent non expérimentés. Plus important encore, les individus avec lesquels ils ont tendance à communiquer sont ceux qui, lorsqu'ils étaient sur Terre, étaient considérés comme ordinaires. Les informations reçues ont tendance à être banales et manquantes de sagesse. Nous ne critiquons pas ces médiums.

Ils effectuent un travail précieux en apportant l'illumination concernant la vie après la mort au monde. Ils apportent réconfort à beaucoup de personnes endeuillées, mais nous soulignons que l'élève ne doit pas suivre leur exemple.

Efforcez-vous d'atteindre la croissance de l'âme et vous parlerez alors avec sagesse. Il faut aussi mentionner qu'il n'est pas nécessaire d'être saint pour atteindre les dons de l'esprit. Les plus grands magiciens noirs qui ont vécu avaient les dons très développés et les utilisaient au détriment de leur prochain. Entre le sacré et le diabolique se trouvent de nombreux états. Faites attention si vous contactez un médium. Ne présumez pas qu'ils sont des personnes saintes nécessaires. Beaucoup le sont, mais pas tous. Utilisez votre jugement et avancez prudemment.

Il est donc clair que ceux qui travaillent pour la puissance de Dieu et ceux qui travaillent pour la puissance du mal, alors qu'ils sont aux pôles opposés, viennent très près en un point central, sur une ligne de démarcation, entre le pouvoir du bien et ces forces opposées. Ainsi, il est très facile d'observer quelqu'un richement doté de la puissance de Dieu et aussi quelqu'un empêtré dans le pouvoir du mal et voir qu'ils sont ainsi. Il devient cependant plus difficile, plus ils deviennent proches de ce que nous pourrions appeler les gens ordinaires lorsqu'ils s'approchent de la ligne de séparation. Ainsi, nous devons nous demander si nous agissons exclusivement pour le pouvoir du bien ou si, parfois, nous pourrions enjamber cette ligne de démarcation et sommes utilisés par les forces obscures.

Nous devons considérer les types d'actions qui estiment appartenir à l'un ou à l'autre camp. Laissez-nous donc supposer que nous travaillons pour Dieu, mais que nous ne sommes peut-être pas l'exemple le plus brillant d'un individu rempli de Dieu. Si une telle personne souffre d'irritabilité, de la colère, de la jalousie ou du chagrin, et est-ce que quiconque, qui travaille pour la puissance de Dieu, devrait montrer un soupçon d'être moins que la perfection, la réponse est, bien sûr, oui. Même le plus grand d'entre nous n'est pas parfait. Si seulement nous l'étions. Si nous l'étions, nous ne serions pas ici. Nous serions un avec Dieu. Ainsi, nous disparaîtrions dans cette grande force appelée la Divinité et nous ne serions pas ici pour vous communiquer des connaissances.

De ce fait même, cela présuppose qu'aucun de nous ne soit parfait malgré tous nos efforts. Certains sont tentés plus que d'autres. Certains cèdent plus que d'autres. Il est relativement facile de s'enfermer dans un monastère au sommet d'une montagne et de ne pas être tenté par son prochain et de se leurrer que l'on est à la Divinité. Ce n'est pas le cas. Un esprit avancé serait capable d'aller en enfer si nécessaire et toujours ne pas être tenté. Mais nous supposons que la majorité d'entre nous a ces attributs humains avec nous qui nous conduisent en effet dans la tentation.

La nature de cette tentation a été mentionnée plus tôt et il est supposé, en pensant uniquement en termes de haine, de jalousie, de désespoir et d'angoisse, étant des forces négatives, si on les ressent, on agit en coharmonie avec les forces obscures. Ce n'est pas nécessairement le cas. Comme cela a été mentionné, même les plus grands d'entre nous souffrent de ces défauts dans une certaine mesure et pourtant, nous supposerions que les plus grands sont carrément du côté du bien. Par conséquent, si vous sentez ces forces négatives monter en vous de temps en temps en réponse à la tentation, nous vous suggérons d'essayer de les mettre de côté si vous pouvez plutôt que de leur céder la place.

Nous voulons que vous adoptiez une attitude qui vous permettra de reconnaître instantanément quand vous agissez d'une manière impie et commencer à vous corriger immédiatement. Ensuite, même si vous avez été tenté, vous agirez toujours d'une manière pieuse parce que vous allez essayer de corriger ces défauts. D'un autre côté, ceux dont l'âme dort encore constateront qu'ils justifient les raisons pour lesquelles ils peuvent céder à cette indignation, à ces colères, ces haines. Ils les justifieraient en termes d'avoir raison par rapport à un concept qu'ils argumenteraient, et tout le monde serait d'accord qu'ils ont raison d'avoir un tel sentiment. Cependant, parce que c'est ainsi, il y aurait peu ou pas d'efforts pour corriger ou réduire ces passions et ensuite, cette personne serait jugée sous l'emprise des puissances des ténèbres.

Nous espérons donc que vous entrerez dans l'habitude d'examiner vos motivations et vos raisons pour avoir agi d'une manière particulière et si vous devriez vous retrouver en colère contre n'importe quelle situation, si vous devriez vous retrouver à chercher une justification pour votre colère, nous vous demandons de toujours vous rappeler que vous agirez de manière incorrecte. Vous ne ferez qu'agir de la bonne manière divine quand, et seulement quand, vous mettrez de côté toute colère, toute force négative, et chercher à maintenir la paix et la tranquillité à l'intérieur de votre cœur. Cela pourrait bien être votre mot d'ordre. Le moment où tout sentiment de paix et de tranquillité quitte votre cœur, soyez assuré que vous agissez d'une manière incorrecte.

L'objectif auquel on doit s'efforcer est de maintenir la paix à tout moment dans le cœur. Avec la paix, on peut assumer un état de prière dans l'unité et, à travers cette prière, reconnaître la puissance de Dieu en soi et dans toute chose. Ce pouvoir et cette prière peuvent devenir une partie de votre vie jusqu'à ce que vous meniez une vie, comme cela a été mentionné dans d'autres publications, une vie de prière constante. C'était le but de saint Paul et nous vous suggérons d'en faire votre objectif également. Mais vous n'atteindrez pas un tel état si constamment vous laisser place à des sentiments de colère et à l'une des forces négatives. Ne vous préoccupez que de la paix et efforcez-vous toujours pour cela. Et donc nous recommandons que vous vous armiez de la trinité de la prière, méditation et dévotion à Dieu. C'est tout ce qui est nécessaire pour vous équiper d'une puissance suffisante pour vous maintenir fermement du côté de la bonté. Ensuite, peu importe quels défauts vous aurez, vous pourrez encore garder votre unité avec Dieu.

Nous vous recommandons également de passer votre temps dans un état détendu, ne devenant jamais émotionnellement excité ou avec des passions enflammées si vous pouvez éventuellement l'éviter. Organisez votre vie de manière à avoir suffisamment de temps pour accomplir les choses que vous devez faire et que vous voulez faire. Assurez-vous de vous reposer suffisamment et de vous lever suffisamment tôt pour permettre à un état d'équilibre d'être maintenu dans votre vie. Si vous vous trouvez pressé, c'est parce que vous avez été négligent dans l'accomplissement des tâches qui vous ont été confiées. Se dépêcher, c'est donc admettre que l'on n'a pas agi d'une manière pieuse parce que la nature ne se presse jamais. La nature sait ce qu'elle a à faire et s'accorde suffisamment de temps pour le faire. Elle consacre alors son énergie à mener à bien cette tâche et progresse résolument vers son achèvement. C'est un défaut humain d'essayer d'entreprendre plus de tâches qu'il est possible de mener à bien, de se diversifier sur les raisons que l'on fait plus quand, en fait, on obtient moins.

Il ne faut jamais être rigide. Il faut toujours être comme le saule, se balançant avec la brise, mais, comme le saule, nous devrions concentrer nos énergies dans une seule direction à la fois. Si vous pensez que vous ne pouvez pas le faire en raison de la complexité de votre vie, il est suggéré d'ajuster votre style de vie jusqu'à ce que vous ayez un minimum de distractions. Lorsque vous vous rendez à votre emploi, agissez pour votre employeur. Lorsque vous rentrez chez vous, alors agissez pour vous-même. Essayez d'éviter de mélanger l'un avec l'autre. Vos week-ends seraient mieux passés dans la détente et dans le repos pour récupérer les énergies qui doivent être prolongées la semaine prochaine. Il est imprudent de remplir son week-end avec une activité frénétique comme pour se rattraper pour le temps perdu. Vous perdez simplement plus de temps en faisant ainsi. Dieu vous accordera suffisamment de temps pour vous permettre d'accomplir toutes les tâches que vous souhaitez faire. Alors ne vous pressez pas.

Travaillez diligemment à toutes vos tâches et vous trouverez que votre vie commencera à se dérouler beaucoup plus facilement.

CHAPITRE 9 - LE DÉBUT DE LA SPIRITUALITÉ

On a toujours supposé que l'homme eût une relation avec la Terre, c'est-à-dire qu'on a supposé que la créature que nous appelons l'homme soit issu de la famille des singes ou a été créé à partir de la poussière de la Terre, dépendamment si vous penchez vers les théories de Darwin ou L'ancien testament. En fait, les deux idées sont fausses comme on aurait pu l'espérer qu'il aurait été évident pour l'étudiant qui a suivi les enseignements dans ce livre jusqu'à présent.

La relation de l'homme avec la planète Terre s'étire depuis de nombreuses années et ses raisons, pour être ici sont très différentes de celle proposée par les chrétiens, les Juifs et les musulmans. C'est frustrant quand on sait que l'information actuellement exposée a été mise à la disposition des scribes et des conteurs il y a de longues années, et pourtant ce qui nous parvient aujourd'hui dans les publications religieuses n'a que peu ou pas de lien avec ce message original, ayant été déformé par accident ou intentionnellement.

Nous espérons que, grâce aux moyens modernes de communication, cette réimpression de l'histoire ne sera jamais à nouveau sujet à de modifications, mais restera toujours dans sa forme vierge. Ensuite, d'autres révélations peuvent être faites pour faire progresser la connaissance de l'humanité sur elle-même et les plans sur lesquels elle opère, au lieu de toujours devoir retourner aux bases et réparer les dégâts dans les concepts de base commis par erreur ou fraude.

Darwin peut être pardonné pour ses erreurs. Il a étudié les règnes animal et végétal avec les seuls outils à sa disposition – les cinq sens – et, de ses observations, il en tirait les conclusions qu'il pouvait. Cependant, comme cela a maintenant été précisé, les cinq les sens ne sont qu'une petite partie de l'arsenal des capacités de mesure et de quantification que Dieu fournit à l'homme et que, en utilisant ces autres sens, on peut observer l'action se dérouler dans des régions inconnues de Darwin. Il s'est contenté d'observer les résultats de la manipulation de la matière se produisant dans la caméra et a donc tiré ses conclusions.

Que ces théories soient encore exposées dans les écoles, collèges et universités, aujourd'hui, est, bien sûr, une inculpation de l'insensibilité de ceux qui enseignent. Il ne devrait plus y avoir d'excuse, à partir de maintenant, pour enseigner à la jeunesse d'aujourd'hui, destinée à devenir les enseignants de demain, des théories qui ne sont pas réellement correctes. Il incombe aux enseignants d'aujourd'hui de réaliser eux-mêmes la croissance de l'âme nécessaire pour comprendre que les informations contenues dans les publications à mettre à disposition sont à la fois vraies et un package complet suffisant pour la croissance morale, spirituelle et intellectuelle de tous les élèves.

Nous proposons en effet que la formation des enseignants en collèges doive avoir une base de spiritualité, ainsi que la formation des enseignants aux techniques de transmettre seulement des informations, qu'ils doivent également recevoir une formation approfondie en méditation et en techniques de prière et que des certificats de compétence ne devrait pas être distribués avant que chaque enseignant n'ait démontré qu'il a acquis un degré de sagesse, tel que défini dans le terme croissance de l'âme. Nous sentons qu'un tel jour est, en ce moment, loin, surtout dans les pays où le système d'éducation est entre les mains et sous la juridiction d'individus qui se sont regroupés pour former une atmosphère conçue pour répandre la corruption parmi les jeunes d'aujourd'hui.

Nous trouvons profondément attristant que l'avenir de plusieurs millions de jeunes est contrôlés par de telles personnes et, bien que ces individus corrompus vont payer un lourd tribut pour leurs péchés, néanmoins, il y a des générations de jeunes qui atteignent l'âge adulte sans l'habileté de communiquer sur un niveau significatif que ce soit par l'oral ou par l'écrit, qui n'ont aucune idée de la base de la fraternité que tous les hommes recherchent naturellement, et qui ne ressentent aucun sens de respect pour eux-mêmes ou pour leurs semblables.

Les résultats sont visibles pour tous - l'effondrement des valeurs morales, l'effondrement de la loi et l'ordre, abus physique de soi et des autres par la drogue prise et par la violence, et le sentiment d'être perdu. Ce doit être très triste d'être un jeune élevé dans une telle société où il y a une telle abondance d'effets physiques et une telle rareté d'orientation spirituelle.

Nous appelons tous ceux qui peuvent aider à inverser la situation à le faire. Enseignez à tous ceux qui écouteront la bonne façon de vivre. Faites appel à vos amis pour qu'ils se joignent à vous dans la mise en place de la prière non-confessionnelle et de groupes de méditation. Diffusez la lumière que vous pouvez par votre exemple de piété. Il est injuste que les méchants devraient détruire vos vies, les vies de vos enfants, et de vos petits-enfants, qui sont leur espérance. Il appartient à chacun d'utiliser le pouvoir de la prière, dans la paix et dans l'amour, pour changer la situation.

Nous attendons avec impatience le jour où les écoles établis enseigneront les attitudes correctes moralement et spirituellement ; nous attendons avec impatience le jour où les parents reprendront leurs fonctions de mentors auprès de leur progéniture, obligation qui a été prise en charge par l'État en certains pays ; et nous attendons avec impatience le moment quand les gens peuvent être élus au parlement et le sénat, à des domaines d'importance politique à travers le monde, et pour ceux ainsi élus, d'agir d'une manière spirituellement honorable, représentant vraiment le meilleur intérêt des électeurs d'une manière tout à fait différente d'aujourd'hui.

Est-ce que tout cela semble « improbable » ? Il en est ainsi en ce moment, ce qui vous donne une idée des efforts faits par ceux qui sont tombés. Ne supposez pas que vous êtes impuissants à remédier à la situation. À condition que, comme a été mentionné plus tôt, vous êtes de caractère fort, vous prospérerez énormément sous le puissant afflux de prière et si vous pouvez trouver deux ou trois âmes semblables, agissez comme Jésus l'a supplié il y a 2000 ans, et apporter le royaume de Dieu aux enfants de la Terre, enfants de tous les âges maintenant.

Nous, qui dictons ces informations, ne pouvons qu'aider dans une mesure limitée. Nos vies terrestres sont depuis longtemps terminées, mais nous sommes très préoccupés par la masse incarnée et en attente d'incarnation. C'est une abomination de voir des âmes aussi pleines d'espoir et aux yeux brillants né sur Terre s'attendant, à juste titre, à progresser vers Dieu pendant leur séjour terrestre et de les revoir beaucoup plus tard, alors qu'ils abandonnent le fardeau, perdus et désillusionnés et battus par d'affreuses forces de méchanceté qui tournent autour d'eux depuis le moment de la naissance jusqu'au moment de leur libération.

Nous ressentons une grande colère quand tant de temps, d'énergie et d'effort est gaspillé par les relativement peu de méchants qui contrôlent vos terres et renient à tous les connaissances et l'amour, la liberté et le bonheur, qui est votre droit de naissance. Cette situation perdurera jusqu'à ce que vous, en tant qu'individu et vous en tant que masse prenez le contrôle de vos propres vies et ainsi vous mettre en position d'apporter la liberté à ces individus réduits à l'esclavage. Ne pensez pas que vous pouvez atteindre l'unité avec Dieu, et vivre une vie dans le bonheur, isolé de la souffrance de votre prochain. L'unité avec Dieu implique l'unité avec tout et votre bonheur sera terni par la douleur des masses souffrantes.

Cherchez Dieu dans la paix de votre cœur et dans le calme de votre maison. Cherchez des âmes semblables et formez des petits groupes de prière dédiés. Au fur et à mesure que vous sentirez la force, fonder des églises pour enseigner la vraie vérité de Dieu. Créer des écoles le dimanche. Établir avec ces professeurs qualifiés qui ne font qu'un avec vous, des écoles après les heures de classe qui enseignent l'éducation de base et la communication. Veiller à ce que chaque élève sache, par votre exemple et par votre enseignement, la vérité de sa relation avec Dieu et ainsi graduellement modifier la façon dont vit votre communauté.

Au fur et à mesure que ces jeunes atteignent la maturité et ont leurs propres familles, encouragez-les à enseigner la relation domestique correcte entre les parents et la progéniture - parent, progéniture et Dieu - et alors établissez une société sur laquelle vous vous souviendrez avec fierté et plaisir quand viendra votre tour d'atteindre les royaumes spirituels. Mais nous voulons toujours que vous vous méfiez de ceux qui sont tombés. Ils occupent souvent des positions d'autorité et de pouvoir dans le gouvernement local et central. On peut les trouver parmi les dignitaires des églises et ils occuperont des postes d'autorité dans les groupes d'éducation.

Souvent, ils ne se rendent pas compte qu'ils sont utilisés par les forces du mal. Ils ne sont généralement pas mauvais eux-mêmes. Mais parce que leurs âmes dorment, ils sont utilisés par des forces malignes. Ils ont du succès et occupent les postes les plus élevés parce que, dans la mesure où ils manquent de spiritualité, ils sont de la Terre et, étant chez eux dans un environnement terrestre, ils ne font qu'un avec et sont capables de manipuler les concepts terrestres à leur propre avantage. Ainsi, ils obtiennent leur graduation vers des postes de haut niveau et à des postes où le mal qui coule inconsciemment de leurs lèvres et leurs plumes répand la consternation, le découragement et le chaos tout au long du monde.

Soyez averti que lorsque vous créez des groupes de prière et tentez de modifier le chemin qu'ils ont tracé pour que les masses suivent, ils réagiront instinctivement et avec violence. Vous serez condamné par les politiciens des gouvernements locaux et centraux et par les dirigeants d'églises. Vous serez accusé par les dirigeants des autorités éducatives, des commissions médicales et de ceux de toute zone sur laquelle vous empiétez.

Après avoir été prévenu, assurez-vous que vous êtes pré-armé. Jouez le jeu selon leurs règles. Assurez-vous que vous êtes en terrain sûr légalement avant d'agir ou ils vous condamneront et briseront votre organisme.

Il est étrange de penser que, selon la Bible, les Égyptiens ont essayé de détruire les Hébreux, les Hébreux et les Romains ont essayé de détruire les Chrétiens, et maintenant, il est suggéré que les chrétiens essaieront de vous détruire. Cela vous donne une idée de la puissance du mal et combien de beaux concepts, tels que les enseignements du Christ, pourrait être corrompu par le mal et pourtant, dans l'année où ce livre est écrit, nous constatons que la patrie du christianisme, l'Église catholique est secouée par des allégations de corruption et par des liens avec la mafia. Cela, vous surprend-il ?

Eh bien, si vous avez accepté l'information concernant la puissance du mal donnée plus tôt, ça ne devrait pas. Il est presque inévitable que de tels événements se soient produits. C'est arrivé parce que l'organisation commencée par le Christ a été changée de groupes de prière simples et personnes au service de l'humanité – concepts divins – dans une vaste organisation qui existe en soi, complètement séparée et en dehors des concepts du Christ. Peut-être, un jour, l'Église catholique ouvrira ses portes à tous les arrivants, vendra leur immense trésor et donnera aux pauvres, et suivra le Christ une fois de plus.

Mais nous n'attendons pas qu'ils changent. Nous devons créer des organisations dans l'esprit du Christ et de Dieu. Méfiez-vous de tout membre de votre organisation suggérant que vous deveniez une religion. La relation du Christ était directe avec Dieu. Votre relation est directe avec Dieu. Vous ne devez pas instaurer toute organisation qui prétend adorer Dieu à travers n'importe quoi ou n'importe qui. Les chrétiens se sont égarés en plaçant Christ avec Dieu et le Christ comme intermédiaire entre l'homme et Dieu. C'est Incorrect. Le Christ était et est comme vous. Il est de Dieu et est sur un chemin vers Dieu. Il est beaucoup plus avancé sur le chemin, mais néanmoins, il s'efforce toujours comme vous le faites. Il ne se considérait pas comme un intermédiaire. En effet, il exhortait tous à prier directement Dieu. La prière qu'il a écrite, la prière du Seigneur, commence "Notre Père qui es aux Cieux », non pas « Son Père », mais "Notre Père". Il a précisé son unité avec vous et sa déférence envers Dieu. Il reconnaît qu'il est encore séparé de Dieu et pourtant reconnaît Dieu comme son créateur, comme il reconnaît Dieu comme votre créateur.

Par conséquent, ne créez pas de religions. Si vous le faites, ainsi, vous placerez une fausse barrière entre vous et Dieu et, peu après, vous allez créer des prêtres pour servir d'intermédiaire entre ce médiateur et vous. Donc Dieu deviendra progressivement de plus en plus éloigné. De faux enseignements s'insinueront pour protéger le droit des prêtres pour servir comme des médiateurs et justifier pourquoi l'homme ne doit pas prier directement à Dieu. L'argent sera collecté pour payer leurs salaires et leur fournir les vêtements et maisons splendides que leurs positions en tant que médiateurs entre l'homme et Dieu et que ces concepts exigent et, encore une fois, nous sommes de retour sur le chemin du chaos que toutes les religions établies se dirigent.

La clé du salut est la sincérité du but, de la simplicité, et de laisser à tous les hommes la liberté d'être unis avec Dieu. N'établissez pas de religions. Ne portez pas de vêtements étranges. N'effectuez pas de rituels. Dieu n'est pas impressionné par les robes de soie ornées d'or et de bijoux. Il est impressionné par l'honnêteté et la sincérité du but. Vous pourriez tromper un public crédule en s'exprimant en latin ou en hébreu, en balançant de l'encens, en s'inclinant et par des courbettes, et en sonnant des cloches, mais Dieu n'est pas impressionné. Il serait impressionné si vous aidiez votre prochain à méditer et à trouver Dieu par lui-même. Il serait impressionné si ces robes, bijoux, or et argent seraient transformés en argent pour nourrir un affamé originaire d'un pays où l'homme n'a pas eu l'intelligence pour fournir l'irrigation, etc. Alors on vous en supplie – gardez toujours votre foi simple.

Ces expériences que vous avez et qui signifient tant pour vous pourraient aider les autres, mais ils pourraient être vides de sens pour les autres. La prière que vous trouvez si efficace pour ouvrir votre cœur à l'influence divine pourrait être inutile à un autre. Tous les hommes sont différents et tous les hommes développeront leur chemin vers le salut indépendamment.

La liberté est donc le mot-clé. Autoriser à chacun la liberté de développer le chemin vers Dieu qu'ils doivent faire et leur permettre de se développer à leur propre vitesse.

À condition que vous fournissiez l'environnement à la demeure, dans l'emploi et dans l'éducation, comme cela a été mentionné plus tôt, n'essayez pas de contrôler le chemin et les pensées des individus à mesure qu'ils développent leur relation avec Dieu. Vous serez, si vous le considérez pour un instant, simplement utilisé par les forces du mal devriez-vous essayer de contrôler la pensée des autres, car c'est exactement ce que les politiciens, les chefs d'église, et tous ceux qui sont utilisés par la puissance du mal essaient de faire.

Nous vous souhaitons bonne chance dans votre liberté retrouvée. Nous vous souhaitons bonne chance dans le chemin que vous allez maintenant suivre et nous vous demandons de vous rappeler que vous n'êtes jamais seul. La puissance de Dieu est toujours et à jamais présente, tout comme les conseils de la Fraternité Blanche, qui continuera de suivre les progrès et d'offrir des conseils. Ne pensez jamais que vous êtes isolé du pouvoir du bien. C'est plus proche que votre peau, plus proche que la pensée, et toujours présent à vous assister dans votre tâche. Nous vous scellons au nom de Dieu Tout-Puissant et nous vous envoyons dans le chemin pour achever les travaux commencés par Jésus et ses disciples.

CHAPITRE 10 - LA LOI DE L'ATTRACTION MUTUELLE

Passons maintenant à l'examen d'un aspect de la croissance de l'humanité qui est limité à la progression à travers les sphères de conscience. Nous entrons dans une zone un peu nébuleuse lorsqu'on la considère par rapport aux considérations plus banales qui ont été examinées plus tôt. Nous souhaitons réfléchir aux forces qui attirent l'homme sur Terre en premier lieu et les forces qui poussent l'homme dans son voyage à travers les royaumes qui existent pour l'exploration par l'homme une fois de plus désincarné. Une telle considération présente des concepts qui sera assez difficile à expliquer et peut-être d'autant plus difficiles à appréhender, car elles concernent des forces et des événements relativement inconnus à la pensée normale.

Il faut donc commencer par expliquer que les forces qui jouent autour et à travers n'importe quel objet matériel, qui s'apparente à la gravité, n'est qu'une forme basse d'un concept beaucoup plus large qui a des effets de portée d'une grande envergure sur toute vie. Cette force énigmatique qui est appelée gravité a des propriétés qui ont été explorées et quantifiées depuis de nombreuses années sans que quiconque ne commence à comprendre ce que c'est. Comme c'est si souvent le cas, les scientifiques remarquent les effets de la gravité et comment cet effet se développe ou diminue en fonction de la masse d'un corps et de la distance entre deux corps, mais doivent se contenter eux-mêmes à limiter leurs investigations à cela. La nature de la gravité ne sera pas facile à comprendre, car elle se rapporte à une loi fondamentale du semblable qui s'attire – la loi de l'attraction mutuelle est, comme toutes les lois, de Dieu.

Si les lois de la gravité sont incompréhensibles pour l'homme, vous pouvez imaginer que pour décrire la loi de l'attraction mutuelle dans toute sa beauté et son émerveillement sera une tâche presque impossible parce que la langue n'existe pas pour décrire certains des événements survenant. Supposons cependant que la gravité est une force qui existe dans un corps et rayonne vers l'extérieur de ce corps sur une certaine distance. Il a été observé que la force est plus grande dans un matériel dense et est appelé masse. Tout ce que cela signifie, bien sûr, c'est que certains objets ou matériaux ont une plus grande quantité de gravité en eux que d'autres. Ainsi, ils sont attirés par la surface de la Terre plus fortement et paraissent plus lourds. Le plomb est plus lourd qu'une plume, la force de gravité étant plus grande dans le plomb que dans une plume.

Quant à savoir pourquoi un objet quelconque devrait apparaître comme plus lourd qu'un autre, les scientifiques concluent que les atomes composant cette matière seraient bien plus compacts que dans un objet plus léger. Donc, l'espace entre deux atomes serait moindre dans un objet lourd et plus dans un objet léger. En fait, l'espace entre les atomes n'est pas pertinent comme est le poids de n'importe quel atome. La force que l'on appelle la gravité n'a aucun rapport avec le nombre d'atomes dans un objet ni à quel point ils pourraient être espacés. Cette théorie est une vaine tentative d'expliquer la différence de masse entre différents matériaux et est incorrecte. Nous tenterons d'expliquer la nature de la gravité qui agit sur les corps et leur donne Masse.

La puissance de Dieu est une force qui est, par essence, une force vitale et crée en effet tout ce qui est. Cette force vitale est capable de nombreuses variations dans sa manifestation. Elle est vue dans toutes les créatures vivantes et est également dans tous les objets inanimés. Ainsi, comme il a été dit précédemment, tout est lié et tout est un. Cette force vitale peut être considérée comme étant au cœur de chaque atome et rayonne vers tout le reste. C'est une loi de Dieu que dans sa volonté d'atteindre l'unité, elle cherche à attirer toute matière à elle. Cependant, il serait absurde si la matière se combinait au hasard. Par conséquent, les forces archangéliques qui contrôlent le processus de la vie dotent la matière de certaines caractéristiques qui permettent d'obtenir l'ordre.

Dans le cas des objets matériels, il a été jugé pertinent de doter les atomes de matière terrestre d'une force d'attraction variant en intensité de légère à grande. Ceci a permis à la matière de se combiner en modèles que nous voyons autour de nous. Les particules atomiques qui se combinent pour faire la structure d'un oiseau sont très légères pour que l'oiseau puisse voler avec un minimum d'effort. Les particules atomiques qui se sont combinées pour produire des pierres et la Terre sont plus lourdes qu'elles pourraient être utilisées par la nature pour soutenir les arbres, etc. Ce n'est pas la densité des atomes qui compte, c'est le degré de force attractive, la puissance contenue au sein de chaque atome, cela varie et c'est cela qui fournit le concept de masse ou de poids.

La compréhension de ce point relativement simple nous permettra de passer à l'étape suivante et de commencer à examiner le concept plus large et plus étendu de comment la loi d'attraction mutuelle agit dans la force vitale, rassemblant ce dont la force vitale a besoin pour se manifester sur n'importe quel plan et à n'importe quel degré. Supposons que, encore une fois, nous examinions notre amie la jonquille. Cette plante est choisie purement au hasard. Toute autre plante, minéral, ou un animal aurait fourni l'illumination dans le même degré. Cependant, nous avons observé dans un chapitre précédent que la plante entre en croissance, mûrit, fleurit, décline et apparemment meurt, bien qu'elle soit simplement en sommeil. Nous avons étudié pourquoi ce processus est vital pour la continuité de toute vie et il a été apprécié que la bataille entre les forces de croissance et les forces de décroissance effectuent une fonction vitale.

Il a été fait mention des forces archangéliques qui manipulent pour le bien la force vitale essentielle, le logos, de cette plante afin de permettre à l'espèce d'évoluer avec succès dans un climat en constante évolution. À partir de là, nous examinerons la nature de la force qui attire la matière, à tous les niveaux applicables à la plante, ensemble pour fabriquer une jonquille à la différence d'un rosier ou d'un buisson épineux. Nous sommes habitués à observer dans la structure de tout être vivant une série de molécules appelées ADN et ARN. Nous sommes informés qu'ils sont essentiellement du sucre en contenu et forment les blocs de construction, le plan, pour cette plante.

Nous hochons sagement la tête et nous nous détournons tout comme perplexe de comprendre comment, si l'ADN d'une plante semble fondamentalement identique à celle d'une autre, comment alors la plante sait-elle qu'elle s'agit d'une jonquille ou d'une rose ou, en effet, d'un cheval ou d'un humain ?

Nous ne trouverons pas la réponse en examinant les molécules observables dans un domaine physique. Ce qui est observé n'est que le produit final d'un jeu complexe de forces manipulées par ces archanges qui contrôlent la nature de toute vie. L'action réelle se déroule dans des zones très éloignées de l'égide de l'œil nu.

Nous commençons donc au point le plus élevé de la construction d'une jonquille. Il est décidé qu'il est nécessaire de construire une telle plante et donc, à partir de la banque de force vitale, une essence de vie est sélectionnée et dotée des qualités nécessaires qui la mettra pour toujours à être une jonquille. La nature de cette force qui donne une force vitale indifférenciée certaine qualité, comme cela a été mentionné précédemment, ne peut être décrite avec succès. Nous vous demandons d'accepter qu'elle existe. Une fois que cette force vitale a été dotée avec les qualités nécessaires pour lui permettre de devenir une jonquille, alors, elle commence un long voyage vers le bas en termes de vibration vers la Terre. La force vitale essentielle ne change pas en vibration, mais en descendant, elle attire autour d'elle une aura de fine matière essentielle pour lui permettre de s'identifier au plan sur lequel elle est destinée à arriver.

Cependant, la question est bien sûr de savoir quelle est la force attractive qui provoque l'attraction de la matière autour de la force vitale ? C'est le point que la langue commence à nous manquer. Nous vous avons demandé d'accepter une fois la nature d'une force qui fait que la force vitale se différencie dans un domaine particulier et nous ne souhaitons pas présumer de votre crédibilité en vous demandant d'accepter de plus en plus de mystères. Nous tenterons donc par analogie d'expliquer comment une force vitale attire des formes particulières de matière vers elle-même, laissant tous les autres seuls.

Mention a été faite plus tôt des couleurs de l'arc-en-ciel, de la lumière blanche se décomposant en une variété infinie de tons et de nuances. Nous avons aussi parlé de la force de la gravité étant divisée en différents niveaux de vibration résultant en un objet ayant une masse supérieure à une autre. Nous continuons avec le concept de couches, de niveaux, dans lesquels quelque chose peut être divisé, allant quel que soit le type de forces nécessaires, de petit à grand. Du même coup, la force vivante enveloppée autour de tout objet vivant est dotée avec la capacité d'attirer uniquement les vibrations d'une bande passante particulière.

Ainsi, nous souhaitons vous présenter le concept que la force vitale destinée à devenir une jonquille est chargée d'une force par les archanges qui fait que la matière d'une vibration particulière est attirée vers elle et que la matière est nécessaire à la création totale d'une jonquille. Elle est exclusivement utilisée pour une jonquille et restera en suspension malgré tout ce qui est fait, en attendant la création de jonquilles.

Par conséquent, nous espérons que vous pourrez apprécier qu'une force de vie simple, mais merveilleuse dans son revêtement appelée âme est dotée d'une force qui non seulement lui dit qu'elle est destinée à devenir une jonquille, mais envoie un signal initialement au niveau le plus élevé qui alerte la masse de matière éthérique flottante sans but qu'elle nécessite un certain montant à une certaine vibration à être attirée vers elle. Ainsi, elle assume sa première aura.

Il faut comprendre que cette description, bien que par essence vraie et graphique, n'en est pas moins une piètre description de la réalité. La beauté de la création devra être expérimentée par l'individu une fois qu'il atteint un niveau d'avancement suffisamment élevé. Les mots ne peuvent plus décrire la création de la vie qu'ils ne peuvent décrire un coucher de soleil. Nous vous demandons d'accepter comme hypothèse ces mots jusqu'à ce que vous puissiez prouver par vous-même la réalité de la création.

La force vitale que nous pouvons maintenant appeler un embryon de la jonquille descend lentement à travers les plans de matière plus dense jusqu'à ce qu'elle soit capable de fusionner avec le corps parent de la plante dans la Terre et un nouveau bulbe est né qui grandira lentement jusqu'à ce qu'il soit mûr assez pour fleurir et contribuer au cycle de l'énergie qui circule de manière rotative, permettant à toute la vie de progresser.

Ceux qui ont suivi la discussion jusqu'à présent vont sans doute être curieux de découvrir comment le concept qui s'applique à une jonquille concerne les humains. La plupart des événements qui se produisent dans le royaume de Dieu, appelés nature, sont fondamentalement similaires en ce que ce qui s'applique à un morceau de force divine de base dans une circonstance particulière et cela s'applique à tous. Par conséquent, il peut être supposé que toutes les formes de vie qui étaient, et sont, destiné à faire partie de la Terre suivrait le modèle de création qui a été décrit plus tôt.

Les formes de vie de la Terre comprendraient tous les minéraux, tous les atomes qui créent l'air et l'eau, toute la végétation et toute la vie animale. Les seuls habitants restants de la Terre qui ne correspondent pas à ce modèle sont les humains. Comme cela a été mentionné précédemment, les humains sont des visiteurs de la planète Terre et leur véritable foyer est dans les plans spirituels. Par conséquent, le chemin qu'ils suivent pour naître, s'incarner, est légèrement différent de celui des formes terrestres.

Essentiellement, le processus est similaire en ce que la force de vie différenciée avec son revêtement d'âme attire autour d'elle la matière qui lui permettrait d'atterrir sur l'un des plans de vibration aurique et donc finalement naître sur Terre. Mais il y a un certain nombre de variantes. Tout d'abord et le plus important, il devrait être a noté que contrairement aux formes terrestres, l'embryon d'âmes humaines ne s'incarnent pas nécessairement sur Terre. Il y a de nombreux domaines pour les humains à explorer et à grandir de stature et la Terre n'est que l'un d'entre eux. Beaucoup de jeunes âmes ressentent le besoin de s'incarner dans la matière dense, mais pas tous. Il est tout à fait possible de contourner l'étape de l'incarnation terrestre. Ne croyez pas en l'histoire dans la Bible. C'est une idée fausse de pourquoi les gens s'incarnent sur Terre.

Certains, en effet un grand nombre, des êtres d'embryons spirituels ont une propension au bien et ne sont donc pas attiré par la Terre. D'autres, pour quelque raison que ce soit, sentent en eux-mêmes qu'ils ne sont pas naturellement purs. Cela peut sembler étrange d'imaginer que certaines des âmes sont naturellement pures et certaines ne le sont pas, mais regardez autour de vous. Il y a beaucoup d'hommes et de femmes qui mènent une vie décente et il y en a qui cherchent toutes sortes de dégradations. Par conséquent, acceptez la véracité des informations fournies.

Les personnes qui sentent qu'elles ne sont pas naturellement parfaites seraient, automatiquement, à travers la loi de l'attraction mutuelle, attirées par une zone de croissance particulière. Dans votre cas, et dans le nôtre, c'était la planète Terre. Cela aurait pu être l'une des nombreuses autres planètes. Mars en est un exemple. Les scientifiques dans leurs fusées ont photographié Mars et n'ont rien observé. Malheureusement pour eux, ils ont regardé la surface physique. S'ils avaient la capacité d'observer avec une vision aurique, ils observeraient beaucoup d'activité et beaucoup désagréable. Cependant, nous supposerons que nous nous sentons attirés par la Terre.

Nous descendons à travers les plans de plus en plus denses jusqu'à ce que nous arrivions à une dernière étape, l'une des douze, parce que rappelez-vous que nous voyageons le long d'un rayon que nous appelons un signe du zodiaque. À cette étape, nous nous reposons. Nous avons maintenant avec nous non seulement notre esprit de Dieu dans son âme, pas seulement sept auras même si elles sont plutôt faibles et manquent totalement de puissance, mais aussi nous avons maintenant un double éthérique, un revêtement qui est la réplique exacte de la figure humaine. Pendant la période de repos, nous attendons de nous sentir attirés par la même loi d'attraction mutuelle à un pays particulier, à une classe et à une couleur de personnes particulières. Nous attendons qu'un couple convenable conçoive un enfant.

Cet enfant ne contient pas d'âme à ce point ni un esprit de Dieu. C'est une extension de et dépendant de sa mère. Il contiendra à l'intérieur de ses gènes certaines caractéristiques des deux parents qui formeront, dans une certaine mesure, son corps et caractéristiques faciales, mais sa personnalité sera celle de l'individu qui s'incarne. Si ce n'était pas ainsi et le bébé aurait simplement répondu à la génétique de l'influence des parents, tous les bébés de n'importe quels parents seraient nés identiques et tous auraient la même personnalité. Ce n'est manifestement pas le cas, sauf dans le cas d'œufs dédoublés formant des jumeaux identiques. Même là, ils ont leurs propres personnalités individuelles.

Au fur et à mesure que le bébé grandit dans l'utérus, l'individu qui s'incarnera se rapproche de plus en plus jusqu'à ce qu'il soit capable de fusionner, en partie, avec le bébé. Cependant, il ne va pas prendre le contrôle complet jusqu'à ce que le bébé soit né. Au moment de la naissance, l'âme et le corps éthérique s'enroulent autour de ce bébé et il devient vivant. Les médecins pensent qu'en tapant le bébé pour le forcer à pleurer, cela affecte ce processus, mais bien que cela ouvre les poumons des bébés, c'est la fusion de l'esprit, l'âme, et le double éthérique qui amène le bébé à devenir vivant. Il y a des cas où le corps du bébé est défectueux auquel cas l'esprit, et cetera, se retire et le bébé meurt. Mais, dans la plupart des cas, le bébé est mis au monde avec succès.

Cependant, les auras ne fusionnent pas tous en même temps. Pour faire ainsi, la puissance nécessaire pour faire entrer et sortir de l'énergie du corps serait trop grande et donc le bébé repose initialement dans son berceau avec un corps et un double éthérique, une âme et un esprit. Peu à peu, au fil des ans, les auras fusionnent une par une, typiquement, chaque sept ans.

Par conséquent, l'enfant est relativement mature en années avant qu'il n'ait toutes ses auras et, par conséquent, il n'est pas possible d'être un être humain complet avec tous les attributs, y compris la sagesse, et cetera, jusqu'à ce que l'on soit d'âge moyen. Vous ne pouvez pas mettre une "vieille tête sur de jeunes épaules". Il est vain d'essayer de le faire.

Autrefois, les jeunes faisaient le dur travail des tribus et rassemblaient la nourriture pendant que les anciens étaient assis en conseil, délibérant et formulant la politique. Ce processus suivait les événements naturels et était correct. De nos jours, il est d'usage de promouvoir l'énergie des jeunes à des postes de pouvoir et d'autorité. C'est une erreur parce qu'ils n'ont pas les auras autour d'eux pour leur permettre de prendre une sage décision.

Le résultat est tout autour de vous et le chaos restera jusqu'à ce que vous reléguiez les jeunes à effectuer des travaux exigeant force et vitalité et que vous laissez la politique aux anciens.

Ceux qui se permettent de s'entendre avec le besoin de changement au sein de leur société comprendront qu'il est nécessaire de suivre les préceptes de foi, d'amour et de charité pour réaliser l'unité avec Dieu. Il n'y a pas de place pour l'ego de se manifester et il n'y a pas de place de la lutte pour le pouvoir. Ces concepts conduiront finalement les hommes au désespoir, car en portant ces émotions avec suffisamment de temps, ils créeront un tel manque d'harmonie au sein d'une personne et causeront un grand malheur. Il faut se débarrasser dès que possible, puis les auras peuvent commencer à s'accélérer en vibration, à se remplir d'énergie et modifieront le caractère de l'individu.

Nous énonçons ce qui précède pour indiquer que, encore une fois, l'homme diffère du règne végétal et animal. Les auras des plantes et des animaux ne sont pas capables d'expansion ou de contraction en termes de dynamisme parce que les plantes et les animaux sont incapables de beaucoup d'émotions supérieures, et même inférieures. Les créatures de la Terre ont un ensemble d'émotions qui est applicable à eux et sont en fait étrangères à l'humanité, bien que l'homme aime donner des attributs humains aux animaux. La peur est partagée avec le règne animal, mais cela s'apprend des animaux. Les animaux ressentent la douleur, la chaleur, et le froid. Ils ressentent de l'affection au même titre que beaucoup d'humains, mais ce n'est qu'un piètre reflet de la véritable émotion qui peut être ressentie. Tous les autres sentiments ne s'appliquent qu'à eux. Les plantes sont encore plus limitées et le sol, et cetera, encore plus. C'est donc que les auras de ces êtres terrestres ne s'étendent pas beaucoup. Ainsi, ils contribuent peu à la puissance globale disponible dans l'univers. Cependant, c'est la limite de leurs capacités. L'homme devrait être capable d'émotions beaucoup plus hautes et plus puissantes et devrait être capable de remplir les auras dans une bien plus grande mesure. L'effet global sur l'univers est donc beaucoup plus vaste. Cependant, beaucoup, voire la plupart, ne réalisent pas leur potentiel. Ils passent leur vie dans des poursuites inutiles et contribuent peu à eux-mêmes ou au stock total du pouvoir universel.

Ça ne devrait pas être comme ça. En effet, une des raisons pour lesquelles l'homme s'incarne sur Terre est de remplir le quota de l'énergie spirituelle qui émane de la planète dans les domaines spirituels. En ne le faisant pas, l'homme permet ainsi à un déficit croissant d'être construit qui contribue aux forces négatives dominant la Terre. Les gens se disputent souvent que les conditions, en général, sont pires aujourd'hui qu'ils étaient il y a des années. C'est vrai. C'est parce que le déficit spirituel ne cesse d'augmenter.

Par conséquent, la vie deviendra de plus en plus chaotique jusqu'à ce que ceux qui le peuvent se mettent à prier, à méditer et à servir Dieu. Leurs auras se développeront, le flux de l'énergie spirituelle augmentera et l'homme deviendra en paix avec lui-même et avec toute vie autour de lui. Toute vie répondra aux forces positives données et les problèmes commenceront à s'atténuer.

Nous allons maintenant examiner un domaine qui donnera un aperçu dans les mécanismes à l'œuvre derrière le concept de mouvement vers la perfection par rapport à la loi de l'attraction mutuelle et son fonctionnement, nous attirant dans des domaines d'opportunité, et en apportant des guides et des enseignants dans notre cercle. Nous savons soit par expérience, ou en ayant lu, qu'à mesure que nous nous tournons vers Dieu d'une manière positive et créative, nous devons prier, méditer et servir Dieu se manifestant dans toute vie. Nous savons aussi qu'il est nécessaire, voire inévitable, que nos auras vont se développer, remplis de puissance spirituelle, et que, tôt ou tard, nous serons guidés activement par un enseignant qui peut être vivant et sur Terre ou peut être vivant et dans les domaines spirituels. Ce professeur sera généralement le seul contact que l'étudiant aura avec ces êtres illuminés, mais l'enseignant lui-même en aura un encore plus illuminé qui sera le guidant et ainsi de suite dans une chaîne. C'est ainsi que tous ensemble nous coopérons vers la perfection, et aussi que le message reste pur, car chaque élève reçoit tour à tour des informations et les transmet sans modification à quelqu'un qui dépend de lui pour être guidé.

Cette chaîne d'êtres liés ne se produit pas par accident. Il y a une force à l'œuvre, l'attraction mutuelle, qui assure que le semblable s'attire. Par cette loi, une personne spirituelle sera attirée vers une autre. Cependant, cette chaîne ne fera que continuer à être forgée aussi longtemps que chaque membre de la chaîne agit de manière correcte. Si l'un des liens s'affaiblit, la chaîne sera brisée. Si cela se produit alors, bien sûr, il est nécessaire de trouver une autre personne avec qui la chaîne peut marcher, car le désir est finalement pour toute l'humanité d'être liés en une seule unité, tous travaillant pour Dieu et, jusqu'à ce que et à moins que les membres du groupe d'origine tous travaillant à leur maximum, alors rien ne peut être atteint. Tous dépendent les uns des autres. N'importe quelle personne peut briser la chaîne et cela empêche le progrès de tous.

Un tel état n'est pas autorisé à durer très longtemps. Ces êtres que nous appelons illuminés sont compatissants. Ils comprennent tous les problèmes dont l'humanité est l'héritière. Ils ont, en leur temps, vécu et subi ces problèmes. Par conséquent, ils laisseront du temps à tout individu pour surmonter les problèmes. Ils concentrent toutes leur vision sur l'œuvre de Dieu et ne permettront rien pour entraver ce progrès. L'étudiant doit noter alors qu'il est le bienvenu pour rejoindre la chaîne des êtres spirituels. Il sera utilisé pour faire avancer le pouvoir de Dieu sur Terre. Au fur et à mesure qu'il grandira en spiritualité, il sera de plus en plus utilisé. Il servira aussi d'enseignant à quelqu'un de moins illuminé que lui. Par cette méthode, et à travers l'expérience qu'il gagne en servant Dieu, il deviendra un plus grand maillon plus puissant de la chaîne, mais s'il devait faiblir, se fatiguer ou se désintéresser du travail, il serait abandonné par le groupe une fois que toutes les tentatives de l'aider ont échoué. Une fois abandonné, il trouvera difficile de reprendre sa place dans l'équipe, car la confiance placée en lui par ses pairs aurait été brisée.

Par conséquent, laissez l'élève agir de manière calme et positive, ne prenant pas plus de travail pour l'esprit qu'il peut maintenir. Les travaux se poursuivront pendant le reste de son existence et doivent être considérés comme tel. L'histoire de la tortue et du lièvre est une illustration appropriée des pensées que nous avons sur ce sujet. C'est très facile au début, quand les dons de l'esprit apparaissent et que quelqu'un s'aperçoit qu'il est capable d'aider les gens de manière positive et de beaucoup de manière recherchée, mais c'est aussi une tentation de prendre un trop grand engagement en termes de temps et d'efforts.

La déception est liée à suivre ce qui causera la désillusion à l'individu concerné et réduira la confiance du public dans la crédibilité des concepts spirituels représentés.

Les gens se tournent vers leurs dirigeants par exemple. Un dirigeant ne doit donc pas être faible. Il est inacceptable pour le public qu'une personne prêche une chose puis fait une autre chose. La cohérence est essentielle à la continuité de la Fraternité Blanche et, si vous le souhaitez pour adhérer, vous devrez agir de manière cohérente vous-même, pas seulement pour quelques mois ou quelques années, mais pour le reste de votre temps sur Terre et pour toute votre longue résidence dans les royaumes spirituels. De plus, on s'attendrait à ce que vous vous améliorez et devenez plus puissant au fil des ans à mesure que vous prenez une bande toujours plus large d'élèves qui seront attirés à vous par la loi de l'attraction mutuelle. Vous ne devez pas les laisscr tomber.

Par conséquent, par la prière et la méditation, vous allez réaliser le domaine de service que vous allez utiliser pour servir le Dieu manifesté dans l'homme et, au fur et à mesure que vous avancerez, vous serez attendu d'élargir vos horizons pour inclure plus de personnes et une plus grande diversité de disciplines. Travaillez lentement. Travaillez à fond. Accordez-vous du temps. Vous avez toute l'éternité devant vous. Laissez votre spiritualité grandir et, dans la même mesure, votre capacité à faire face avec le travail spirituel grandira. Suivez les préceptes, les conseils, donnés dans le chapitre concernant la manière de se conduire pour la santé et pour la vitalité et en paix devenez un avec nous.

Vous êtes les bienvenus et nous avons grandement besoin de vous. Ne vous sentez jamais isolé ou seul. Nous sommes toujours proches de vous, invisibles et peut-être non ressentis, mais nous sommes là, vous guidant toujours, vous portant toujours sur des ailes de lumière comme nous, aussi, sont portés par ces aigles qui sont au-dessus de nous. À votre tour, vous apprendrez à voler et porterez quelqu'un au salut. Ne laissez rien ni personne vous consterner ou vous détourner du chemin. La chaîne des êtres spirituels que vous rejoignez deviendra une puissante armure enveloppant le monde entier, défendant les justes contre les forces d'invasion de Satan.

Votre lien est une partie aussi vitale de cette armure que le plus grand forgé par le plus haut et le plus puissant être au paradis. Tout est un. Vous et lui ne font qu'un. N'oubliez pas ça. Vous et Jésus sont un et le même. Il est en vous, une partie de vous, et vous faites partie de lui. Tout comme vous accueilleriez Jésus dans votre vie, assurez-vous de vivre et d'agir d'une manière que Jésus, lui aussi, accueillerait comme faisant partie de lui-même. Vous ferez de grands progrès pour vous et pour toute l'humanité en agissant ainsi.

Venons-en maintenant à la discussion de la méthodologie d'un retour à la simplicité et de discuter pourquoi la vie est si compliquée pour beaucoup. Si l'on considère l'homme primitif qui a vécu non seulement il y a longtemps, mais qui vit toujours dans des régions reculées du monde, nous constatons que cette société est étonnamment complexe. On pourrait imaginer que de tels gens rempliraient leur vie avec les besoins d'abri, de nourriture et de procréation, tout comme les animaux et ont peu d'intérêt pour autre chose, mais tel n'est pas le cas.

Nous constatons, après l'étude, qu'il existe une complexe infrastructure d'interaction sociale de la religion et de la superstition, un ordre hiérarchique clair, etc. Nous étudions ces personnes et nous nous émerveillons devant la complexité de leur vie, de leurs rituels et de leurs danses, et de leurs habitudes concernant le masculin et féminin, la nourriture, les tabous, etc. Pourtant, nous prenons rarement la peine de nous demander pourquoi cet ordre compliqué et apparemment inutile, à nos yeux, est arrivé. Cela semble très important aux personnes concernées et occupe une grande partie de temps et pourtant contribue peu à la survie individuelle. Si nous, civilisés, étions placés dans leur environnement, nous serions pleinement occupés simplement à la survie avec aucun temps, et certainement sans souci pour les événements non-essentiels qui sont si importants pour l'homme primitif.

Par conséquent, nous allons étudier pourquoi ces modèles étranges de comportement sont là et comment ils ont commencé. Cela donnera un aperçu de notre comportement dans la soi-disant civilisation. Le premier aspect qui nécessite la compréhension, c'est que l'humanité n'est pas indigène à la Terre comme le sont les animaux. Comme cela a été mentionné plus tôt, nous utilisons la planète Terre pour acquérir de l'expérience et aider la Terre à générer de l'énergie spirituelle. Par conséquent, lorsque nous sommes arrivés ici pour la première fois, il y a plusieurs millions d'années, ce n'était pas seulement la nourriture et un abri qui occupaient nos pensées, mais nous avions un souvenir de ces régions dans lesquelles nous avions habité avant de s'incarner sur Terre. Dans ces domaines, nous n'avions pas de corps physique et donc nous n'avions pas besoin de nourriture ou d'abri et nous ne procréons pas.

Par conséquent, à moins que quelque chose d'autre n'occupe nos pensées, nous vivrions dans un vide mental. Bien sûr, ce n'est pas le cas. Nous serions d'assez simples créatures à ce stade de notre développement et les concepts de Dieu, de la prière et du service seraient inconnu, mais néanmoins, il y a la mémoire que nous avons été créés par Dieu et que, par notre descente à travers les sphères, nous avons observé, bien que sombrement, des grands êtres, des plans de beauté et des mondes merveilleux. Il serait donc naturel que, simple et incompréhensible comme nous pouvons l'être, nos pensées devraient se tourner vers ces mondes et que nous devrions essayer d'atteindre avec nos pensées et imaginations dans ces domaines. Tel n'est pas possible à l'époque d'y parvenir avec succès, mais il y a le besoin et le désir d'essayer.

Par la loi de l'attraction mutuelle, les émotions entourant ces zones sont attirées par ceux qui tentent de l'atteindre et ainsi, l'imagination se nourrit des notions évoquées ci-dessus. Bien que les créatures, humaines mais très basiques et simples, essayent d'adapter ces concepts imaginés dans un modèle cohésif, ils ne sont pas en mesure de le faire et sont donc obligés de formuler des rituels pour exprimer ces événements imaginés. Avec le temps, le rituel se formalise dans des modèles de comportement qui répondent à un besoin et à auxquelles tous sont tenus de se conformer. Le rituel commence à assumer une importance qui lui est propre et, finalement, s'installe dans un modèle de comportement, une forme de civilisation qui se justifie pour la raison qu'elle est le mode de comportement évident et normal.

Lorsque l'homme s'est incarné sur Terre, il avait bien sûr le problème de logement, de nourriture et de procréation à régler. Une fois cela surmonté, il a pu regarder et faire le tour pour voir s'il y avait autre chose à occuper sa pensée. Les souvenirs de son existence antérieure ont refait surface et il fut bientôt préoccupé de former sur Terre une civilisation semblable à celle qui était conforme dans son domaine spirituel. Elle a été modifiée, bien sûr, pour tenir compte de son environnement terrestre, mais a suivi des éléments similaires. Ainsi sont nés les étranges rituels que nous voyons aujourd'hui.

Si nous regardons attentivement, nous pouvons observer qu'au nœud de toute croyance est une croyance en une divinité et qu'il y a généralement des Dieux qui sont connus, qui contrôlent l'environnement, et qui doit être apaisé et encouragé par le sacrifice et la danse. On peut observer immédiatement le parallèle entre la réalité d'une divinité créatrice et des directeurs de la vie qui contrôlent la Terre et tout ce qui est, bien qu'ils agissent automatiquement et n'ont pas besoin de pots-de-vin. Aussi, il y a généralement chez l'homme primitif un concept du mal, d'une force obscure, un diable, et il y a des domaines tabous. Encore une fois, nous savons qu'il existe en effet des forces obscures et que l'enfer est bien réel. Ainsi, nous pouvons observer une ressemblance avec la réalité dans le rituel de l'homme et commencer à comprendre qu'il l'exécute parce que l'information est introduite dans son imagination par la loi de l'attraction mutuelle à cause des expériences aperçues bien avant.

C'est le fait que cela devient stylisé en routines formelles qui nous conduiront dans le monde moderne, car là, nous observons que nous agissons encore selon des modes qui ne résistent pas vraiment à la critique ouverte, que nous avons d'étranges concepts irréels de Dieu, des saints, et des forces angéliques. Nous, bien sûr, à travers notre augmentation de l'intelligence et de la capacité à manipuler les concepts, avons stylisé et formalisé ces événements dans l'acceptabilité, mais quand vous entrez dans une église, quand on voit les prêtres dans leurs plus beaux vêtements, la chorale vêtue de robes fluides de blanc, et cetera, demandez à vous-même, d'où sont venues ces idées ? Certainement pas de Jésus ni d'aucun autre prophète. Ils vécurent, et travaillaient, quels que soient les vêtements qu'ils portaient. Ils n'avaient pas de temples dégoulinants d'or et de bijoux. Non.

La mémoire descend de ces événements ancestraux vécus lorsque nous sommes descendus par la loi d'attraction mutuelle. Nous avons vu de belles choses, nous avons observé des créatures divines, et nous ressentons le besoin de les recréer dans notre tentative de remonter les sphères aux plaines de beauté. Cependant, cela n'est pas le chemin. Vous ne pouvez pas vous déguiser en roi et, ce faisant, devenir roi, vous ne pouvez pas porter le vêtement d'un ange et en devenir un, et vous ne pouvez pas assumer la position de la perfection et arriver à cet état. C'est de l'imaginaire. Il est puéril de faire ainsi.

Quand vous étiez enfants, vous jouiez avec des jouets. Si vous voulez devenir un homme, rangez vos choses puériles et agissez comme un homme. Vous n'avez pas besoin des églises, des prêtres et de toutes les parures qui existent. Vendez tout et donnez aux pauvres. Suivez Jésus et, à travers la trinité de la prière, de la méditation et dévotion à Dieu, vous vous élèverez pour ne faire qu'un avec la réalité qui est. La réalité est beaucoup plus gratifiante que l'imagination. Portez des vêtements simples et de vérité et vous porterez un jour les vêtements d'un Dieu. Gardez votre foi simple. Évitez les rituels, les gestes, et charabia. L'être primitif dans la jungle n'a aucun moyen de transcender cet état, mais vous pouvez le faire.

Ceux qui s'habillent de drap d'or, ceux qui récitent rituellement des prières et accomplissent des cérémonies comme pour apaiser les dieux gaspillent leur temps. Ne les laissez pas gaspiller le vôtre. Votre travail est trop important. Votre monde est dans la réalité. Ne vivez pas dans le monde d'illusion, mais montez l'escalier vers la vérité, la liberté et l'expérience authentique. Votre récompense sera grande et aura le son de la vérité. Vous ne finirez pas votre vie désabusée et vide comme tant d'autres qui consacrent leur vie, aussi honnêtement soit-elle, à poursuivre des ombres. Vous ne pouvez pas attraper une ombre. Vous ne pouvez pas vivre des événements imaginaires. Par conséquent, n'essayez pas.

La vérité est solide, réelle et à votre portée. Saisissez-la des deux mains et accrochez-vous-y pour le reste de votre existence. Vous serez bénis et à votre tour, en montrant aux autres le chemin, vous serez à nouveau bénis. C'est ainsi que fonctionne la loi de l'attraction mutuelle, apportant des illusions à ceux qui recherchent l'illusion et apportant la vérité à ceux qui cherchent la vérité. Choisissez pour vous-même.

CHAPITRE 11 - LES LOIS DU COEUR

Si nous essayons d'imaginer comment les émotions se formulent au plus profond de nous, sentiments et passions, nous sommes inévitablement attirés dans notre pensée et nos expressions à une zone que nous appelons le cœur. Il est clair que nous ne considérons pas l'organe physique, le cœur, pour faire l'objet de notre évaluation, mais que nous considérons un concept abstrait qui utilise comme symbole une forme avec laquelle nous sommes tous familiers. Est-ce que quelqu'un a déjà pensé à remettre en question pourquoi des considérations d'émotion comme l'amour, le désir, et la beauté devrait se concentrer sur un organe du corps qui est en grande partie musculaire et dont la seule fonction est d'agir comme une pompe pour le sang circulant autour du corps ?

Ne considérons-nous jamais pourquoi un homme courageux devrait être considéré comme ayant un grand cœur ? L'autopsie indiquerait presque certainement que le cœur du plus brave héros et celui du lâche le plus abject serait d'environ la même taille. Par conséquent, il est clair que nous parlons métaphoriquement et nous nous référons au cœur quand, en fait, nous nous référons à quelque chose d'autre avec lequel nous n'avons aucune capacité de quantifier.

Examinons en détail les événements qui se produisent dans un humain, devrait-il éprouver l'émotion à "tomber amoureux". La loi de l'attraction mutuelle, comme toutes les lois de Dieu sont toujours à l'œuvre - attirant le semblable. Lorsqu'un individu atteint la puberté, il trouve que certains désirs commencent à se manifester à l'intérieur de lui. Il ressent un sentiment de manque, d'incomplétude, qu'il satisfait d'abord en se mêlant à de nombreux amis de son âge à l'école et dans les loisirs. Plus tard, ce cercle d'amis s'élargit pour inclure des personnes d'à peu près le même groupe d'âge, mais de sexe opposé. Ces personnes sont réunies par la loi de l'attraction mutuelle, le sentiment de nostalgie en chaque individu étant le catalyseur qui les lie ensemble.

Tôt ou tard, il est courant qu'une personne se sente attiré vers un membre particulier du sexe opposé. Il ou elle tend la main émotionnellement et cette attraction est ressentie par la personne désirée qui est contrainte de répondre d'une certaine manière. Supposons qu'un groupe de jeunes de sexe mixte se réunissent régulièrement pour des raisons sociales et supposons en outre qu'un jeune homme se sent attiré envers une fille en particulier. Il manifeste son désir de se familiariser avec elle à plusieurs niveaux de conscience. Dans un sens physique, il peut s'asseoir près d'elle, lui parler et généralement passer plus de temps avec elle en tant qu'individu qu'avec d'autres dans le groupe. Son corps adoptera certaines postures, maintenant connu sous le nom de langage corporel, qu'elle observerait inconsciemment tandis que, dans un sens aurique, le pouvoir d'attraction mutuelle enverrait un appel depuis l'un de ses auras qui sera reçue par la jeune fille.

Elle doit alors décider comment réagir. Initialement, elle sera flattée de l'attention et répondra automatiquement à son langage corporel. L'aura qui a reçu l'appel à l'unité aussi répondra automatiquement et positivement, car c'est une loi naturelle que le semblable s'attire, et tout comme deux aimants se rejoignent sans se demander pourquoi, ainsi une personne répond à l'appel d'une autre. Alors, d'abord, elle est attirée vers le jeune homme. Si tout va bien, ils se réuniront et tomberont amoureux. Cependant, la jeune femme a peut-être elle-même jeté un regard sur un autre jeune homme. Le décorum interdit qu'elle lui fasse des gestes manifestes, mais son langage corporel et son appel aurique lui seraient envoyés et lui aussi doit répondre.

La jeune femme est maintenant dans l'embarras. Elle se sent obligée, en effet, est obligée, de répondre à la première personne et pourtant, elle a une interaction complexe au travail avec un tiers avec qui elle peut espérer réaliser de plus grandes choses. Il est peut-être plus beau que le premier individu, plus grand, plus fort, plus riche, avoir de meilleures perspectives d'emploi, etc. Qu'est-ce qu'elle décidera en fin de compte, c'est à deviner. Il y a peu de logique dans la façon dont la plupart des gens choisissent leurs partenaires et c'est peut-être mieux ainsi. Cependant, une fois qu'elle aura fait son choix, elle cessera de répondre à l'un des garçons. Elle montrera ceci ouvertement par la parole, par le regard, par le langage corporel, par l'action, et, surtout du point de vue en discussion, elle ne répondra pas avec son aura.

Il a été dit que la loi de l'attraction mutuelle fonctionne automatiquement, apportant le semblable ensemble, mais comme toutes les lois de Dieu, elle est capable d'être manipulée par la pensée opérant au niveau correct. Comme le premier jeune homme de notre histoire a tendu la main exclusivement à la fille qu'il aimait, de sorte que cette fille, une fois qu'elle répond et se dévoue à lui, cesserai de répondre à tout autre appel émis par un autre jeune homme. Elle le fait automatiquement, mais c'est sous le contrôle de ses émotions.

La raison pour laquelle cette histoire a été décrite était d'indiquer quelques-unes des façons dont les humains opèrent de manière consciente, et aussi inconsciemment, et de nous conduire dans un domaine qui se rapporte à l'amour et à l'attraction. Cette zone est connue sous le nom de "cœur". Correctement, nous devrions dire qu'il y a un chakra, un point d'entrée dans le corps qui a son centre au cœur. On imagine souvent que les chakras entrent réellement dans le corps physique. Ce n'est pas tout à fait correct. Les chakras sont une ouverture ou une porte éthérique pour des auras particulières et, parce qu'elles sont de matière fine, ne peuvent pas entrer dans le corps. Ils ont en fait leurs points d'entrée centrés dans le double éthérique et c'est cela qui se rapporte étroitement à la forme humaine. Cependant, fondamentalement, l'effet est le même.

Comme, par la loi de l'attraction mutuelle, une jeune femme répond à un homme, donc leurs auras pertinentes à leurs chakras s'étendent et s'entrelacent, pour ainsi dire. Ce mélange de deux auras a un effet électrisant connu dans le langage moderne sous le nom de « gestalt », qui signifie « la somme du tout est supérieure à la somme des parties individuelles », ce qui signifie qu'en joignant les deux auras ensemble en une seule, parce que la loi de l'attraction mutuelle a atteint son effet désiré, l'énergie spirituelle est libérée qui provoquera des émotions électrisantes et exaltantes au sein de chaque individu. On dit que c'est de l'amour. Si nous répétons et clarifions ce qui se passe, c'est qu'à travers l'action de deux personnes devenant éthériquement une, une récompense est faite par la nature.

La loi de l'attraction mutuelle s'efforce constamment d'atteindre ses objectifs. Lorsqu'elle le fait, l'énergie est libérée, la matière a été soulevée et l'effet est ressenti comme de l'amour. C'est une belle émotion. Cela fait en sorte que le monde entier semble juste et bon. On se sent comme un géant. Plus tard, en supposant que le couple reste ensemble, le sentiment est accepté dans la normalité et semble diminuer. Cela ne diminue pas. Il est accepté et la pensée se tourne vers d'autres choses. On se rend compte de la différence si le partenariat cesse pour quelle que soit la raison et il revient à la normale. Le sentiment de perte, d'isolement, de chagrin et de misère est vivement ressenti jusqu'à ce que cela aussi soit accepté par l'individu. Sa vie reprend un sens de normalité à nouveau et il ou elle pourrait éventuellement commencer à chercher de nouveaux partenaires à travers l'acte original de rejoindre un groupe à partir duquel il peut commencer à faire des sélections et à envoyer des ouvertures. La loi de l'attraction mutuelle ne cesse jamais de fonctionner.

Le concept de gestalt est d'une grande importance pour le monde. C'est la façon dont l'énergie est créée. Sans la loi de l'attraction mutuelle et l'explosion de l'énergie libérée à la suite d'un raccordement, toute vie disparaîtrait. Cette action se produit à tout moment dans toute chose, qu'elles soient minérales, végétales, animales, ou humaines. Elle est absolument vitale pour la vie partout dans l'univers. Le résultat de la gestalt est toujours magnifique. La vie qui rejoint la vie crée toujours le bonheur et la joie. En termes simples, il suffit d'aller dans le jardin et de regarder. De la terre froide et humide, des excréments d'animaux, les plantes naissent, des fleurs de variété les plus incroyable, de motif, de forme, de taille, de couleur et de beauté imaginables. Tenez dans la main un morceau de terre. Émiettez-le et voyez à quel point il est peu attrayant. De l'autre main, tendez la main et prenez une fleur. Étudiez-la de près. Regardez vraiment avec toute votre concentration à la fleur.

Avez-vous déjà vu quelque chose d'aussi beau ? Y-a-t'il quelque chose créé par l'homme comparable à cette fleur ?

Au fur et à mesure que vous la relâchez et que vous laissez tomber la terre, levez-vous et restez immobile un instant. Que ressentez-vous à l'intérieur de vous-même ? Vous ressentez de la joie de vivre. Vous sentez votre poitrine gonfler et peut-être aurez-vous les larmes aux yeux. Vous ressentirez l'amour. Ce qui s'est passé, c'est que vous et la fleur ont mélangé vos auras dans une affection commune afin que la gestalt libère l'énergie qui vous a donné de la joie et, également, a bénéficié à la fleur. C'est la raison pour laquelle les jardiniers passent tant de temps à s'occuper de leurs plantes. Ils sont constamment entourés d'émotion accrue. La plupart des vrais jardiniers sont des gens heureux et satisfaits. Il est suggéré que vous aussi pourriez faire pousser des fleurs.

Cependant, il ne suffit pas de les biner de temps en temps et de les arroser quand vous en avez envie. Vous devez, pour obtenir l'effet décrit, prendre soin de vos plantes. Tendez la main et mélangez vos auras avec eux. La plante réagira et poussera mieux et vous vous sentirez mieux. De même, les propriétaires d'animaux qui prennent vraiment soin de leurs charges, obtiennent le bonheur. L'amour l'un pour l'autre s'efforce d'atteindre et récompense tout le monde impliqué énormément. On se demande pourquoi toute personne voudrait en haïr une autre quand, en s'aimant les uns les autres et prenant soin les uns des autres, tous deviennent plus heureux.

De même, dans la guérison spirituelle, lorsque le guérisseur et le patient rejoignent le désir commun d'atteindre la guérison chez le patient, le patient doit et répond et le guérisseur en profite aussi. Tout guérisseur en herbe ne devrait donc pas simplement passer par l'action de poser ses mains sur le patient et s'ennuyer pendant quelques minutes et s'attendre à des résultats. Il doit désirer tendre la main émotionnellement au Dieu rendu manifeste dans ce patient de la même manière que deux jeunes amoureux s'atteignent les uns les autres. Le patient sentira l'appel et répondra. L'énergie libérée apportera un sentiment proche de l'expérience de l'amour et le patient se sentira revitalisé. L'amour pur est une émotion noble. Elle n'est pas souillée par des pensées basses.

Chez les jeunes, la procréation est vitale pour le maintien de la vie humaine sur Terre et cet amour se transforme rapidement en pensées d'union sexuelle. C'est naturel et approprié chez les jeunes quand les corps sont en santé et les individus ont l'endurance nécessaire pour faire face au stress que les jeunes enfants placent sur les gens. Cependant, à mesure que nous devenons plus matures et que les auras nécessaires nous enveloppent pleinement, il est normal de se tourner vers des affaires supérieures, à des sentiments de paix et de tranquillité. Les tendances guerrières se transforment en sentiments de fraternité et de réconciliation. Mais certains sont ceux qui ne mûrissent jamais. L'émotion du premier amour reste le plus important dans leur pensée et ils passent leur vie à courir d'un partenaire à l'autre dans une tentative de reprendre et de revivre la gestalt qui se produit lorsque deux auras se combinent. Dans une certaine mesure, ils réussissent. Alors qu'ils rencontrent un nouveau partenaire et se joignent à l'union sexuelle, il y a un échange d'émotion qui provoque des sentiments d'euphorie, mais qui se dissipe rapidement au fur et à mesure que chaque partenaire se rend compte que l'attirance sexuelle n'est pas l'amour. Par conséquent, ils sont contraints de trouver de nouveaux partenaires pour tenter d'atteindre la satisfaction émotionnellement et, généralement, sont voués à l'échec. Ce n'est pas de l'amour et ce n'est pas la manière dont on doit vivre.

Il n'est pas normal de vivre une existence solitaire, car les humains sont des créatures grégaires et, également, il n'est pas correct de chercher de nombreux partenaires. La norme est pour un jeune couple de se rencontrer, à tomber amoureux, à se marier, avoir des enfants et vieillir ensemble et en harmonie. Bien sûr, c'est un état idéal et, comme toutes les idéologies, n'est pas toujours atteint dans la pratique. Pour une ou plusieurs des nombreuses raisons, le partenariat peut ne pas réussir de façon idéale, et dans ce cas, l'individu qui pourrait avoir été quitté aurait tendance à suivre l'exemple donné plus tôt et tenter de rencontrer un autre partenaire. Dans un tel cas, il est inévitable que ce qui est vécu est une adaptation ou une variation à l'idéal qui est aussi la norme.

Du fait que tout soit un, ce qui affecte l'un affecte tout le monde et, par conséquent, si l'état harmonieux qui est considéré comme la norme n'est pas atteint dans n'importe quel couple, donc toute l'humanité est légèrement affectée. Le bonheur de chacun est légèrement gâché. On peut donc se rendre compte de l'énorme importance qui est accordée à des relations correctes et parfaites entre les individus, car cette relation a une influence sur l'équilibre d'harmonie et de bonheur à tous les individus, et les couples modifient ainsi le rapport de force entre le Bien et le Mal.

Il est donc proposé à tous ceux qui recherchent des partenaires qu'ils le fassent avec le plus grand soin. Dans la civilisation occidentale, les couples ont tendance à se rencontrer au hasard et vivent ensemble ou se marient pour satisfaire les besoins émotionnels de base. Il va de soi que les chances qu'un tel arrangement réussisse d'une façon idéale sont minces. Les tribunaux de divorce sont plein des débris d'engagements imprudents d'individus qui n'avaient aucune orientation sur la façon de choisir un partenaire.

Dans certains pays de l'Est, maris et femmes sont choisis, les mariages sont arrangés pour des raisons financières et des raisons de pouvoir par les parents qui ne placent pas de considération sur le facteur le plus fondamental impliqué dans les relations : l'amour. Le divorce n'est pas encouragé dans ces zones et ainsi des familles entières sont élevées dans des relations qui sont loin d'être parfaites. Dans certains cas, l'amour grandit entre les partenaires, mais dans beaucoup, il n'y a qu'un partage d'espace, de temps et des relations sexuelles avec peu ou pas d'amour. Ceci est évidemment incorrect.

Malheureusement, les jeunes reçoivent peu ou pas des conseils sur la façon de choisir des partenaires pour partager l'éternité avec. Cet état de fait est incroyable. De vaste sommes d'argent sont dépensées pour conseiller les enfants et les adolescents sur les questions sexuelles, sur la planification familiale, sur les conseillers conjugaux, et sur les avocats du divorce, mais pas un sou n'est mis de côté pour donner les informations sur la méthode correcte pour permettre le bon choix du partenaire. Il n'y a pas de cours à l'école, aucun bureau de rue principale et pourtant le processus est si simple. Imaginer combien de souffrances pourrait être évitées si tous les couples, en effet, vivraient heureux pour toujours et les tribunaux de divorce seraient vides, si les foyers pour enfants, maintenant pleine de progéniture rejetée, appartenaient au passé. Imaginez combien toute l'humanité en bénéficierait d'avoir des familles vivant dans la paix et l'harmonie.

Le processus va maintenant être décrit, et il est conseillé que tous les jeunes, garçons et filles, devraient adhérer à ce conseil dans la paix et la patience, car, une fois l'appel émis par une personne agissant correctement, son partenaire idéal répondra.

Cependant, ce partenaire potentiel peut être loin, peut-être dans un pays étranger, et il peut donc y avoir un retard de jours, semaines, années même, jusqu'à ce que l'appel soit répondu et le couple idéal se rencontre. Par conséquent, la patience est requise. Vous saurez quand la bonne personne destinée à devenir votre âme-sœur sera entrée dans votre sphère de conscience. La gestalt se produira qui vous alertera instantanément de la vérité.

Par conséquent, il est proposé que, si vous êtes à la recherche d'un partenaire, vous vous asseyez tranquillement, fermez les yeux, et en termes simples de tous les jours, demander à Dieu d'ouvrir votre cœur et d'envoyer l'appel qui amènera votre partenaire idéal à vous. C'est tout ce que vous devez faire. Une fois que vous avez envoyé l'appel, remerciez Dieu pour le fait que l'appel s'est déjà envolé vers celui qui est destiné. Il n'est pas nécessaire de répéter le message quotidiennement. Dieu n'a pas besoin de rappel. Par conséquent, envoyez le message une fois et par la suite passer vos journées dans un état de disponibilité, dans l'attente de la réponse à votre appel. Vous recevrez une réponse tôt ou tard.

Il y a beaucoup de pensées erronées concernant le terme « âme sœur ». Il a été suggéré que l'esprit de Dieu qui est fait dans l'homme a une dualité, un positif et un négatif, qui se divise en deux personnes, un homme et l'autre femme, qui passent leur vie à la recherche l'un de l'autre, trébuchant à travers relation après relation jusqu'à ce qu'ils se rencontrent par hasard. Ça n'a pas de sens. Le pouvoir de Dieu, qui crée toute vie, crée tout comme individuel. Vous ne faites pas partie d'une dualité. Il n'y a pas de mystérieuse autre moitié quelque part vous cherchant aveuglément alors que vous le cherchez aveuglément, mais il y a quelqu'un, quelque part, qui est par hasard un exact complément pour votre personnalité. En effet, il peut y en avoir plus d'un.

Si vous considérez un instant, vous avez une personnalité particulière qui est le résultat du rayon que vous voyagez plus les expériences que vous avez acquises le long de la route et, en plus, des influences génétiques acquis de vos parents. Cela vous a donné une personnalité particulière qui bien qu'unique, est et doit être similaire à celle de beaucoup d'autres personnes à travers le monde. Il existe un nombre limité de permutations de personnalité, mais une infinité de personnes. Vous pouvez être assuré qu'il y a quelqu'un quelque part dans le monde dont la personnalité ressemble à la vôtre.

De même, il y a des gens dont la personnalité est diamétralement opposée à la vôtre. C'est souvent supposé que les personnes aux personnalités opposées devraient se marier, chaque aspect de la personnalité étant équilibré par un trait de personnalité égal, mais opposé chez le partenaire. Cela aussi n'a pas de sens. Si vous avez déjà rencontré quelqu'un qui pense complètement différemment de vous, dont les vues sur les affaires quotidiennes, sur l'alimentation, sur la politique, sur la religion, sur le comportement, sont à l'opposé des vôtres, vous découvrez rapidement que la communication est impossible, car vous n'avez pas un terrain d'entente pour partager l'expérience. Par ce fait, vous vous rendriez compte que votre partenaire idéal serait une réplique de vous-même, pas physiquement, mais d'un aspect de la personnalité.

Notre vieil ami, la loi de l'attraction mutuelle, du semblable qui s'attire, assurera, si vous le demandez, que tout membre du sexe opposé avec des personnalités semblables au vôtre sera attiré vers vous. Vous n'avez pas besoin d'attendre qu'une demi-douzaine de prospects d'âmes sœurs soit présentes avant de faire votre choix. Le premier choix sera assez proche de vous pour vous offrir à toutes les deux une existence harmonieuse pour toute éternité. Car, ne vous méprenez pas, une relation envisagée n'est pas attendue de durer simplement pour votre incarnation humaine, mais est nécessaire et doit créer une atmosphère d'amour et d'harmonie pour toute votre longue existence sur le chemin vers Dieu. Le simple fait de demander à Dieu de vous aider pour trouver l'âme sœur devrait créer et créera un lien entre vous et votre partenaire qui durera pour toujours, apportant de la joie à vous deux et de la joie également à ceux qui entrent en contact avec vous.

Rappelez-vous que tout est un. Si vous êtes heureux, tout le monde en profite. Si vous êtes triste, le monde entier s'attriste aussi. Ainsi, la question du choix d'un compagnon est simple.

Cependant, il existe un certain nombre de domaines et d'événements qui compliquent les choses. Le premier à considérer est ceci. Jusqu'à présent, peu savaient ce que vous savez maintenant sur la façon d'arriver à un mariage réussi. Par conséquent, vous pouvez déjà être marié à quelqu'un qui n'est pas correct pour vous et ne vous apporte pas le contentement qui est correct.

De plus, vous pouvez avoir des enfants. Ce n'est pas le souhait de la Fraternité Blanche de semer la discorde entre n'importe quel couple ou n'importe quelle famille. La vie va apporter de l'expérience à tous en toute circonstance. La vie utilise chaque situation pour fournir une plate-forme d'expérience pour quelqu'un. Par conséquent, nous vous souhaitons de comprendre et d'apprécier que même si vous vous considérez marié à la mauvaise personne, cette relation n'est pas une perte de temps - loin de l'être. Cela vous offre une expérience précieuse les deux : l'expérience des résultats d'une mauvaise décision ; expérience d'apprentissage de la patience dans des conditions difficiles ; expérience de voir le point de vue de l'autre personne même s'il est à l'opposé du vôtre. De plus, il y aura certainement des âmes qui attendent l'incarnation dans cette atmosphère familiale que vous avez, qui ont besoin de l'expérience d'une situation domestique où les gens montrent peu d'intérêt pour les sentiments des autres par exemple.

Il est suggéré que, si vous considérez que vous vous êtes marié de manière incorrecte, vous en parlerez avec votre partenaire à la lumière des informations données ci-dessus. Ce n'est pas tout le monde sur Terre qui a le développement spirituel pour apprécier la sagesse donnée, et si cela s'applique à votre partenaire, alors vous devez respecter ce point de vue. Cependant, si vous pouviez tous les deux comprendre comment fonctionnent les lois de Dieu, alors discutez de votre relation et priez pour être guidé. Peut-être que vous déciderez de divorcer. Cela dépend de vous deux. Si tel est le cas, assurez-vous qu'il s'agit d'une décision de vous deux basés sur des concepts divins et non simplement parce que l'un de vous a trouvé quelqu'un d'autre plus excitant sexuellement.

Un mariage entre deux personnes, basé sur l'amour devrait, et durera éternellement. S'il n'y a pas d'amour, il n'y a jamais eu de mariage. Vous pouvez choisir de ne pas divorcer. C'est la voie préconisée par la fraternité. Votre relation durera pendant vos vies physiques. Si vous vous êtes marié à l'âge de 20 ans et si vous expirez tous les deux à l'âge de 80, votre relation aura duré 60 ans. Cela peut sembler long, mais si vous pouvez apprécier le sens de la phrase que vous vivez pour toute l'éternité, alors 60 ans n'est pas trop long. Une fois que vous êtes libéré de votre environnement terrestre, vous pouvez chercher l'âme sœur et passer le reste de l'éternité avec cette personne.

La raison pour laquelle nous vous recommandons de rester ensemble est de vous permettre de bénéficier de l'expérience, comme on l'a dit plus haut. Aussi, si vous avez des enfants, vous avez le devoir de les éduquer vers Dieu et ils ne seront pas dans le meilleur environnement dans un foyer brisé ou dans une institution. Fournissez le meilleur environnement que vous pouvez pour vos enfants. Nous le répétons et le soulignons. Si vous considérez votre relation avec le partenaire d'être une erreur, discutez-en avec ce partenaire. Priez ensemble pour être guidé. Si vous décidez de divorcer, alors tant pis. Si vous décidez de rester ensemble pour votre existence terrestre alors essayez de trouver un terrain d'entente où l'on peut partager le bonheur. La compréhension du processus qui se déroule en vous vous permettra de dépasser ces limites et vous permettra de combiner dans une sorte de partenariat si vous essayez. Vous avez un devoir envers vous-même et envers Dieu, et en effet toute la vie, pour être heureux si vous le pouvez. Essayez et soyez heureux ensemble dans une relation donnant-donnant. Qui sait ? L'amour peut encore s'épanouir si vous lui donnez la chance.

Il y en a qui sont destinés à vivre seuls. Ils ont choisi ce chemin pour leur incarnation terrestre et peu importe à quel point ils essaient, ils ne seraient pas en mesure d'avoir une relation réussie. Faire cela serait d'aller à l'encontre de leur propre karma. Encore une fois, si vous êtes célibataire et trouver des relations, difficile à entretenir, priez Dieu pour vous guider. Si vous êtes censé vous marier, alors, éventuellement, un partenaire apparaîtra. Si vous ne l'êtes pas, vous resterez célibataire. Il n'est pas normal que les humains vivent des vies solitaires, mais il y a, de temps en temps, des individus nés qui ont choisi cette voie pour accomplir un ensemble d'expériences ou pour leur permettre d'être libres pour terminer un travail particulier qu'ils ont défini eux-mêmes. Priez Dieu et vous serez informé de l'avenir que vous devriez suivre. Suivez-le dans la paix et en Dieu et dans la certitude qu'une fois votre incarnation terrestre terminée, alors vous rejoindrez votre famille et vos amis dans les royaumes spirituels.

Un autre groupe de personnes qui ne correspondent normalement pas avec facilité sont ceux qui ont voyagé à travers le temps dans un partenariat de travail au service de Dieu et qui ont décidé de s'incarner ensemble pour poursuivre l'œuvre de Dieu sur Terre. Ces personnes peuvent ne pas être des âmes sœurs dans le sens accepté, en effet peuvent avoir des personnalités très différentes, et pourtant peuvent réussir une relation harmonieuse, quoique tumultueuse, comme ils cherchent à servir Dieu manifesté dans l'homme. De tels gens, comme tout le monde, peuvent être nés à des kilomètres de distance et peuvent passer plusieurs années à se chercher l'un pour l'autre, mais ils finiront par se rencontrer et leur travail va commencer. La relation n'est peut-être pas la plus harmonieuse, mais parce qu'elles fonctionnent pour le bien des autres, ils subjugueront leurs personnalités aux besoins des autres et ainsi, la relation fonctionnera. Ces personnes peuvent s'incarner encore et encore, soit par paires, soit individuellement dans leur désir de servir Dieu dans l'homme et il est implicite en ce qu'ils sont spirituellement plus matures que la plupart des gens sur Terre à n'importe quel moment donné.

Leur chemin est différent de celui de la plupart des gens et ils vivent selon des règles différentes. Ils rendent service à Dieu et tous sont bénis par le travail qu'ils font et par les avantages reçus comme récompense.

Il faut maintenant considérer les personnes homosexuelles. Traditionnellement, l'opinion publique oscille de répulsion à l'acceptation de ces personnes qui se sentent le plus heureux avec une relation affective et sexuelle avec des membres de leur sexe. Nous allons prendre en compte ce qui est acceptable et de ce qui ne l'est pas de l'homosexualité et ce que l'attitude de la société devrait être envers ces personnes.

Disons que les esprits embryonnaires de Dieu sont non sexuels comme le sont les êtres très matures. Avant de se développer pleinement en humains actifs, bien avant que nous nous incarnions sur Terre, il n'est pas question d'identité sexuelle. Nous sommes simplement humains et satisfaits de l'être. De la même manière, une fois que nous avons mûri au point que nous pourrions être appelés sage, on ne s'intéresse plus au sexe que nous avons adopté pour nous incarner sur Terre. Le point où l'on commence à s'intéresser au sexe que nous devons adopter, c'est quand nous arrivons à l'un des douze relais éthériques avant de s'incarner sur Terre. Parce que nous avons besoin de vivre certains événements afin de nous aider à mûrir, nous réalisons que nous devrons adopter un certain rôle ou caractère perçu par les autres et un sexe.

Lors de notre séjour dans le domaine spirituel, que nous appelons l'éthérique, nous, comme cela a été mentionné dans un autre chapitre, recherchons une famille d'accueil convenable. Quand cette famille décide d'avoir un enfant, nous portons une attention particulière et si le bébé a les bons attributs, nous restons près de lui et influençons sa croissance pour l'aider à devenir soit un homme soit une femme. Il est suggéré que le sexe d'un enfant peut être influencé par le temps de la journée, par des drogues ou par un certain nombre d'autres événements et influences. Ce n'est pas vrai. L'esprit qui attend l'incarnation influence l'embryon dans l'utérus à devenir l'orientation sexuelle (sexe) dont l'esprit a besoin. Dans des conditions normales, le bébé est né soit définitivement mâle ou femelle.

Cependant, comme nous le savons, certains naissent dans le corps d'un sexe tandis que l'âme qui s'incarne se considère elle-même d'un autre sexe. Par conséquent, nous présumons que quelque chose s'est mal passé dans le plan. Les événements qui décident du sexe d'un bébé sont simple dans le sens que, en conjonction avec l'omniprésence des directeurs de la vie, les rayons sont dirigés vers lc bébé embryonnaire qui le fera tendre vers le mâle ou femelle. Cependant, rien dans la vie n'est parfait et il y a une tendance à la constitution génétique des parents de donner au bébé une orientation sexuelle.

Il existe d'autres influences telles que la phase de la Lune qui influence subtilement le bébé aussi. Le résultat, parfois, est que, par exemple, un homme bébé pourrait être nécessaire alors qu'en fait un bébé de sexe féminin est né. Une fois qu'il est réalisé dans le domaine éthérique que quelque chose s'est mal passé, l'une des trois possibilités est choisie. Soit une nouvelle âme de la même énergie sexuelle que le bébé est trouvé ou le bébé est laissé sans âme incarnée auquel cas le bébé mourra ou bien la personne originale s'incarne. Si le premier événement arrive, alors il n'y a pas de problème. Si le deuxième arrive, le bébé est mort-né, ce qui cause du chagrin à tous pendant un certain temps, tandis qu'au troisième cas, un homosexuel est créé.

Nous pouvons voir à partir de l'explication ci-dessus que l'homosexualité n'est pas une punition perverse et méchante infligée sur un individu comme certains suggérerait. C'est simplement une personne qui utilise un corps pour éviter une perte, mais cette personne, et le corps dans lequel il s'incarne, sont sexuellement opposés. Cet état de choses peut certainement être compris et apprécié. Si c'était le cas, alors les individus concernés s'intégreraient dans la société et gagneraient de l'expérience. Cependant, personne ne s'est impliqué pour connaître les événements survenus qui causent l'homosexualité et donc ils sont soit traités comme des objets de dédain, de mépris et d'abus, persécutés et tués ou, plus rarement, ils sont traités avec révérence et transformés en demi-dieux.

Ils ne sont ni l'un ni l'autre. Ce sont des gens ordinaires dans le mauvais corps dont ils peuvent apprendre beaucoup et dont nous pouvons aussi apprendre l'acceptation. Cependant, il faut noter que cet état n'est pas naturel et entrent en jeu un certain nombre d'émotions qui sont propre à cet état et aussi un certain nombre de maladies qui ne se produirait pas normalement. Nous disons avec force, cependant, si vous êtes homosexuel, acceptez la situation et poursuivez votre chemin vers Dieu, malgré tout, et si vous connaissez un homosexuel, que vous l'acceptez comme vous le feriez pour un hétérosexuel. Tous viennent de Dieu et tous font partie de vous. Acceptez toute vie et tout le monde en profitera.

La situation est cependant tout à fait différente dans le cas d'une personne qui entreprend délibérément de suivre un chemin vers Dieu à un jeune âge. Nous pensons, bien sûr, des prêtres bouddhistes, des prêtres catholiques, et des adeptes de certaines religions qui proscrivent l'activité sexuelle chez leurs dirigeants. L'acte de retenue dans un sens sexuel provoque un certain nombre d'émotions à se développer dans le système de tous ceux qui suivent ce chemin et ces pressions ne sont pas toujours bénéfiques. La frustration sexuelle provoque un déséquilibre psychologiquement parlant, ce qui est malsain pour l'individu et malavisé chez un conseiller spirituel des hommes.

Comme cela a été dit à plusieurs reprises, il n'est normalement pas considéré comme « normal », ni bénéfique, pour les humains de vivre des vies solitaires. Cela implique aussi que des relations émotionnelles entre les membres de sexe opposé devraient normalement se développer, et l'union sexuelle est un résultat naturel d'un tel attachement. Cela assiste le développement de la puissance de Dieu en libérant de l'énergie et, à son tour, profite aux individus concernés par l'élévation de leur énergie spirituelle. L'effet résultant est que le couple devrait être heureux et tout autour d'eux devrait avoir le moral élevé au contact de ces heureux. Si les individus devraient choisir d'adhérer à une organisation religieuse qui interdit le mariage, mais les individus nécessitent et ont besoin de compagnie et de relations sexuelles, alors un conflit, un conflit intérieur, se produit.

La manifestation de ce conflit serait perçue comme de l'irritabilité, pauvreté d'esprit et réticence à passer du temps à servir son groupe. Si cela devait survenir chez un prêtre ou une religieuse, alors il est évident que la personne ne serait pas considérée comme très apte à conseiller les autres au sein de la communauté et cela pourrait exiger beaucoup de patience, de temps, et de l'amour pour faire face aux problèmes que leur chemin à travers la vie a présenté. En défense, si quelqu'un devrait signaler à un prêtre, un moine ou une nonne de tout ordre de célibat que c'est peut-être un chemin imprudent à suivre, ils diront que le fondateur de leur religion – Jésus, Bouddha ou qui que ce soit - était célibataire. Il viendrait sans doute comme un grand choc pour beaucoup d'entre eux s'ils pouvaient lancer leurs pensées à travers l'histoire et voir les incarnations terrestres des fondateurs de leurs religions comme des individus bien équilibrés qui ont vécu tout ce que Dieu a fourni et était encore capable d'accomplir de grands actes que l'histoire a notés.

Le temps a formalisé et stylisé la vie de nombreux grands spirituels hors de toute reconnaissance de la vérité qu'ils ont eux-mêmes vécue, et un des mythes que le temps a créés est que le célibat conduit à la piété, ou plutôt que le chemin vers Dieu est bloqué par des pensées d'attirance sexuelle entre homme et femme. Utilisez votre bon sens pour découvrir la vérité. Pensez-vous qu'une personne pleine de frustration sexuelle est le meilleur serviteur de Dieu ?

Est-ce que quelqu'un qui n'a jamais connu l'amour, le mariage, la vie de famille et toutes les riches splendeurs que les gens normaux font vraiment l'expérience d'être dans une position de conseiller, de dire : « Je sais ce que vous souffrez parce que moi aussi, j'ai souffert », au lieu de dire "Je sais ce que vous ressentez parce que j'ai lu à ce sujet dans un livre." Nous vous suggérons donc de suivre les diktats de votre corps et de vos émotions en rapport à Dieu. Il n'y a absolument aucun intérêt à être acquis de l'abstinence sexuelle à moins que vous ne sentiez que vous n'avez pas besoin de contact sexuel vous-même. Les soi-disant avantages apparemment gagnés par un tel acte sont de loin compensés par le détriment causé par le bouleversement émotionnel.

Le plan de Dieu est que toutes les personnes vivent ensemble dans l'amour, la paix et l'harmonie. L'ambiance familiale développée par deux personnes amoureuses et amoureuses de Dieu est le cadre idéal dans lequel on doit élever des enfants. Ces enfants, avec espoir, feront, quand ils seront adultes, un engagement dans une vie de dévotion à Dieu et se marieront à leur tour et élèverons des enfants dans une ambiance semblable. Ainsi sera la parole de Dieu répandu en vérité. Il n'y a jamais besoin de disciplines ascétiques sur le chemin de Dieu. Alors suivez Dieu et, si vous en ressentez le désir, profitez-en. Une vie sexuelle normale qui englobe la piété et la normalité. Nous ne recommandons pas d'excès dans aucun domaine de la vie. Ce qui, au fond de vous-même, sait ce qui est la bonne chose est la norme à suivre. Gardez toujours le vieil adage, modération en toute chose, et vous travaillerez dans la structure que les enfants de Dieu devraient se conformer à.

L'aspect spirituel de l'harmonie sexuelle bénéficiera à vous-même et votre partenaire et, implicitement, toute la vie en profitera. Assurez-vous de suivre, à travers la prière, les préceptes que le mot « amour » implique. Alors vous serez toujours en harmonie avec vous-même, avec Dieu, et avec toute vie. Cette unité est au cœur de la recherche de Dieu. Cherchez Dieu en tout et tout sera un.

Si ceux d'entre vous qui sont encore célibataires ont besoin de sexe pour satisfaire les pulsions sexuelles naturelles, qui devrait vous condamner ? Les exigences d'un corps en bonne santé demandent des besoins de satisfaction. Pendant trop longtemps, les relations sexuelles au sein du mariage ont été bénies et encouragées par l'orthodoxie et pourtant, les besoins des célibataires, hommes et femmes, ignorés. Et pourtant les jeunes, normalement, ont des désirs sexuels forts. Le résultat de la suppression des pulsions sexuelles est une distorsion du contenu émotionnel de cette personne entraînant une action dans une autre direction. Nous constatons que de nombreux jeunes hommes libèrent leur frustration sexuelle dans des épisodes de beuverie et de bagarre.

Les filles, également touchées, se tournent souvent vers le travail de quelque sorte comme l'engagement commercial ou la politique, quand, s'ils avaient une vie sexuelle naturelle, elles seraient heureuses de consacrer leur temps à des activités plus appropriées.

Par conséquent, nous, qui vous conseillons, cherchons à présenter à votre compréhension une déclaration que nous considérons que, même en dehors du concept de l'amour, la gratification sexuelle est réalisée et convenue comme nécessaire. Mais en même temps, nous ne souhaitons pas être mal compris comme disant que vous avez carte blanche pour faire du sexe occasionnel avec n'importe quel nombre de partenaires que le désir de base pourrait rechercher. Il y a la modération en toutes choses et la raison pour laquelle la modération s'impose, c'est que l'aura d'une personne reflète ses désirs et ses actions. Ceux-ci, à leur tour, élèvent ou abaissent l'énergie spirituelle, et pour s'accorder avec ces émotions, il faut toujours être dans un état d'esprit positif qui ne peut pas arriver si des abus du corps et de la pensée ont lieu. Le bon sens est requis et cela vous permettra d'agir correctement. Ne soyez pas la proie de pensées lascives. Appréciez les relations sexuelles dans le bonheur, dans la simplicité, dans l'harmonie, et dans l'amour, en veillant à ce que vous gardiez votre concentration sur votre objectif, qui est l'unité avec Dieu. Dans ce but, vous profiterez de la vie telle qu'elle devrait être appréciée et garderez toujours votre esprit pur.

Le concept de pureté de la pensée s'étend au-delà des limites imposées par les théories acceptées et dogmes relatifs au contrôle des pensées. Le terme « pureté de la pensée » peut et nécessite une action d'être prise pour purger de sa personnalité toutes les pensées et actions qui seraient considérées comme étant en contradiction avec l'unité avec Dieu, Dieu au Ciel et Dieu incarné dans l'homme. L'idée derrière le terme "pureté de la pensée" est de créer, dans la structure de laquelle un être humain se compose, une force développée qui ne fait qu'un avec Dieu, laissant de côté toute possibilité de séparation créée par de mauvaises pensées ou actes. Ce concept n'est pas facile à mettre en pratique, en particulier pendant que l'on est incarné sur Terre, car on est mis plusieurs fois dans des situations chaque heure qui nous tente d'avoir des pensées moins que pure.

S'il y avait la possibilité de se retirer dans une zone de paix pendant une période suffisamment longue de temps, il serait possible d'amener le niveau de conscience jusqu'à celle requise, où la paix de la pensée inhérente à la pureté de la pensée s'obtiendrait et pourrait être maintenu face à l'assaut des émissaires du mal tentant de détourner l'amour de la zone de tranquillité et de piété. Enfin, bien sûr, les défenses de quelqu'un seraient abattues et ensuite des pensées de corruption entreraient, provoquant le besoin de se retirer dans une zone d'harmonie avec Dieu pour recharger l'esprit. Heureusement pour nous, il y a un tel domaine, un refuge, auquel on peut, et l'on devrait, se retirer quotidiennement afin de libérer la puissance spirituelle qui assurera un contrôle total d'émotion et de pensée.

Cette zone est la pensée et le processus d'entrée est la "méditation". Le processus a été décrit ailleurs et il convient de faire référence à cette section s'il y a un doute sur la technique ou les procédures à suivre. La méditation quotidienne est vitale pour tous ceux qui souhaitent avoir la pureté de la pensée. Ce qui se produit, dans la pensée pendant la méditation, c'est que le chemin entre l'homme et Dieu est dévoilé, les portes ouvertes et les barrières baissées. La personnalité et l'ego, qui enveloppent normalement la pensée comme un mur de prison, gardant Dieu dehors et la pensée prisonnière, sera forcé de s'écarter alors que la lumière de Dieu baigne la pensée dans la pureté et l'amour. La pensée absorbera une partie de ce pouvoir et grandira en stature et en pureté. Le pouvoir de l'ego diminuera dans le degré auquel la pensée absorbe l'énergie spirituelle de Dieu et, éventuellement, si le disciple devrait continuer à méditer chaque jour assez longtemps, l'ego va disparaître et bien que la personnalité demeure, elle est maintenant une personnalité remplie de Dieu brillant avec le pouvoir qui baignait la pensée. Ainsi, il y aura la pureté de la pensée, de cœur, d'esprit, et l'individu ainsi doté deviendra un avec Dieu comme il devient un reflet de la puissance de Dieu.

Ce pouvoir peut être envoyé à d'autres dans la méditation comme une force de guérison et peut être utilisé pour aider les autres en les purifiant. Que ce pouvoir soit accepté dans la pensée des autres, est bien sûr dépendant de leurs capacités à pousser l'ego et la personnalité de côté et à permettre à leur pensée d'être baigné de la puissance de Dieu. Veuillez noter que nous avons déclaré que la puissance de Dieu peut être reflétée à partir d'une âme pure et dirigée vers les autres. La puissance de Dieu ne vient à personne directement de Dieu. Elle nécessite des objets et/ou des personnes pour se manifester.

Sans êtres vivants, qu'ils soient humains, animaux, plantes, roches ou particules atomiques, la puissance de Dieu ne peut exister qu'en tant que potentiel, principe. Elle ne peut pas exister dans la réalité. Elle est toujours transitée, ou plus exactement, reflétée par du matériel et des choses vivantes. Dans les royaumes spirituels, les plus élevés, le pouvoir de Dieu est dirigé par ces archanges que nous appelons les "directeurs de la vie" envers d'autres créatures.

Comme cela a été mentionné précédemment, le moment où le pouvoir est créé et par quel moyen n'est pas connu. Pourtant, il existe. Il existe au point culminant de la création. Les directeurs de la vie prennent ce pouvoir, ils sont les premiers à le manipuler, et ils le dirigent vers sa destination choisie. Cette destination pourrait être la Terre ou ce pourrait être n'importe lequel d'un grand nombre de domaines. Parce que les directeurs de la vie sont sans péché, ils agissent en tant que réflecteurs parfaits et la lumière brille intacte. Elle sera ramassée par ceux qui cherchent la lumière au niveau le plus élevé suivant et serait reflétée à partir d'eux à ceux qui sont plus bas dans l'échelle de la vie. Elle sera finalement brillée vers vous.

Si vous êtes rempli de pensées matérialistes, votre personnalité, sous le contrôle de l'ego, vous empêchera d'absorber ce pouvoir et il sera gaspillé. Cependant, si vous suivez les conseils donnés plus tôt et méditez régulièrement et correctement, l'ego diminuera et la pensée sera baignée dans le rayonnement émanant de Dieu. Il cherchera alors à être reflété de vous à quelqu'un d'autre dans l'espoir d'apporter l'illumination au monde entier. Cela suppose que vous vous rendiez compte que vous devez refléter la lumière aux autres. Si vous ne le savez pas, alors la lumière, vous ayant aidé, sera par la suite gaspillé. Il faut donc diriger la lumière vers les autres.

Pour ce faire, il n'est pas nécessaire d'avoir un répertoire de chaque âme vivante afin de réciter leurs noms. Il suffit pendant la méditation de « vouloir » envoyer la lumière aux autres, bénissant le monde entier au nom de Dieu. Ce point de lumière que vous avez été instruit à visualiser inondera votre pensée. Vous le verrez avec vos habiletés imaginatives parce que vos yeux physiques seront, bien sûr, fermés pendant la méditation. Cependant, vous n'imaginez pas cette lumière. Vous utilisez les mêmes zones de conscience que l'imagination utilise, mais la lumière sera réelle. Durant chaque séance méditative, visualisez le point de lumière et finalement, vous serez inondé de lumière blanche pure. Ne forcez pas pour atteindre cette étape. N'essayez pas de la visualiser. Elle viendra à vous en son temps comme vous développez la technique méditative.

Alors que vous continuez à méditer de plus en plus, alors vous serez inondé de cette brillante lumière blanche plus fréquemment et, éventuellement, vous pourrez la visualiser instantanément lorsque vous commencerez votre méditation et la maintenir dans votre conscience à volonté jusqu'à ce que vous terminiez votre séance. Plus tard, vous apprendrez à visualiser la lumière pendant vos routines normales et vous pourrez vous y être baigné toute la journée. Cet état est recommandé comme apportant beaucoup de joie et de puissance à l'étudiant.

Si vous méditez en groupe ou si vous comparez des notes sur la méditation avec vos amis, prenez garde de ne pas vous vanter d'être le premier à voir la lumière. Ce n'est pas une compétition. À travers les pensées et les actes, entraidez-vous. Si vous vous vantez, vous encouragerez les autres à déclarer qu'eux aussi ont atteint l'illumination quand, en fait, ils pourraient ne pas l'avoir atteint. Mentir est un péché. Ne vous mettez pas dans la position de pécher ou d'encourager les autres à le faire. Tous souffriront.

Comme mentionné précédemment, cette lumière, une fois vue, devrait être dirigée au hasard vers le monde entier. Même ceux qui vous font du mal devraient être baignés de lumière. Cela se reflétera de vous dans la mesure où vous êtes pur. Si votre pensée est souillée, vous ne refléterez pas beaucoup de lumière. Il incombe donc à tous de devenir le plus pur possible.

La méditation et la prière vous purifieront. Effectuez-le chaque jour et veillez à ne pas pécher si vous pouvez éviter de le faire. Examinez vos fautes et rejetez-les. Ne vous y attardez pas. S'attarder sur ces défauts serait d'augmenter leur pouvoir sur vous.

Prenez charge et écartez-les de votre vie. Examinez réellement vos pensées et vos paroles, vos actes et motifs, toute la journée. Tout acte, parole, action ou pensée qui n'est pas pure devrait être annulé.

Petit à petit, vous vous purgerez de la faute. Votre pensée deviendra pure et vous refléterez la puissance de Dieu non diminuée par vos défauts. Cette lumière va être ramassée par quelqu'un d'autre, quelque part dans le royaume de Dieu, et se reflétera en continuant et en purifiant tout. Il est important que vous soyez pur dans votre pensée parce que, si vous ne l'êtes pas, vous ne pouvez pas absorber la puissance de Dieu et vous ne pouvez pas faire l'œuvre de Dieu ni pouvez-vous être heureux et satisfait. Le royaume de Dieu vous sera fermé par vos propres pensées. Il est également important d'être pur dans votre pensée afin de refléter la puissance de Dieu non diminuée pour les autres. Vous l'avez reçu en pleine force. Vous êtes tenu de l'envoyer sur son chemin à pleine puissance.

Vous pouvez voir de ce qui précède que la puissance de Dieu, Sa lumière, ne vous vient pas directement de Dieu mais passe par de nombreuses formes de vie. C'est parce que tout est un. Vous et votre pensée font partie de tout et la pensée de tout le monde. C'est ce qu'on appelle "la pensée universelle". Grâce à la pureté de la pensée provoquée par la diminution de l'ego, vous vous accordez à la pensée universelle. À travers cela, que l'entreposage de la connaissance, les secrets de l'univers, se révèle à vous alors que vous vous connectez à ce grand concept. Par l'action de la pureté de la pensée, les auras augmentent de puissance, le pouvoir de Dieu, qui est le pouvoir universel. L'aura qui est attaché à votre chakra du cœur s'intensifie et, parce qu'elle l'a fait, les émotions qui y sont associées augmentent. Ces émotions peuvent être qualifiées d'amour universel, car, bien qu'on puisse les définir comme bonheur, tolérance, compréhension, compassion, et cetera, ce sont des sous-ensembles, pour ainsi dire, d'une force qui englobe tout - l'amour.

L'homme fait l'expérience de l'amour quand il s'implique avec la fille de son choix qui à son tour répond à lui. Cet amour, bien qu'important, est vraiment pauvre par rapport à l'amour universel auquel nous faisons allusion. Cela ne peut pas être imaginé ni être prétendu. Il se développe en soi quand la pureté est atteinte. La pureté ne signifie pas incidemment d'étranges concepts puritains tordus où l'amour physique est considéré comme sale, là où les fonctions du corps naturel ne sont pas considérées, où la nudité est abhorrée. On parle d'un concept différent en effet de cela. Nous parlons d'un état détendu et paisible dans lequel toutes les pensées de violence, d'avidité, de luxure, ne sont pas considérées, voire n'existent plus, mais où l'acceptation de tout est appréciée. C'est un calme et un état de soumission où, même pendant l'union des rapports sexuels avec son partenaire bien-aimé, la pureté existe toujours.

Si cet état est atteint, alors tout devient pur. Tout vient de Dieu et ne peut être impur. C'est notre appréciation qui est impure. Purifiez le mental et tout sera pur. Aimez toute l'humanité et vous serez aimé par tout et par tout le monde. La lumière que vous arriverez à visualiser en méditation, et que vous apprendrez à emporter avec vous toutes vos journées, veillera à ce que vous voyez tout et tout le monde baigné dans sa lueur et toute vie le sentira et vous respectera.

La qualité de votre vie vous transformera à mesure que vous vous alignez avec la puissance de Dieu. Les richesses du Ciel deviendront vôtre. Avec les richesses de Dieu, vous n'aurez pas besoin de rechercher avidement les richesses de la terre. Dieu vous fournira tout ce dont vous avez besoin. Par conséquent, nous vous exhortons - non, nous vous demandons – si vous souhaitez être accepté comme l'un de la Fraternité Blanche de méditer quotidiennement, en paix et en amour. En déclarant que vous devez méditer quotidiennement, nous vous demandons également d'utiliser votre bon sens. Si vous êtes malade, si vous êtes trop occupé ou trop fatigué, alors bien sûr, vous ne pouvez pas méditer, mais essayez d'organiser votre vie afin que vous ayez le temps de méditer une fois par jour. Vous pouvez le faire plus d'une fois par jour si vous le souhaitez.

Finalement, vous atteindrez un stade de méditation permanent, mais au début, une fois par jour pendant quelques minutes ou une demi-heure suffisent. Il y aura progressivement dans votre vie des changements qui vous modifieront comme décrit ci-dessus, et nous vous promettons, vous ne les regretterez jamais. Vous ne regretterez seulement d'avoir reçu ces informations et ne pas agir en conséquence. Cherchez à vous aligner avec Dieu et tout le reste sera ajouté à vous.

Qu'il en soit ainsi.

CHAPITRE 12 - PERSONNALITÉ, SES ASPECTS ET ATTRIBUTS

Il existe de nombreuses formes de vie créées par Dieu dans tout l'univers et, étonnamment, ils ont tous un certain nombre de points communs dans leurs attributs. Telle est la nature de la vie qu'elle n'est pas seulement liée par la source commune de la création, mais elle est liée, aussi, par ces attributs qui résultent dans un but commun. Il n'y a qu'une seule source de création, Dieu, et il n'y a qu'une seule destination pour cette création. Toute vie est dans un voyage cyclique à travers la création qui aboutira en ces formes de vie qui fusionneront finalement avec le Créateur. Tout revient finalement à Dieu.

En outre, nous constatons que toute vie est conjointe par une réaction commune à un certain nombre de lois naturelles de Dieu. Nous avons déjà examiné la loi de l'attraction mutuelle et avons découvert que cette loi était, et est, la cause de tout ce qui est visible et qui existe dans les domaines en dehors de l'interrogation humaine. Par conséquent, nous pouvons affirmer que si tout ce qui est réagi à une loi commune, alors ces formes de vie doivent partager une capacité commune à réagir ainsi. De plus, on trouve que plus cette matière et les formes créées sont examinées, plus les similitudes et les points communs sont grands. Enfin, bien que deux formes de vie puissent sembler très différentes à notre regard désinvolte, nous constatons à notre grande surprise qu'en réalité, il y a de moins en moins de différence entre eux au fur et à mesure que nous enquêtons et découvrons les similitudes.

Nous finirons par trouver, si nous en avons les moyens de comprendre qu'il n'y a en fait aucune différence entre deux objets quelconques. La différence de figure, de forme, de constitution, et cetera, que nous avons pu quantifier, cesse après un examen plus approfondi jusqu'à ce que les différences disparaissent, et on se rend compte que, même si l'on examine deux objets aussi largement différents de l'extérieur et de l'apparence comme, disons, une pierre et un ange, que ces différences sont le résultat de la manière dont nous les percevons et non les différences dans les formes de vie elles-mêmes.

Est-ce une conclusion logique à laquelle nous nous sentons attirés ? L'humanité a passé des siècles à quantifier les différences entre des objets similaires et il y a eu des forums de débat qui ont soutenu, par exemple, si deux êtres humains, un blanc et un noir, avaient chacun une âme. Ce fut l'une des excuses de l'esclavage et pourtant, ça doit être évident maintenant que les êtres humains, quelle que soit leur couleur, sont pratiquement identiques à tous égards. Scientifiques, biologistes, géologues ont construit des carrières et ont atteint une grande renommée dans la quantification de la minuscule différence entre les pierres et les rochers, les plantes de toutes sortes, et la délimitation des objets matériels de toutes sortes. Les musées regorgent d'expositions, toutes soigneusement marquées pour l'inspection, où les étudiants peuvent aller examiner les expositions afin qu'eux aussi peuvent reconnaître les différences, souvent si infimes qu'il faut des tests sophistiqués pour décrire les différences.

Avez-vous déjà vu une exposition prétendant démontrer les liens communs entre toutes les choses ? Et pourtant, nous savons que tout était créé par Dieu. Notre information est que le pouvoir de Dieu est un et identique tel qu'il est utilisé pour créer différents objets et donc, pour commencer, la substance fondamentale au cœur de toute chose matérielle doit être la même. Comme cela a été mentionné précédemment, toutes les choses suivent un chemin commun de la création à la terminaison et le fait en suivant les lois communes. Les lois ont une source commune – Dieu – et nous trouvons, quand nous sommes capables de comprendre, que cette logique, si elle est suivie jusqu'à sa déduction, nous conduit à la vérité que tout est un. Il n'y a qu'une seule force vitale. Il n'y a qu'un seul chemin à suivre pour la vie. Bien qu'il existe un certain nombre de lois, leur Créateur est une seule et même chose, et toute vie opère selon ces lois.

Nous réalisons que plus nous en apprenons sur la vie, sa création, et son destin, plus nous arrivons à la seule conclusion possible que tout est un. Vous et moi sommes un. Nous faisons partie, et en totalité, de tout ce qui était, est, et le sera toujours. Cependant, il est clair pour vous que vous êtes différents de toute autre personne, animal, plante, ou minéral.

Peu importe à quel point vous essayez d'accepter le concept que vous, le plus grand archange de l'univers, et le microbe le plus humble ne font qu'un, vous savez encore profondément en vous que vous êtes séparé. Vous pouvez ramasser un objet, disons, un livre, le lire, le déposer, et partir et savoir que vous et le livre êtes deux entités distinctes. Comment résoudre ce dilemme ?

Nous ne pouvons pas vous faire sentir en harmonie avec tout ce qui est parce que le stade de séparation que vous ressentez est important au stade d'avancement que vous ressentez. Par exemple, si un petit poisson dans l'océan essaye d'approcher un requin dans une tentative de relation d'une manière fraternelle à ce requin, le résultat sera que le requin aura un repas facile. De même, vous vivez à la surface d'une planète où les créatures, y compris l'homme, qui ont la connaissance de leur source commune d'origine sont, en effet, rares et, si vous abaissez vos défenses, vous serez englouti par les forces obscures qui se cachent près de vous, observant et attendant la faiblesse afin de frapper. La nature a mis un bouclier autour de vous pour vous protéger des ravages de la vie, pour vous permettre d'exister comme un être humain viable, et de se rapporter à toute vie pour le nombre d'années de votre incarnation terrestre. Nous ne vous demandons pas d'abaisser complètement ce bouclier jusqu'à ce que vous soyez capable d'en construire un autre, encore plus puissant, à sa place.

Votre bouclier d'origine auquel nous nous référons s'appelle l'ego. Certains psychologues, pour tenter de quantifier les émotions qui jouent au sein d'un être humain, mettent un autre sens au mot ego à ce que nous nous référons. Par le mot ego, nous entendons des aspects de la personnalité qui vous sépare de quiconque et de tout le reste. Nous nous référons à un sentiment d'identité personnelle, de fierté de soi, de la volonté d'atteindre. Nous nous référons aux conditions chez l'homme qui causent l'effusion de sang, la guerre, la haine et le désaccord. Ces attributs sont initialement défensifs et vous ont été remis afin de vous permettre de survivre. Hors de contrôle, bien sûr, ils deviennent fautes d'agressivité. Cependant, vous pouvez être assuré que vous avez dans votre personnalité suffisamment des attributs de l'ego pour vous séparer de tout ce qui est. Ces attributs, qui constituent l'ego, sont nécessaires, et en effet vitaux, pour vous lorsque vous traversez une incarnation sur Terre, mais bien sûr, ils n'ont pas d'utilisation pratique une fois cette incarnation terminée.

La survie de la forme physique est nécessaire pour qu'un individu puisse entrer en relation avec l'environnement et pour qu'il puisse expérimenter des relations avec d'autres humains qui, pour la première et la dernière fois, peuvent agir d'une manière qui est unique à la planète Terre. La vie, ou plutôt le corps, peut être enlevé pendant son séjour sur la planète du matérialisme. Ce concept unique apporte avec lui l'unique exigence de la nécessité de protéger le corps contre des assauts par la nature et par l'homme, par accident ou par plan. Avant le début de l'incarnation, le concept de meurtre et de mort était inconnu. Une fois que la vie sera terminée sur Terre, ce concept sera à nouveau impossible à réaliser. Nous nous intéressons, donc, à ces émotions qui se rapportent à la survie de l'individu sur Terre.

Il n'y a peu ou pas de besoin pour ceux qui cherchent à suivre un chemin vers Dieu de se nourrir l'ego. En effet, c'est le contraire qui se produit. Il est de même imprudent pour l'élève d'essayer de se débarrasser lui-même de toutes les émotions que l'ego forme dans son corps parce qu'il s'exposera à un degré de vulnérabilité qui causerait le chaos dans sa vie et pourrait provoquer une dépression mentale alors que toute la force des émanations maléfiques tourbillonnantes autour de la planète a pu toucher sa personnalité exposée et son âme. Par conséquent, au départ, il doit être évident qu'une forme de compromis est nécessaire. Nous devons apprendre, pendant que nous sommes incarnés sur Terre, à équilibrer la vie que nous menons avec la vie spirituelle que nous voudrions suivre. Disons tout de suite que la vraie spiritualité est entièrement possible à atteindre sur Terre et, si cette condition élevée est atteinte, alors, par définition, l'ego serait inexistant. Cependant, dans une telle personnalité remplie de Dieu, cette puissance de Dieu envelopperait l'individu dans une puissante barrière de puissance spirituelle que rien n'envahirait. Les mortels inférieurs doivent être plus prudents.

Il faut aussi dire que les chances de tout individu atteignant la véritable illumination tout en étant sur Terre est mince. Les forces qui jouent autour de l'homme, les besoins du corps, les exigences du travail et la vie domestique sont telles que peu de gens ont le temps, de l'énergie et des moyens pour devenir illuminé parce que cet état n'est pas accordé par Dieu en un éclair, plutôt comme récompenser un chien fidèle avec une friandise. C'est un état qui s'obtient par une longue et patiente dévotion à Dieu. C'est un état qui est durement gagné. Il y a des chemins qu'il faut parcourir seul sans l'aide de personne, et donc l'état auquel nous nous référons est, en effet, difficile pour les humains incarnés à atteindre. Cependant, ne vous découragez pas. Chaque pouce que vous voyagerez chaque jour restera avec vous et vous récolterez le fruit de vos efforts lorsque vous reviendrez au pays de votre origine, les royaumes spirituels.

Ainsi, nous constatons qu'une certaine partie de l'ego reste avec la plupart des gens qui suivent le chemin vers Dieu. Progressivement, au fil des jours et des années que vous priez, méditez et servez Dieu, vous constaterez que les aspects négatifs de la personnalité diminueront. Vous pouvez vous permettre de les perdre. Vous serez bien mieux sans eux et vous apporterez du bonheur à vous-même et aux autres au fur et à mesure que vous les faites disparaître. Alors, vous serez capable de développer ces concepts de personnalité qui sont positifs et utiles pour vous, car ils vous permettront de vous mettre en relation avec votre environnement, votre société, et toutes les relations personnelles avec lesquelles vous traitez chaque jour de manière positive, paisible et détendue.

En permettant aux aspects négatifs de l'ego de mourir et nourrissant les aspects positifs de la personnalité, vous maintiendrez la barrière entre vos attributs essentiels qui constituent un être humain et ces forces négatives qui cherchent à détruire. Une telle barrière sera forte, mais vous et votre personnalité subiront un changement, une amélioration, à mesure que vous diminuerez ces aspects négatifs et augmentez les positifs. Une fois que vous avez développé les attributs positifs dans une certaine mesure, cependant, il y aura un point où la dépression va s'installer. Cette dépression sera le résultat d'un appel lancé par l'âme pour que l'amélioration soit faite dans l'aspect Dieu de la psyché. L'âme va envoyer l'appel et la personnalité cherchera à réagir en envoyant un appel de réponse qui confirme que tout va bien ou, dans le cas considéré, la personnalité est incapable de répondre ainsi et donc le désarroi s'installe dans le contenu émotionnel de l'individu.

Cette réponse émotionnelle sera la cause de dépression vécue par la personne. Cette dépression persistera aussi longtemps qu'il faudra à l'individu concerné pour réagir et prendre toutes les mesures nécessaires pour libérer et développer en lui la force divine qui doit être libérée. Le sentiment de dépression provoquera des sentiments de mécontentement, généralement, avec la direction que la vie de l'individu suit et causera beaucoup de réflexion à consacrer à savoir si l'on suit le cours correct de l'emploi, si l'environnement familial est correctement établi et, en fin de compte, quels changements peuvent être façonnés pour apporter un sentiment de bonheur et de contentement de nouveau à cette personne.

Jusqu'à et à moins que la personne ainsi affectée ne satisfasse ce manquant dans la personnalité en prenant les mesures nécessaires pour développer l'esprit de Dieu en lui-même, le sentiment demeure. Le sentiment de manque restera et causera un traumatisme dans le champ émotionnel de cette personne et peut entraîner une maladie physique expérimentée dans le corps qui aurait autrement resté en bonne santé. Ce sentiment de dépression est le résultat naturel de l'éveil de l'âme ou, plutôt, l'esprit de Dieu, qui sommeillait à l'intérieur de l'âme depuis si longtemps, ressent que les conditions sont maintenant mûres pour qu'il fasse son apparition. Pour ce faire, il doit y avoir des changements apportés. L'ancien doit être jeté avant que le nouveau ne puisse être installé. Alors l'esprit de Dieu établit les conditions auxquelles la personnalité doit répondre et cette personnalité peut ne répondre que de deux manières.

Soit elle est suffisamment dotée d'attributs positifs comme pouvoir donner une affirmation, auxquels cas les modifications apportées seront conformes avec ces changements positifs déjà apportés au sein de la personnalité, ou, si l'appel est négatif, alors les aspects négatifs doivent être libérés afin de combler le vide avec des qualités positives. Si l'appel est négatif, nous vivons la dépression, comme mentionné précédemment, qui restera dans la personnalité jusqu'à ce que la personne ainsi affectée commence à chercher activement Dieu dans la paix de son cœur. Il le ferait par le processus de la prière, méditation et service à Dieu.

La loi de l'attraction mutuelle fera entrer dans son champ d'expérience ce qu'il a besoin d'expérimenter pour s'améliorer et ainsi, il aura accès à des informations qui lui permettront d'apprendre à prier et à méditer. Une activité appropriée pour le service sera également trouvée et il sera encouragé à suivre cette voie. Il devrait s'efforcer également d'apporter à sa personnalité des attributs qui permettent le développement de l'attirance mutuelle de ces forces planant près de lui qui, s'ils sont autorisés à faire partie de sa réalité, provoquera la croissance de l'âme.

Il a été mentionné précédemment que la croissance de l'âme est une fonction de l'intelligence basée sur la prière, méditation et service à Dieu. Alors que c'est, en essence, vrai, ce n'est pas l'histoire complète. Pour que la croissance de l'âme soit atteinte, il faut une formule des conditions auriques à se réunir qui offriront des conditions propices à cette croissance d'avoir lieu. Cette formule doit être concoctée en mettant en évidence des situations propices pour les auras d'être manipulé.

Par exemple, si quelqu'un souhaite atteindre la croissance de l'âme, alors, dépendant des conditions karmiques, il serait d'un certain sexe, âge, classe, race, etc. Il n'y aurait pas deux personnes identiques et donc la formule pour tout le monde serait différente. Mais dans le cas considéré, par les effets des considérations matérielles mentionnées, et en tenant compte de tous les autres facteurs pertinents à cet individu depuis sa conception, un certain mélange d'émotions de modèles de croissance aurique serait déjà existant. À partir de là, il faudrait provoquer des événements, la croissance aurique, de se produire qui permettra à cette personne d'atteindre la direction vers la perfection que nous appelons la croissance de l'âme.

Une fois la décision prise concernant la direction que l'avancement doit prendre, il reste à créer des conditions et des événements qui permettront à la croissance désirée de l'âme d'être atteinte. De telles décisions ne sont pas prises consciemment par l'individu. Ils sont beaucoup trop complexes pour être créés par une personnalité liée à la Terre. La sagesse est nécessaire pour prendre de telles décisions et, bien sûr, implicitement, l'individu cherchant la croissance de l'âme, un complément à la sagesse, n'a pas atteint cet état. Par conséquent, les décisions sont prises pour lui par la hiérarchie des êtres qui surveillent son travail et son passage dans le temps.

Les décisions, une fois prises, doivent être effectuées et ainsi l'individu ressentirait des changements dans sa vie sociale, professionnelle et domestique proportionnée aux changements nécessaires pour atteindre la croissance de l'âme. Ces changements peuvent être légers ou ils peuvent être dramatiques. Ils peuvent initialement provoquer le bonheur ou ils peuvent causer de la tristesse. Il semblerait cruel et sans cœur d'affirmer que les âmes élevées supervisant chaque individu feraient plonger la personne dans des situations de grande épreuve initialement, causant le malheur et le désespoir, mais vous devez vous rappelez que ces grands et sages ne sont pas intéressés au court terme et ne sont pas réellement intéressé par des concepts enfantins comme le bonheur, la douleur, chagrin, joie, etc.

Ces concepts qui semblent si importants pour les gens de la Terre et, en effet, sont importants lorsqu'ils sont liés à la Terre n'ont aucune pertinence pour les âmes supérieures. Si l'individu souhaite atteindre la grandeur, il doit être prêt à souffrir pour atteindre les hauteurs requises. Un athlète ne devient pas un champion du monde assis autour d'un feu, bien au chaud, avec ses proches. Il doit être dehors par tous les temps à s'exercer, se privant de sucreries et de ces choses physiques, considérées comme des luxes, qui provoqueraient sa chute. Il doit sacrifier tout, et toute chose, au désir de devenir grand dans son domaine. De même, si quelqu'un souhaite devenir grand spirituellement, ils doivent être prêts à abandonner tout et suivre le chemin tracé pour eux. Si ça cause des difficultés au départ, alors qu'il en soit ainsi.

Cependant, tout comme un coureur, à mesure qu'il devient en forme, commencera à prendre plaisir à courir, de même, l'étudiant de Dieu profitera de ses nouvelles voies d'avancement une fois qu'il s'y est habitué.

Ce n'est pas le désir que l'homme souffre d'aucune façon. En effet, c'est le contraire qui est vrai. C'est l'intention de tous les sages pour permettre à toute la Terre d'accéder à la connaissance qui leur apportera le bonheur. Cependant, le bonheur n'est pas cette émotion qui se mesure par des rires de ventre aux dépens des autres. Il ne se mesure pas en comptant l'argent et les propriétés, ni le produit de la danse, de la boisson, et faire la fête. Il n'y a rien de mal à ces choses. Ils ont leur place parmi les gens de la Terre et ils sont destinés à apporter un peu de lumière dans un monde autrement lugubre. Mais ce sont des émotions enfantines, comme le sont tous les événements et les choses qui arrivent qui n'incluent pas la conscience de Dieu. Même les événements les plus sophistiqués, une soirée au théâtre, ballet, banquet, et cetera, sont enfantins et le plaisir qu'ils procurent est temporaire et superficiel.

Ne vous méprenez pas sur notre sens ici. Ceux qui deviennent de grands acteurs, danseurs et cuisiniers peuvent avoir fait des sacrifices suprêmes au cours de leur incarnation Terrestre pour réaliser ces progrès et, raisonnablement, ils auront avancé vers Dieu. On parle cependant de ceux qui s'habillent et assistent à de telles fonctions. Eux aussi, le public, sont nécessaire. Sans eux, ça ne servirait à rien que la pièce ou le ballet continue. La nourriture ne serait pas goûtée. Donc, ils sont importants. Cependant, à moins qu'eux aussi aient étudié pour apprécier l'art qui se révèle devant leurs yeux, alors ils ne profitent pas eux-mêmes. Ils gaspillent en grande partie leur temps. S'ils ne comprennent pas l'art du ballet en expérience de première main, ils ne sont pas en mesure d'apprécier les compétences démontrées. Ne vous trompez pas autrement.

Les critiques des arts apportent souvent des acclamations ou du découragement aux artistes interprètes par leurs critiques. À moins que ces critiques puissent performer au niveau des interprètes qu'ils critiquent, leurs critiques sont invalides. Vous ne pouvez pas être un critique amateur. Vos relevés n'auraient aucune validité. Toute personne qui a tenté d'atteindre la maîtrise dans n'importe quel domaine est invitée à ignorer les commentaires de n'importe quel critique, peu importe à quel point acclamé, à moins que cette personne ne soit capable de se lever et montrer comment cela doit être fait. Ignorez ceux qui vous diraient le contraire.

De même, ignorez les enseignements dans n'importe quel domaine de ceux qui ne sont pas experts dans ce domaine. La vie est pleine de spécialistes amateurs. Ils se trompent. Ne les laissez pas vous tromper. Le plaisir qu'un public retire d'un concert ou d'un banquet doit être superficiel parce qu'ils n'ont aucune connaissance de première main des difficultés à réaliser ce qui leur est dépeint. Par conséquent, ils sont incapables de faire l'expérience, dans leur cœur, de la beauté et de la compétence. Leur plaisir doit être superficiel et, par conséquent, il est enfantin par rapport à celui des interprètes.

Ce n'est qu'en étant expert que vous pouvez vraiment apprécier quoi que ce soit. Pour profiter de la vie, il faut être un expert de la vie et, pour y parvenir, il faut qu'elle soit expérimentée à des niveaux initialement bas, mais que ces niveaux devraient augmenter jusqu'à ce que la grande maîtrise soit atteinte. Ce n'est qu'alors que l'on peut vraiment apprécier la beauté de la vie. Ne vous asseyez pas dans le fauteuil de l'amateur en souhaitant pouvoir être une étoile (vedette). Vous pouvez être génial et vous le serez un jour. Faites ce jour se rapprocher alors que vous vous alignez avec la direction que le destin décrète que vous devez suivre. Si cela vous apporte des épreuves et des tribulations, alors qu'il en soit ainsi. Ils passeront alors que votre aura se remplira de pouvoir spirituel et vous arriverez à un état de bonheur. N'ayez pas peur. Vous pouvez le faire et vous serez aidé et coaché à chaque étape. Votre récompense sera grande et vous aurez le bonheur, le vrai bonheur, sachant que vous ne faites qu'un avec Dieu.

Prendre des mesures pour améliorer ses traits de personnalité en supprimant les aspects destructeurs négatifs et par la promotion de ces attributs plus positifs, entraînera des changements dans l'ensemble du corps et des auras de la personne subissant un changement. Le résultat de ce changement serait, bien sûr, une amélioration de la personnalité de cette personne qui lui apportera la lumière et à tous ceux qui le rencontrent, mais pendant que ces changements prennent effet, il y a un risque de dépression mentale et physique se produisant lorsque des vides sont créés dans les niveaux d'énergie de cette personne. Ces vides seront remplis d'énergie spirituelle enfin, mais dans un premier temps, les vides vont provoquer une diminution de l'énergie physique et émotionnelle.

Par conséquent, alors que l'étudiant cherche à s'améliorer lui-même, il est important qu'il essaie de s'exercer à s'améliorer à des moments où il est capable de se reposer pleinement et à des moments où peu de demande lui est imposée par son emploi ou sa situation domestique. Cela ralentit forcément la vitesse à laquelle il peut s'améliorer, mais mieux vaut être lent et minutieux plutôt que de chasser l'amélioration et finir endommagé physiquement et psychologiquement.

L'étudiant doit surveiller constamment ses progrès et son état de pensée, ne cherchant qu'à s'améliorer lui-même pendant qu'il se sent en forme et bien. S'il est sujet au stress mental, il reconnaîtra les signes assez tôt et doit cesser de méditer et se critiquer sur-le-champ jusqu'à ce que son corps l'informe qu'il peut encore une fois continuer.

La pensée doit être considérée plutôt comme un muscle dans le corps. Un muscle peut être entraîné à faire de l'exercice pour accomplir de grands exploits, mais une fois blessé, le muscle est déchiré et ne sera peut-être, plus jamais, capable des mêmes exploits. Si vous permettez à votre pensée de devenir tendu entraînant une dépression nerveuse, elle aussi ne sera jamais capable de tout à fait faire les mêmes exploits. Il restera toujours une tendance à la détérioration.

Par conséquent, soignez-vous. N'autorisez aucun des excès dans votre vie soit spirituel soit temporel et vous deviendrez plus fort et plus capable de faire l'œuvre de Dieu. Dieu a besoin d'ouvriers capables, pas une armée d'infirmes. Assurez-vous que vous êtes en mesure de jouer votre rôle au meilleur de vos capacités. Dieu appréciera le fait que vous n'êtes pas une machine et avez besoin de repos de temps en temps. Si et quand vous vous reposez et faites une pause de votre développement spirituel et vos activités, informez vos collègues de vos intentions et informez vos conseillers spirituels aussi. Ensuite, reposez-vous sans réfléchir à l'homme ou Dieu.

Bien souvent, le novice ressent le besoin d'un repos spirituel et se sent pourtant coupable de le prendre. Par conséquent, il essaie de se reposer et pourtant, parce qu'il ne se détend pas, il devient plus fatigué et tendu qu'il ne l'était avant. Ne vous sentez pas coupable de prendre du repos. Vous aurez besoin de repos de temps en temps et vous aurez le devoir de vous rafraîchir complètement afin de retourner au combat capable de travailler. Par conséquent, lorsque vous ressentez le besoin de vous détendre, faites-le. Dormez le temps dont vous avez besoin. Cherchez de l'air frais et le calme de la campagne. Faites tout ce que vous pouvez pour vous détendre et vous vous ressourcerez rapidement. Après cela, vous aurez à nouveau hâte de vous battre pour vous perfectionner. Vous agirez correctement et de la manière que la nature agirait. Même les arbres, ces choses majestueuses et puissantes, se reposent en hiver. Assurez-vous de vous reposer lorsque vous en ressentez le besoin.

Ayant obtenu un certain succès dans l'élimination des pensées que nous acquérons arrivée sur Terre, on remarquera que les amis que nous avions peuvent commencer à disparaître de notre cercle social et de nouveaux amis entreront dans le cercle. C'est inévitable. En vertu de la loi sur l'attraction mutuelle, le semblable s'attire, et comme notre personnalité change, donc nous changerions notre cercle d'amis. Si nous continuons à nous développer spirituellement, alors nous continuerons à changer. Par conséquent, notre cercle d'amis changera encore et encore. Cela doit et arrivera et rien ne peut l'empêcher de le faire arriver.

De là, on peut voir qu'il est inutile de former une relation trop proche avec une personne. Cette déclaration doit être expliquée. On peut apprécier que nos collègues de travail et ceux que l'on rencontre lors de notre tournée quotidienne comptent parmi eux nombre de personnes qui seront à différents niveaux d'avancement spirituel. Ainsi, de ce groupe, certains seront attirés vers chaque personne. Cependant, à mesure que nous avançons spirituellement, ces relations deviendront tendues et d'autre personne seront attirées par l'élève. Cela provoquera du ressentiment parmi le premier groupe qui se sentira rejeté. Dans une situation de travail, un bureau ou une usine, où l'on est obligé de travailler à proximité de ceux qui se sentent maintenant rejetés, cette situation peut causer de la pression. Une telle pression n'est pas souhaitée. La vie, la vie spirituelle, est assez difficile sans la médisance causée par des âmes simples qui ne comprennent pas les événements survenant en eux et autour d'eux. Par conséquent, il vaut mieux ne pas nouer une relation trop étroite avec ses collègues et amis.

Considérez ces relations comme temporaires même si vous pouvez travailler côte à côte avec ces personnes pour de nombreuses années. Ne soyez pas snob ou indifférent. Soyez simplement naturel et amical, mais n'essayez pas de former des relations étroites avec eux.

Cependant, votre famille et vos relations familiales sont différentes. Si vous êtes marié, vous avez le devoir d'essayer d'aimer votre partenaire. Vous n'avez pas le droit de changer de conjoint. Ainsi, au fur et à mesure que vous avancez et qu'il ou elle ne le fait pas, il y a une tendance à se séparer. Ne permettez pas que cela se produise. Utilisez votre augmentation de spiritualité pour vous donner l'humilité de masquer votre supériorité spirituelle et permettre à l'amour de rester à tout prix. Il n'y a rien de pire qu'un snob spirituel, et même si vous pouvez faire de grands pas, vous serez faible, en effet, par rapport aux avancées réalisables. Vous devez reconnaître cela et utiliser votre spiritualité pour vous fournir la simplicité que vous devez développer de toute façon un jour. Assurez-vous que votre conjoint ne sent pas votre grandeur. Ce sera en effet une mesure de votre grandeur. Si vous pouvez passer votre vie dans le vrai amour avec un partenaire qui est moins avancé spirituellement que vous, alors vous serez vraiment avancé.

Il en va de même de vos attitudes envers vos fils et filles et à ceux qui vous sont proches. Aimer les tous dans la pureté, en les acceptant tels qu'ils sont. N'essayez pas de les changer. Il est inévitable que le changement ait lieu dans la personnalité de ceux autour de vous à mesure que vous améliorez votre personnalité. De tels changements peuvent cependant s'opérer lentement et, par conséquent, vous devez attendre patiemment et dans l'attente jusqu'à ce que votre conjoint et votre famille répondent aux vagues bénignes émises par votre aura et grandissent en stature. Alors vous pourrez commencer à vivre comme une famille heureuse.

Depuis que l'homme s'est incarné pour la première fois sur Terre, il a été tenu sous l'emprise de nombreuses forces provenant de la pensée des créatures de la Terre et dans le concept de la pensée de la Terre elle-même, car ne vous y trompez pas, la planète Terre, comme toutes les choses est vivante en tant qu'entité tout comme vous, et juste comme vous avez une pensée et un ego, et cetera, la Terre a les mêmes attributs. L'échelle est différente, le degré de conscience est différent, mais fondamentalement toutes les choses créées ayant la vie en elles ont un degré de vivacité. Vivre exige une forme de pensée. Ne supposez pas que vous devez être humain pour être doté d'une pensée. Cette pensée terrestre permet des formes de sentiments, d'émotions, très éloignées de nos concepts, à tourbillonner autour de sa surface et à l'intérieur de son corps. Vous pouvez imaginer que tous réflexes d'émotion créés par la pensée de la planète Terre serait de nature fondamentale et serait la dernière sorte d'émotion nécessaire pour l'assimilation dans la condition humaine. Et pourtant, du jour de notre naissance au jour de notre mort, ces émotions tourbillonnent autour de nous, créant des liens toujours plus grands entre nous et la Terre.

Ce sujet a été évoqué dans un chapitre précédent et, comme cela a été bien mentionné, l'état d'être piégé et lié à la Terre continuera pour la durée de l'incarnation terrestre à moins qu'il y ait des étapes amenées à s'élever au-dessus. Les démarches à effectuer, l'action nécessaire pour développer l'esprit au sein de l'individu, est toujours la même. La prière, la méditation et la dévotion à Dieu libèrent de l'emprise de la Terre et de l'emprise, en effet, de toute force basse ou maligne, libérant l'individu à vivre en paix avec lui-même et avec ses semblables. Une personne avec des attributs spirituels est forcément une créature de paix, de beauté et de bonheur, et, par la nature des forces opérant dans l'univers, tous ceux avec qui il entre en contact vont en bénéficier également. Il a été dit que la mesure de son avancement n'est pas le degré auquel on aime, mais est le degré auquel on est aimé par les autres. Cette affirmation est, en substance, vraie. Certes, si quelqu'un est avancé et du même coup heureux, alors le contact avec les autres apportera le bonheur dans leur vie et ainsi les plus avancés seront aimés.

Cependant, il est également vrai que les habitants de la Terre sentent la présence d'une âme avancée et vont réagir avec colère, haine et hostilité envers cette personne. Cette situation est dangereuse pour l'élève à mesure qu'il progresse dans la spiritualité. C'est dangereux dans le sens qu'il pourrait souffrir d'abus émotionnel et mental. Il pourrait subir des abus physiques. Par conséquent, l'étudiant est conseillé de ne parler à personne de son intérêt pour Dieu, et le chemin spirituel, jusqu'à ce qu'il soit sûr de cette personne et persuadé qu'il est suffisamment avancé pour ne pas être un danger pour l'élève. Bien sûr, tous ceux que l'étudiant va rencontrer, à travers les auras, vont ressentir dans une certaine mesure la spiritualité de l'étudiant, mais heureusement, ceux dont les âmes dorment seront incapables de lire les informations de leurs auras avec clarté et, par conséquent, ne seront pas capable d'apprécier complètement le niveau à partir duquel l'élève fonctionne. Si cet élève déclare verbalement son engagement envers Dieu, alors bien sûr le premier individu va immédiatement et sans consciente réalisation mettre en action les démarches pour déshonorer l'étudiant. Bien qu'une personne de la Terre ne puisse pas faire du mal réel à un disciple de Dieu, une fois que vous réalisez que la mort physique ne constitue pas du dommage, alors il est évident que le disciple n'a rien à craindre.

Mais la vie est déjà assez difficile sans être impliquée avec ceux qui s'engagent à la chute de l'étudiant. Le conseil est de laisser ceux dont les âmes dorment, dormir encore, et suivre Dieu en paix, dans l'amour, et de garder ses opinions pour soi. Vous allez savoir assez tôt quand vous avez fait la connaissance de personnes partageant les mêmes idées que vous. Nourrissez leur amitié et ignorez les autres. Apprenez à passer par vos activités quotidiennes en interagissant avec vos collègues de travail et ceux que vous rencontrez en se livrant à des bavardages sur la météo, politique, et cetera, et ne mentionnez jamais votre principal intérêt - c'est-à-dire, Dieu. C'est difficile à faire au départ, mais avec de la pratique cela peut être réalisé, et cela économisera beaucoup d'aggravation.

De ce point de vue, il est également possible de travailler dans les activités quotidiennes tout en méditant intérieurement sur Dieu. Cela ne signifie pas que l'on rêvasse ni ne suggère pas que l'on devrait limiter sa concentration dans les travaux entrepris. C'est un rôle étrange que la pensée peut jouer en étant divisée afin que l'une partie se concentre entièrement sur le travail à faire alors que, dans le même temps, une autre partie du cerveau se concentre sur Dieu. Cela peut sembler impossible, mais cela peut être fait.

L'état mentionné a été recherché et réalisé par de nombreuses personnes impliquées dans diverses activités à travers le temps et à travers la planète. Travailleurs exécutant des tâches assez complexes, mais pourtant répétitives, ont appris à permettre à leurs doigts d'effectuer les tâches requises pendant que leurs pensées errent le long des chemins de la rêverie ou bien que l'individu a des conversations avec un voisin à la prochaine position de travail. Les moines aussi apprennent à se concentrer sur leurs activités quotidiennes, les exécutant de manière experte et avec dévouement tout en occupant leur pensée avec un mantra ou une prière à Dieu répétée sans cesse.

C'est là un indice pour ceux qui voudraient apprendre à diviser la pensée avec succès en deux. L'élève pourrait envisager de réciter, en silence, dans sa pensée, une prière répétitive à Dieu. Il trouvera, s'il essaie de la maintenir, que son attention commencera à errer au début et il ne pourra pas maintenir la prière dans son attention tout en opérant à un niveau différent au cours de ses tâches terrestres.

Cependant, s'il persévère, il finira par être capable d'atteindre un état où il sera capable d'accomplir les tâches que le devoir oblige tout en méditant sans réfléchir à cette méditation. Cet état n'est pas non plus celui qui est requis. La persévérance finira par l'amener dans une condition où il pourra consciemment exercer ses fonctions sur Terre tout en même temps, prier ou méditer ou discuter de sujets d'intérêt avec ses compagnons dans l'au-delà. Cet état est très précieux à atteindre et il doit être dit que très peu de gens ont, en effet, été capables de l'atteindre complètement. Ce n'est pas la fin, cependant. Il est possible de continuer indéfiniment, en apprenant à diviser la pensée en segments toujours plus nombreux, chacun agissant indépendamment de l'autre.

L'histoire a enregistré que certaines personnes ont été testées et ont prouvé être capable de compléter plus de vingt tâches différentes simultanément. C'est très bien, mais nous ne sommes pas intéressés par des exploits d'attractions foraines. Nous sommes préoccupés par le développement du corps, de la pensée et de l'âme dans une trinité vers l'unité envers Dieu. Il suffira que l'élève puisse apprendre à effectuer deux tâches à la fois. Il sera alors dans une position de servir Dieu et Mammon, à la fois en même temps. Cet état sera précieux, car il est important de travailler et de servir l'humanité. Trop souvent, de nos jours, les gens sont découragés de travailler parce qu'en raison de caractéristiques économiques et de conditions créées par les entreprises et le gouvernement, le nombre de travailleurs nécessaires dans le monde diminue alors que la population mondiale, généralement, est en augmentation. Il résulte d'un climat où le chômage est accepté comme mode de vie.

Cet état de choses est diabolique parce que les êtres humains ont besoin de servir. Ils ont besoin de servir Dieu. Dieu se manifeste dans les choses et dans les êtres vivants comme l'homme. En servant son prochain, en interagissant, et par des relations, souvent désagréables, une personne peut avancer considérablement vers la perfection. L'oisiveté, même lorsqu'elle est autorisée et rendue acceptable par le gouvernement, amène l'homme à rejeter sa possibilité de servir et donc d'avancer. Par conséquent, l'étudiant est chargé de trouver une forme d'emploi. Prière à Dieu apportera rapidement à son attention le poste nécessaire et il doit l'accepter et accomplir sa fonction au meilleur de ses capacités. C'est important, aussi, d'éviter l'oisiveté, car cette condition peut causer l'esprit de Dieu latent dans l'homme, mais toujours alerte et prêt à jaillir, à pousser l'homme dans des domaines de mécontentement vers lesquels il pourrait se tourner à boire, au jeu ou au crime pour satisfaire les pulsions de son âme. Effectuer un travail utile à l'emploi pour ses collègues qui voyagent vers Dieu, à travers le temps, veillera à ce que l'esprit de Dieu reste satisfait et ainsi lui aussi restera satisfait.

Maintenant, nous devons nous préoccuper d'un aspect de la personnalité qui est souvent négligée et pourtant qui, une fois mis en lumière pour examen, nous aidera beaucoup à nous comprendre mieux que nous ne le faisons actuellement. Nous nous référons à cet aspect appelé l'intelligence. Pourquoi sous-entendons-nous que l'intelligence est négligée lorsque les notes scolaires dans les collèges, universités et instituts du monde entier consacrent leurs énergies au développement de rien d'autre ?

La réponse est simple. Chaque établissement d'éducation à travers les annales de la civilisation a essayé de développer des connaissances dans l'idée erronée que la connaissance équivaut à l'intelligence. Ce n'est pas vrai. Toute personne désireuse de se consacrer à la poursuite peut s'inscrire dans un collège ou dans une université et étudier. À condition qu'il ait une mémoire fidèle et à condition qu'il consacre suffisamment de temps à amasser une pléthore d'informations, il passera ses examens. Il pourra s'élever jusqu'à des grands sommets d'un point de vue académique. Il pourrait devenir docteur en théologie ou docteur en médecine ou encore docteur en philosophie. Cependant, à aucun moment, il n'a besoin d'intelligence.

Même les tests d'intelligence ne visent que ceux qui ont rencontré un problème similaire ou identique avant et donc ils récitent les mêmes réponses à l'étonnement de ceux qui n'ont jamais vu un tel problème. L'intelligence, par définition, implique qu'une personne est capable de faire des sauts cognitifs à partir de ce qu'il sait à ce qu'il ne sait pas, mais reconnaît, par un facteur profond en lui, que c'est vrai. On peut voir par là que plus d'informations qu'une personne possède, généralement, plus elle est capable d'envisager pour l'aider à sauter dans l'inconnu.

Mais, néanmoins, la plupart des gens, lorsqu'ils sont tenus de faire ce saut cognitif, sont en difficulté.

Cependant, l'intelligence est un don de l'esprit et elle peut être développée. Comme tous les dons de l'esprit, le développement est simple dans la mesure où tout ce qu'il nécessite est la prière, la méditation et la dévotion à Dieu, mais comme tous les dons de l'esprit, il faut de longues années pour le développer. C'est un état proche de la sagesse. La sagesse est un état qui peut être décrit comme fusionner les états supérieurs, divins, avec les états terrestres inférieurs, mais exige aussi de l'intelligence avant que la sagesse ne puisse être véritablement atteinte.

Beaucoup de gens pensent que l'intelligence est formée à la naissance par constitution génétique. Cela implique que les parents d'un enfant, s'ils ont une mesure d'intelligence, alors cet enfant aussi sera pareillement doué. Les descendants d'enseignants, par exemple, obtiennent souvent de bons résultats scolaires, même si ce qu'ils réalisent dans leur future vie domestique est souvent moins que parfait. La vérité est, bien sûr, que, comme début, la progéniture d'un couple d'universitaires serait possiblement une personne qui, en vertu de la loi de l'attraction mutuelle aurait déjà développé un degré de la qualité considérée. Deuxièmement, entouré d'un environnement où l'apprentissage et l'étude étaient la norme, il est inévitable que l'enfant suivra et amassera des informations bien en avance de ses camarades. Il va donc trouver facile de passer des examens.

Cependant, comme cela a été mentionné précédemment, si nous suivons des enfants aussi précoces à l'âge adulte, nous constatons trop souvent qu'une fois qu'ils sont chassés d'un milieu académique isolé et dans le monde réel, ils sont perplexes. Ils peuvent faire des mauvais hommes d'affaires, ayant peu le sens des affaires, ou leur relation personnelle avec le sexe opposé, ou leur propre sexe d'ailleurs, peut s'avérer catastrophique. Et donc nous voyons que la connaissance, même si très importante, n'est pas l'intelligence. Cette condition implique que l'individu, quelle que soit la situation dans laquelle il pourrait se trouver, évaluerait rapidement la situation et pourrait prendre les bonnes décisions afin de s'adapter à n'importe quel état ou condition qui a été présenté. Cela implique que sa relation avec toute vie, avec tout le monde, y compris son conjoint, serait le reflet de la beauté que l'idéologie dicte que ça devrait être.

Cette condition est très éloignée de l'apprentissage des livres. Elle est très éloignée d'une connaissance approfondie de tout sujet. C'est un état où l'apprentissage s'arrête et l'individu est capable d'avancer par lui-même, en suivant un chemin qu'il ne peut pas voir, et pourtant, il sait qu'il est là, vers le but et il va et en effet, il réalise, quand il a atteint cet objectif. C'est un don de l'esprit atteint par la trinité de la prière, méditation et service à Dieu. Ceci est disponible pour tous. Si vous souhaitez devenir vous-même intelligent, alors suivez le chemin. Sans intelligence, vous ne pouvez pas atteindre la sagesse et sans sagesse, vous ne pouvez pas être libre de la Terre et ne faire qu'un avec Dieu et avec toutes les âmes libérées qu'il y a dans le royaume de Dieu attendant de vous accueillir dans leurs nobles rangs.

En vous appliquant comme cela a été mentionné ci-dessus, un par un les dons vous seront accordés. En effet, ils sont déjà en vous, latent. Ils sont cachés par l'ego. Alors que l'ego disparaît et la pureté remplie de Dieu le remplace, alors les dons viennent à l'existence. Cherchez-les avec avidité. Ils apporteront joie et bénédictions à vous et à toute l'humanité. Cherchez et vous trouverez. Frappez et il vous sera ouvert. Demandez et ce sera donné à vous. C'est votre devoir envers vous-même et envers Dieu de le faire, alors qu'il en soit ainsi.

Considérons maintenant un aspect de la personnalité qui est vraiment joyeux à considérer. C'est ce qui concerne la recherche du plaisir sous toutes ses formes, des convoitises sordides d'un dégénéré à la joie des anges chantant au ciel pour la louange du Seigneur. Cela nous réjouit de discuter de tels sujets, car trop souvent, nous avons dû vous implorer d'accepter des conseils qui impliquent sacrifice et souffrance pour avancer. Le sujet du plaisir, de la joie, du rire, et du bonheur est un état bien différent des autres discutés précédemment parce que nous n'avons pas besoin de vous demander de souffrir aujourd'hui pour récolter les bénéfices demain. Nous vous demandons de vous détendre et de profiter des fruits de vos efforts passés.

Nous savons que le plaisir prend plusieurs formes. Avez-vous déjà observé un chat qui a attrapé une souris et qui joue avec ? Le chat n'a pas faim ou alors il la tuerait et la mangerait en un instant et ainsi, il tient la souris dans sa gueule puis la laisse partir. La pauvre souris terrifiée s'enfuit. Juste quand elle pense qu'elle est libre, le chat se précipite et la tient avec ses pattes pour répéter l'exercice encore et encore jusqu'à ce que la pauvre souris, soit par peur, soit par épuisement ou par dommages, expire, après quoi le chat perdra probablement tout intérêt et ira dormir le reste de la journée bien content de lui-même. Il est évident pour le spectateur que le chat tire du plaisir d'un tel acte qui, à nos yeux, est totalement répréhensible et encourrait une grande peine en termes karmiques si nous y prenons plaisir de la même manière. Pourquoi devrait-il faire une telle chose et pourquoi cela lui procure-t-il du plaisir ?

On peut affirmer, tout d'abord, qu'il est naturel dans le monde pour que les chats attrapent des souris. Ils sont des animaux carnivores et vivent de tels actes. Cependant, un félin en maraude repérerait sa proie, ramperait, et bondirait. Il mordrait alors rapidement le cou de sa proie pour la tuer et l'avalerait entièrement en quelques instants. L'acte de manger est agréable pour toutes les créatures comme pour l'homme. Par conséquent, nous pouvons comprendre pourquoi il aime son repas. Mais plus que cela, l'acte de chasser devient agréable parce qu'il est associé à manger. Il est associé avec l'accomplissement de la motivation chez un animal de se pourvoir de nourriture afin que l'esprit au sein de cet animal devrait avoir la possibilité de s'exprimer à travers cet animal. L'esprit étant satisfait, l'animal est satisfait.

La satisfaction apporte le bonheur, par conséquent, l'acte de chasser devient rapidement associé au bonheur. Même si le chat est entièrement nourri par un propriétaire, le chat cherche toujours la satisfaction acquise de la chasse. S'il croisait une souris, alors bien sûr, il passe par l'acte de chasser encore et encore jusqu'à ce que la souris soit morte. À ce point, le bonheur cesse pour le chat. Il n'est pas désireux de la manger, préférant la nourriture savoureuse fournie par son serviteur humain. Alors il laisse la souris et va ailleurs.

On peut voir immédiatement de cela, que nos nobles seigneurs vêtus de leurs tenues de chasse à courre ou armés des armes à feu coûtant la rançon d'un roi agissent beaucoup comme le chat alors qu'ils foncent dans la campagne dans la poursuite du renard ou en tirant sur des faisans sans défense dans le ciel. C'est l'acte de chasse associé à l'acte de manger qui leur donne cette satisfaction. Ils ne peuvent pas manger toute la journée, mais plutôt que de manger et tourner leur attention vers des passe-temps plus utiles, ils répètent encore et encore l'acte de chasser alors qu'ils détruisent des troupeaux après troupeaux de belles créatures pour se donner le bonheur.

Si l'on fait la remarque à une telle personne qu'il agit de façon animale, il va peut-être lever un sourcil. L'acte de chasser est rendu respectable parce qu'il est élevé au rang d'un art. Des vêtements spéciaux sont fabriqués dans l'ordre de fournir l'uniforme qui correspond à l'état d'esprit. Les armes utilisées sont rodées et polies jusqu'à ce qu'elles soient des choses d'une terrible beauté.

Aucune dépense n'est épargnée pour obtenir la meilleure condition possible de satisfaction des sens, mais bien sûr, l'étudiant des choses supérieures reconnaîtra immédiatement que ces personnes ne font qu'un avec le règne animal. Leurs âmes dorment encore et ils sont à peine humains dans les termes que nous considérons. Étrange, n'est-ce pas, que trop souvent ceux qui chassent sont les riches, les influents, les leaders de notre monde, et, plus souvent encore, les rois et souverains des pays ?

Cependant, cela ne veut pas dire que beaucoup d'autres gens humbles sont des saints. Les pauvres chassent avec des chiens, avec des furets, ou ils vont à la pêche. Un tel plaisir qu'ils y trouvent, c'est triste à dire, à un prix. Nous savons que la loi du karma apportera le châtiment d'un œil pour un œil et d'une dent pour une dent à eux. Nous n'impliquons pas qu'ils doivent être abattus ou déchirés en morceaux par des chiens autant de fois qu'ils ont tué des oiseaux et des renards. Non. Nous voulons dire que la souffrance qu'ils ont infligée au royaume de Dieu pour gagner une forme pervertie de plaisir finira par avoir à être payée dans cette vie, dans l'au-delà ou, peut-être, en se réincarnant à nouveau dans des conditions misérables encore et encore.

Il ressort clairement de ce qui précède que le plaisir implique pour nous qu'il doit être inoffensif pour les autres. Cela nécessite quelques études pour quantifier et qualifier. Nous avons une large gamme d'expériences qui nous apportent du plaisir. Nous ne discuterons pas de la vue dégradante de gens qui tirent satisfaction de torturer des humains ou des animaux ni ceux qui violent des femmes sans défense ou qui exécutent des actes anormaux contre les gens contre leur volonté. De tels actes vont apporter un prix, un fardeau de karma, qui prendra longtemps à payer.

Cependant, nous considérons les actes sexuels entre adultes consentants comme source de plaisir. Encore une fois, c'est un attribut animal, mais il est inoffensif. Cela apporte le bonheur aux humains et aux animaux, car c'est important que la copulation soit effectuée pour que les espèces puissent continuer. L'étudiant est référé au chapitre « Les lois du cœur » pour une discussion détaillée sur les attributs de l'acte sexuel et ses relations avec la voie spirituelle. Nous indiquons simplement à ce stade que, sous réserve du consentement des deux partenaires, alors cet acte apporte de la joie et en effet un certain effet psychologique important qui aide à équilibrer les personnalités des deux parties. Cela est bien et empêche une personne de devenir névrosée, une condition que l'on trouve trop souvent chez ceux qui passent leur vie et restent toujours vierges.

À partir de là, nous considérons le rire. Ce n'est pas très souvent que l'humour se prête au plaisir innocent, car c'est presque une tradition que les comédiens gagnent les applaudissements d'un public en se moquant des personnes, des situations et des événements, et, par conséquent, un tel rire qui vient spontanément du public n'est guère innocent. En effet, tout aussi souvent, ceux qui sont la cible des blagues sont profondément offensés à se faire moquer d'eux-mêmes. Il faut aussi dire qu'il n'est pas très gentil de se faire plaisir en contemplant une personne qui glisse sur une peau de banane. Alors pourquoi est-ce que le théâtre traditionnel, les films, et les pièces de théâtre décrivent souvent des événements tristes et encouragent le public à rire ? Un tel humour, est-il innocent et doit-on s'autoriser la liberté d'être amusé par un tel humour ?

Les animaux, il faut le remarquer, n'ont aucun sens d'humour. Le rire ne fait pas partie de la composition animale. Leur bonheur est gagné à d'autres égards, en faisant partie d'une meute, en ayant une couverture chaude et sèche, en mangeant, etc. Ils ne cherchent pas plus loin que ces besoins fondamentaux. On s'aperçoit alors que le rire et l'humour doit faire partie de la composition spirituelle de l'homme. C'est un concept divin et devrait donc être innocent, ne blessant et n'offensant personne. Quelle sorte d'humour, quels événements, pouvons-nous en rire sans offenser personne d'autre ?

Disons tout de suite que l'humour traditionnel sera supprimé de votre réalité un jour. Il est généralement très enfantin et il est généralement utilisé comme une soupape de sécurité pour libérer les tensions causées par des peurs et des phobies profondément enracinées. C'est pourquoi l'humour est considéré comme très proche de la tragédie. Nous rions à quelqu'un qui glisse sur une peau de banane parce que nous sommes heureux que ce ne soit pas nous. On rit quand un clown reçoit une tarte à la crème dans le visage parce que nous savons que c'est une tarte à la crème que nous ne recevrons pas sur nos visages. Cet état de la pensée est le résultat d'être une victime de la Terre. La planète Terre est un endroit dur à vivre. On l'appelle l'école des coups durs. Ça n'a pas besoin de l'être. Une fois que l'âme s'éveille à l'intérieur d'un individu et une fois, par la prière, la méditation, et la dévotion à Dieu, que les auras se remplissent de puissance, alors cette personne sera libérée de la Terre. Elle n'aura plus aucune prise sur lui et tout mal ou ennuis qui se présentent à lui peuvent être déviés par le puissant bouclier de la puissance de Dieu.

À ceux dont les âmes dorment encore, bien sûr, de telles informations sont rejetées comme étant une absurdité et alors ils continuent leur chemin constamment dans la peur de quel événement terrible leur arrivera ensuite. Pas étonnant qu'ils cherchent l'évasion en regardant les autres souffrir, même au sens théâtral. Pour de telles personnes, bien sûr, l'humour dépeint tous les soirs à la télévision, sur scène et au cinéma est valable et c'est une soupape d'échappement utile pour eux. À ceux qui sont entrés dans un concept plus large de la vie, à l'étudiant sur le chemin vers Dieu, il verra vite à quel point un tel humour est inutile, parce que, pour lui, il n'a pas besoin d'une soupape d'échappement. Il n'est pas poursuivi par les peurs et phobies. Il sait que rien ne peut lui faire de mal et tout ce qui essaiera échouera.

Par conséquent, il se tourne vers une autre forme d'humour. Il rit à différents événements. Ce que l'élève trouvera qui apportera de la joie est ce qui remplit son âme avec beauté à l'émerveillement de la puissance de Dieu. Il peut s'asseoir dans un jardin et regarder une fontaine jouant sur des rochers sous un soleil radieux. Il peut regarder les gouttelettes d'eau qui miroitent et scintillent des nombreuses couleurs que la lumière du soleil consiste. Alors qu'il contemple cette scène de beauté, sa concentration deviendra si intense qu'il va oublier tout le reste et s'identifiera au sens de la beauté révélée sous ses yeux et pour son plus grand plaisir. Cette beauté fera chanter son cœur de joie et il peut très bien se retrouver à rire spontanément pour la seule raison qu'il est extrêmement heureux et souhaite exprimer ce bonheur.

De même, il peut observer des animaux jouer dans un champ – les agneaux, par exemple. Leurs bouffonneries, comme ils sautent et bondissent pour exprimer l'énergie de l'esprit à l'intérieur d'eux, est sûrement l'une des grandes joies du printemps. Étudiez ces agneaux. Identifiez-vous avec la joie simple qu'ils ressentent et vous aussi vous serez rempli de joie. Après de telles poursuites simples et inoffensives, qui auraient besoin de rechercher une satisfaction en imaginant que quelqu'un tombe ou quelqu'un qui se moque de sa belle-mère ?

Si vous êtes encore au stade où vous gagnez un certain bonheur des scénarios qui utilisent les gens dans certaines situations malheureuses ou infortunées, et souhaitez-vous élevez au-dessus, priez pour être guidé. Limitez le montant de temps que vous passez à vous adonner ou à regarder un tel humour et essayer de gagner de la joie d'observations moins nocives. Peu à peu, vous commencerez à voir la beauté des choses simples, créées par Dieu, dans la vie et votre désir, de rechercher la gratification au détriment des autres cessera.

Il peut sembler étrange de considérer que l'on peut entraîner sa personnalité d'avancer et de décliner dans des domaines spécifiques comme si la personnalité était séparée de l'être qui est capable de la manipuler. Ceci suggère qu'il y a deux personnes en une à l'intérieur de chaque être humain. Il a été noté que la personne qui regarde le monde de derrière le masque, le personnage, est en quelque sorte séparé et individuel du corps qui trébuche tout au long de la vie, en commettant des erreurs et, trop souvent, causant de la douleur à lui-même et aux autres. Beaucoup de gens érudits ont noté ce fait particulier et ont commenté là-dessus, souvent avec beaucoup d'habileté et de perspicacité. Cependant, pour l'étudiant sur le chemin vers Dieu, il n'est pas facile d'obtenir des informations pertinentes sur la dualité de la personnalité, car les tomes produits par les psychologues ont tendance à être plutôt lourds, comme si la verbosité était synonyme de véracité.

Ainsi, nous expliquerons en quelques lignes courtes quelques-uns des aspects de la personnalité, son apparente dualité, et plus important encore, comment combiner les aspects individuels en une unité solidement basée sur Dieu. Initialement, une personne destinée à naître sur Terre a besoin de mouler autour de son esprit de Dieu, contenu dans l'âme, un certain nombre de corps de lumière que nous appelons auras. Ces auras, comme cela a été expliqué plus tôt, font en fait partie de l'individu et sont aussi réels, dans leur sphère de manifestation, que le corps humain est sur le plan terrestre. Cependant, tout comme avec le corps physique, les auras n'ont pas de pouvoir en eux-mêmes.

Sans l'esprit animant le corps, il devient un cadavre sans vie. De même, un esprit de l'individu en combinaison avec la puissance émanant du Grand Esprit, Dieu, pourra créer du potentiel dans les auras pour le développement par cette personne. Si la personne concernée a la connaissance, le désir et la conscience, il peut remplir ces auras avec un pouvoir spirituel plutôt comme un plongeur en haute mer remplit sa combinaison sous-marine d'air comprimé. Comme les auras se remplissent, elles deviennent des corps solides et viables eux-mêmes, attachés à la psyché de la personne à l'étude et en font partie intégrante de cette personne, mais ce ne sont que des corps, des véhicules, et, comme tous les véhicules, ils ont besoin d'un chauffeur pour qu'ils puissent remplir leur fonction.

Le conducteur n'est bien sûr pas le corps. Le chauffeur est une force vitale dans le corps. Ce n'est pas l'esprit de Dieu. Cet esprit est la force motrice, le carburant utilisé pour conduire le véhicule, mais le carburant et le conducteur sont séparés les uns des autres. Par conséquent, nous répétons que l'esprit de Dieu en vous n'est pas vous. Ce vous est la personne qui vous regarde d'un miroir. Comment s'appelle alors cette mystérieuse personne appelée "vous"? De toute évidence, ce n'est pas la personnalité. Comme il a été dit plus haut, la personnalité est un aspect créé par vous, souvent en conjonction avec des êtres supérieurs qui vous guident et vous protègent afin que vous puissiez vous rapporter au chemin que vous avez choisi de suivre. C'est un moyen d'entrer en relation avec ce chemin et aussi une armure de protection qui garantit que vous êtes capable de parer les attaques sur tous les plans.

Ensuite, qu'est-ce que l'ego ? Dans notre terminologie, l'ego fait partie de la personnalité. C'est la force motrice qui vous faits sentir séparé de toutes les autres personnes et de toutes les autres choses. Il vous aide à survivre en vous donnant le dynamisme pour survivre. Par conséquent, nous avons brièvement couvert la plupart des aspects d'un être humain. Nous avons regardé et avons réduit l'esprit, le corps, les auras, la personnalité et l'ego. Pourtant, nous n'avons pas découvert qui "vous" êtes. De toute évidence, vous n'êtes aucun de ceux-ci parce que vous pouvez manipuler la plupart d'entre eux, perdre beaucoup d'entre eux, et vous restez toujours la force de contrôle derrière eux. Nous allons donc affirmer que la source de ce sentiment d'être, le vrai vous derrière le masque, est quelque chose que nous appellerons l'id.

Ce terme étrange, utilisé et mal employé par les psychologues et par ceux qui étudient la pensée derrière la matière, convient pour identifier la force qui est essentiellement vous. La place du id dans le contexte de la personnalité globale et des forces vitales, c'est qu'il est séparé d'eux. Comme il a été dit plus tôt, les directeurs de la vie, lors de la création d'êtres humains, prennent une portion de force vitale et l'implantent avec certaines instructions qui la fera attirer la matière destinée à l'humanité. Cette force vitale, alors, lentement descend et évolue, avance et grandit, jusqu'à ce qu'elle devienne un être humain à part entière, mais l'esprit de Dieu, l'essence de toute vie, merveilleuse bien qu'elle soit, n'est pas capable de penser par elle-même. C'est, et nous devons nous excuser pour l'utilisation du mot, simplement une force vitale. Quelque chose doit diriger tout ce qui est dans un tout uni. Par conséquent, par la puissance de la loi d'attraction mutuelle, comme la matière est attirée autour du noyau de l'esprit de Dieu, un événement étrange arrive.

Cette matière forme une gestalt qui a été décrite comme « le tout étant plus grand que la somme des parties ». Cette gestalt est la source de la création d'une identité, l'id. On se rend compte qu'un tel concept est difficile à saisir, mais néanmoins, c'est ainsi. Le fait encore plus étrange est que le id de tout le monde est identique. Tous les gens sont initialement comme des jumeaux identiques en ce que les ids de tous les êtres humains ont un sens d'identité. Plus tard, quand des groupes d'êtres se combinent, alors, un id de groupe est formé et ainsi de suite, mais le id individuel de vous, moi et de tout le monde, tout en étant identique en tout point de vue, réalise que, pour suivre un chemin de vie, un sens de séparation de tous les autres humains est initialement nécessaire.

Ainsi, le id crée la personnalité et l'ego et une forme plus reconnaissable de l'humain arrive à ce moment. Alors que nous suivons le chemin du retour vers Dieu, comme mentionné, la personnalité et l'ego graduellement perdent de l'importance et meurent et on constate que le sentiment de séparation diminue à mesure que l'on réalise l'identité qui est entre tous les ids. Plus tard encore, comme la perfection continue d'être recherchée, les ids se rejoignent dans une harmonie plus étroite et à un certain stade, les ids individuels seront supprimés et ces personnes ne se considéreraient plus comme des êtres séparés, mais fusionneraient en un groupe. Un id de groupe prend alors le relais et, plus tard encore, les groupes se joindront à des groupes plus grands, etc.

Cependant, ceci est loin dans l'avenir pour nous tous. Nous ne vous confondrons pas à ce stade en entrant en commentaire sur les fines nuances de la vie. Il suffit, à ce stade, à l'élève de se rendre compte qu'il a une identité personnelle et un id qui, à travers la personnalité et l'ego, semble le séparer de tout le reste sauf que, derrière le tout, son identité personnelle ne fait qu'une avec l'identité de tous les êtres qui vivront, vivent, et qui sont partis avant. Ce n'est que la personnalité et l'ego qui provoque le sentiment de séparation. Ils remplissent une fonction utile pour le moment. Finalement, le grand jour se lèvera quand ils peuvent être supprimés et un état beaucoup plus grand, une condition plus heureuse, peut être conclu. N'essayez pas se précipiter ce jour-là. Vous échouerez. Modifier la personnalité que vous avez, affamant les aspects négatifs de toute existence et nourrissez les positifs, et vous serez amplement récompensé.

CHAPITRE 13 - LES CHOSES QUI SONT À VENIR

Pouvez-vous imaginer une situation dans laquelle le passé, le présent et l'avenir ne faisaient qu'un, toute liée à un flux continu dans lequel le seul aspect pertinent était la séquence d'événements ? Non ? Alors vous êtes probablement sage. Il est presque impossible pour une personne incarnée sur Terre et liée aux notions de temps, de calendrier, d'événements de lune d'apprécier que le temps, en fait, n'existent pas et il est possible, voire probable, que même après avoir soigneusement expliqué les faits, que beaucoup d'entre vous rejetteront ces faits comme n'étant pas une représentation fidèle de la réalité. Cependant, nous allons faire de notre mieux pour vous présenter les informations dans un mode facilement compréhensible et laisser le reste à votre crédulité.

Nous vivons dans un monde gouverné par des horloges. Ces horloges, en supposant qu'elles fonctionnent correctement, donnent une indication des moments de passage liés à la rotation de la Terre. On en déduit que le lever du soleil du matin apparaît avec une grande régularité. Si l'on vivait sur l'équateur alors, en effet, le lever du soleil serait à une heure particulière chaque jour et le coucher du soleil suivrait exactement 12 heures plus tard. Cet état de mesurer le temps qui passe et en faire la chronique a été d'une grande utilité dans le développement de l'humanité et il est vrai de dire que le développement de la civilisation aurait pris un cours différent si le chronométrage n'avait pas été inventé.

Que ce développement latent et alternatif aurait été mieux ou pire est une autre question. Certes, cela aurait été différent. Cependant, l'homme a récemment découvert que les règles gouvernant sa capacité à observer le passage du temps ne couvrent presque pas les événements tels qu'ils se produisent dans la nature. Sa capacité, à garder la maîtrise du temps est très ténue en effet. Il a observé que le mouvement détruit cette précision de chronométrage. Heureusement, la vitesse à laquelle l'homme se déplace sur la surface de la planète est relativement lente et donc la différence mesurée entre les horloges immobiles sur la surface de cette planète et des horloges voyageant dessus est minime. Une fois que l'homme commence à voyager plus vite, bien sûr, la différence devient plus marquée jusqu'à ce que cela n'ait pratiquement aucune signification.

On a supposé que, si l'on voyageait à la vitesse de la lumière, le temps cesserait d'être pertinent. En effet, nous vous disons que, concrètement par rapport à la conscience cosmique, le temps n'a jamais existé. Nous nous intéressons aux lois de quantification qui existent en général, non dans un cadre limité et fini d'ensemble de circonstances, et nous savons que les règles concernant le temps sur Terre, bien qu'importantes pour le type de civilisation développé, néanmoins, sont sans signification. Nous réaffirmons que le temps n'existe pas. Cependant, la séquence des événements existe.

Un éphémère naît, grandit jusqu'à maturité, s'accouple et meurt dans un court laps de temps mesuré sur Terre. Néanmoins, il complète son cycle de vie. Un éléphant fait la même chose ou une tortue ou une baleine. Ces créatures peuvent prendre de nombreuses années en termes terrestres pour compléter leurs cycles de vie, mais chacun fait les mêmes modifications. Est-ce que la vie d'un éléphant est plus importante qu'un éphémère, comme il faut plus de temps pour atteindre son potentiel ? Non. Tout, et chacun sont aussi importants que tout le reste. Par conséquent, l'éphémère et l'éléphant effectuent la même fonction aux yeux de Dieu. La différence dans l'échelle de temps est sans importance. C'est le fait qu'ils vivent qui est important et qu'ils procréent. C'est la séquence des événements qui sont réels, pas l'échelle du temps.

À partir de là, on observe, trop souvent, des gens s'enliser dans leur pensée avec le temps consacré à la production d'un objet. Combien d'objets peuvent être produits dans une période de temps et, en fin de compte, le bénéfice financier obtenu de tels événements ? Ce mode de vie est fondé sur la base d'un certain nombre de suppositions erronées et sur des critères erronés. En premier lieu, comme on l'a dit, le temps lui-même n'existe pas. Par conséquent, la notion de salaire horaire, par exemple, est fausse. La notion de l'étude du temps et du mouvement est erronée. C'est l'inévitable résultat d'un sens erroné de séparation avec Dieu.

Si quelqu'un avait vraiment la foi que Dieu pourvoirait, il serait possible de produire des articles sans but lucratif, mais pour le bénéfice de son prochain. Ces articles, si distribués parmi les gens pour le bénéfice de ces gens et à la gloire de Dieu, seraient récompensés par Dieu et le fabricant serait récompensé par la puissance de Dieu. Si vous ne le croyez pas alors vous échoueriez si vous essayiez. Si vous avez la confiance en Dieu pour pouvoir se placer dans Ses mains, alors essayez-le. Vous serez étonné que cela fonctionne en fait. Dieu protégera et entretiendra les siens.

Vous pouvez travailler au profit de la puissance de Dieu manifestée dans l'homme et vous serez récompensé par Dieu. Vous ne manquerez de rien. La foi est tout ce qui est nécessaire.

Par conséquent, nous avons maintenant deux aspects à notre vie hors du temps : enchaînement des événements et foi en Dieu. À cela, nous en ajoutons un troisième. Il est normal parmi les gens d'affaires de faire très attention au montant d'énergie dépensée pour produire un article non parce que les hommes d'affaires sont assez philanthropes pour se soucier du bien-être de leurs travailleurs, mais, car l'énergie coûte de l'argent. L'argent dépensé implique un profit réduit. Les entreprises prospèrent grâce au profit. Nous vous disons, ne tenez pas compte de la quantité d'énergie que vous dépensez personnellement pour mener à bien un projet pour Dieu. Cependant, ne gaspillez pas les ressources.

Si vous dépensez beaucoup de votre propre énergie sur n'importe quel travail, vous constaterez que cette énergie sera remplacée, et plus encore, par Dieu, à condition que le travail a été accompli pour la gloire de Dieu. Mais on vous demande de faire très attention aux ressources naturelles utilisées autour de vous. Gaz, électricité, huile - toutes ces choses sont le résultat de processus se produisant sur la Terre et, parce qu'ils sont exploités à des fins lucratives, ne sont pas remplacés. Par conséquent, les utiliser avec parcimonie.

Assemblons maintenant toute la trinité de séquence des événements, de la foi en Dieu et de l'énergie dépensée. Qu'est-ce que cette étrange combinaison d'événements apparemment sans rapport vient avoir avec le temps, le passé, ou l'avenir ? Si un ouvrier utilise son énergie pour créer quelque chose à la gloire de Dieu sachant certainement qu'il sera récompensé par Dieu et ne considère pas combien d'efforts, il a personnellement dépensé, il trouvera que le travail qu'il accomplira sera beau et transcendera les limites de la société du jetable dans laquelle nous vivons aujourd'hui. Son travail se poursuivra dans le futur et sera admiré par les générations futures. Ce sera le lien avec lui au fil des ans presque comme si une main était étirée dans les deux sens pour rejoindre le passé avec le futur.

Il n'est cependant pas nécessaire de fabriquer quelque chose pour tendre la main dans le temps. Si vous pensez à ce sujet, l'article manufacturé est une extension de la pensée de la personne et cette pensée est la force créatrice. Il est possible pour quelqu'un d'entraîner sa pensée pour atteindre dans toutes les directions dans le but de rejoindre et être en unité avec la pensée des autres. Avec l'entraînement, la pensée est capable d'accomplir des tâches extraordinaires et d'avancer et reculer en fait partie. La méthodologie d'exécution de tels exploits, comme d'habitude, est assez simple. C'est le processus inévitable de prière, de méditation et de service à Dieu qui permettra à l'aura nécessaire de s'étendre avec puissance et ceci est la clé pour atteindre à l'extérieur du présent.

Supposons que le degré requis de développement ait été atteint. Alors, l'étudiant sera en mesure d'atteindre et d'explorer ces domaines du passé et du futur. Le passé est fixé, ou presque, et donc l'exploration de celui-ci devrait être assez facile et donnera des résultats cohérents. Ce qu'il observe, cependant, dépend de beaucoup de choses. Pour donner un exemple, imaginons que vous êtes dans un vaisseau spatial et que vous visitez la Terre d'une planète lointaine, disons Mars. Laissez-nous imaginer, aussi, que le capitaine du vaisseau spatial décide de déposer plusieurs d'entre vous, l'équipage, vers la planète Terre en divers points et à différents instants.

Que rapporteriez-vous tous ?

L'un de vous atterrit sur une calotte polaire. Il rapporte que la Terre est recouverte de glace. Un autre atterrit dans un désert brûlant. Il rapporte que la planète est recouverte de sable et brûlante. Un autre atterrit dans la mer, un autre dans une ville. Certains atterrissent le jour et d'autres la nuit. De la masse des preuves contradictoires retournées au capitaine par les éclaireurs, le pauvre capitaine serait justifié en concluant que la planète Terre était un endroit capable de rendre ses éclaireurs fous et pourtant chacun était en train de dire la vérité.

Si vous apprenez à entrer avec votre pensée dans cette zone où sont stockés les enregistrements des événements, l'akashique, que verriez-vous ? Est-ce que ce que vous pourriez voire serait un semblant de réalité ? Comment pourriez-vous décoder la vérité de vos observations ? La réponse, bien sûr, est de procéder avec prudence, en observant tout et s'abstenant de prendre des décisions concernant la véracité de vos observations. Il est évident que ce qui est observé dépend du point de vue de l'observateur. L'observation est davantage colorée par la personnalité de l'observateur et, enfin, ce qui est vu pourrait éventuellement être le fruit de l'imagination. Le dernier aspect est le plus difficile à gérer, car il exige que l'étudiant agisse de manière impartiale, en mettant de côté tout désir, espoir ou peur pour qu'il n'interagisse pas avec l'événement qui lui est représenté. S'il utilise inconsciemment son imagination pour créer un point de vue alors il sera le dernier à s'en rendre compte. Cela lui apparaîtra réel, aussi réel que toute véritable expérience.

Par conséquent, il a été déclaré que le voyage astral ou toute technique qui s'y rapporte ne doit être pris par ceux qui ont les pieds bien ancrés sur terre, métaphoriquement parlant. L'imagination est un don utile pour créer des œuvres de fiction ou à utiliser comme planche à dessin pour planifier une future création, mais ce n'est pas basé sur la réalité. Par conséquent, pour l'étudiant sérieux qui souhaite poursuivre un chemin à travers les enregistrements akashiques, il doit apprendre à empêcher son imagination d'images contributives. S'il réussit à faire ainsi, alors ce qui est observé doit être réel, peu importe aussi bizarre que cela puisse paraître. Cependant, il peut être inutile pour l'élève d'examiner, par exemple, une friche stérile quand il peut être intéressé à rencontrer des gens pour avoir des points de vue. Ni serait-il utile d'enquêter sur une situation sous l'eau où l'action qui l'intéresse se déroule sur la terre ferme.

Ainsi, l'étudiant doit apprendre à diriger ses pensées vers les domaines de l'enregistrement akashique qu'il souhaite enquêter et ignorer tout autres images observées en cours de route. La technique est, essentiellement, simple. Il dirige simplement sa pensée à cette zone et maintient son attention fixée jusqu'à ce qu'il y arrive. Cela peut sembler assez simple jusqu'à ce que vous réalisiez que c'est ce que fait un joueur de fléchettes. Il fixe son envie de viser dans le mille, par exemple, mais combien de fléchettes doit-il lancer avant qu'il puisse atteindre cette cible à chaque fois ? Vous trouverez exactement le même problème lorsque vous commencez à entrer dans la zone des archives akashiques.

La persévérance apportera cependant des résultats. Qu'est-ce que vous trouverez lorsque vous serez en mesure d'examiner ces enregistrements ?

Chaque événement qui s'est produit tout au long des annales de l'existence terrestre relatives à l'humanité sont là et sont disponibles pour inspection. Chaque planète a autour d'elle sa propre zone akashique de sorte que si vous souhaitez consulter le dossier relatif à des événements sur Mars ou Vénus, par exemple, vous pourriez avec la formation, le réaliser. L'interprétation des événements vue serait cependant difficile à réaliser significativement. Les événements proches de la Terre sont plus faciles à leur donner du sens. Par conséquent, vous pourriez voir les grandes batailles du monde, la vie de Jésus ou un paysan vaquer à ses occupations quotidiennes. Quoi que vous souhaitiez voir, vous pouvez.

De plus, vous pouvez interagir avec ces enregistrements. Bien que les images du passé soient fixes et terminées, vous pouvez en prendre une portion et, en utilisant votre imagination de façon contrôlée, vous pouvez participer aux événements qui se produisent.

Vous pourriez, par exemple, aller avec Hannibal sur les Alpes menant un éléphant ou vous pourriez aider un grand chirurgien effectuer une opération. Il n'y a pas de limites à ce que vous pouvez faire dans ce domaine, seules les limites que vous placez sur vous-même. Vous pouvez voir avec ce qui vient d'être mentionné que vous pourriez apprendre beaucoup d'expérience.

Qui n'aimerait pas retourner au temps de Jésus et l'écouter parler et le regarder faire des miracles ? Qui n'aimerait pas rompre le pain avec le maître ? Vous pouvez découvrir l'émerveillement et la puissance de sa personnalité divine. Ça agira comme une grande source d'inspiration pour vous tout au long de votre vie. Cette merveilleuse région est là pour être examinée par vous si vous vous donnez la peine, tout d'abord, d'y entrer puis de contrôler votre chemin à travers elle. Si vous ne le voulez pas, elle vous restera fermée.

Après avoir considéré le passé, qu'en est-il de l'avenir ? Beaucoup de gens sont d'avis que l'avenir, comme il est encore à venir, ne peut exister. À une certaine mesure, ils ont raison. Le passé est fixé et fini avec et rien ne peut le changer, mais l'avenir est beaucoup plus fluide. Vous pourrez peut-être lire une autre page de ce livre ou vous pourrez aller prendre une marche. Vous pouvez prendre un bain ou jouer au football. Il y a apparemment un nombre infini d'événements possibles qui peuvent arriver. Ce n'est en fait pas vrai.

Disons tout de suite que des accidents se produisent et qu'ils sont imprévisibles en ce sens que l'on ne peut pas dire exactement quand cela peut se produire. Prenons un exemple dont on espère qu'il ne se produira pas. La chaise sur laquelle vous êtes assis peut avoir un défaut. On pourrait suggérer que l'inspection révélerait cette faute et des mesures correctives pourraient être prises. Cependant, nous supposerons que le défaut est ignoré. À un moment donné, la chaise s'effondrera. Qui pourrait dire exactement quand elle s'effondrera ? Si c'était possible de le prédire, alors on pourrait s'élever de la chaise quelques secondes avant qu'elle ne s'écrase au sol et les dommages éventuels à la personne pourraient être évités. Il n'est pas possible de connaître avec exactitude une telle chose et donc la chaise s'effondre éventuellement et la personne assez malchanceuse pour s'y avoir assis souffre d'un corps meurtri et d'une dignité affectée !

De même, en matière de santé, il faut prendre soin du corps, mais en supposant qu'on ne le fasse pas, alors une maladie quelconque peut frapper sans avertissement, peut-être mortellement. Bien que cette maladie aurait pu être évitée, le moment exact, quand elle frappe, est inconnu. C'est un fait. De nombreuses religions, typiquement orientales, ont une attitude fataliste face aux accidents, déclarant que c'est la volonté de Dieu que de telles choses doivent arriver et attribue à Dieu la terrible responsabilité de les faire survenir à un moment précis. Dieu n'opère pas de cette façon. Les accidents se produisent de façon aléatoire et sont imprévisibles. Ils ne sont pas tout à fait pourtant inévitables. Des mesures curatives ou préventives concernant la santé personnelle, le style de vie, et les objets que l'on utilise sont efficaces. La prière aussi, pour la protection, mettra un bouclier d'armure autour d'une personne pour éviter les accidents. Mais pourtant, parfois, les choses tournent mal et, en effet, parfois des événements heureux se produisent accidentellement. Il y a toujours un élément aléatoire dans la vie.

Ignorant les accidents pour un moment, le futur possible de tout individu est, dans une certaine mesure, planifié pour cet individu bien avant qu'il ne s'incarne sur Terre. Cette personne, en conjonction avec ses guides et conseillers, aurait décidé d'un cours d'événements et d'actions nécessaires au développement de cette personne. Le but est d'apporter l'individu à la conscience de Dieu, mais le chemin décidé peut être long et fastidieux. La route prévue ne serait bien sûr, pas aléatoire, mais serait conçue pour compléter les domaines de personnalité de l'individu qui manquait de perfection. Ensuite, par la loi de l'attraction mutuelle, la personne qui attire certains événements vers elle en fait attire inconsciemment l'avenir vers elle.

Parce qu'il ignore cet avenir et les domaines qui nécessitent un traitement, il peut essayer de s'éloigner du chemin et dans des zones qui pourraient sembler attrayantes pour lui. Il rencontrerait une impasse sur un tel chemin. Avec douceur ou avec violence, la loi de l'attraction mutuelle le ramènerait sur le chemin qu'il faut parcourir. Ainsi, voyez-vous, il y a en effet un nombre très limité de variations à l'avenir qui se trouve devant une personne. Essayez comme il pourrait, il est obligé de suivre le chemin. Cependant, bien que la voie soit, en gros, tracée pour tout individu, il y a de temps en temps des carrefours où le chemin se divise et la personne concernée peut choisir de suivre l'un des deux futures ou plus.

Les futurs potentiels ne seraient pas radicalement différents les uns des autres, mais pourraient inclure une interaction avec d'autres gens. Par exemple, une personne peut choisir d'épouser quelqu'un ou il pourrait choisir de ne pas le faire. Il pourrait choisir d'occuper un emploi auprès d'une certaine maison d'affaires ou il pourrait en choisir une autre. Nous souhaitons donc que vous compreniez qu'il y a des branches possibles à votre avenir et il est important que vous fassiez le bon choix, bien que, proprement parlant, les lois du karma vont s'assurer que vous vivez les événements que vous devez expérimenter. Cependant, la vie peut être dure ou peut être facile. On peut gaffer un peu comme une personne aveugle sondant un itinéraire qu'elle ne peut pas voir ou on peut voir les futurs potentiels et sélectionner celui qui convient le mieux.

Grâce au processus de méditation, de prière et de dévotion à Dieu, une aura se remplit de puissance qui agira pour vous transporter dans la zone akashique à volonté. Une fois que vous avez accédé à cette zone, vous pourriez, comme décrit ci-dessus, voir les événements passés et apprendre d'eux. Vous pouvez également suivre le chemin de votre avenir immédiat et examinez où cela va vous apporter. À l'approche d'un carrefour, vous verrez clairement les futurs possibles qui s'y trouvent. En suivant, dans votre pensée, ces futurs un par un, vous pouvez sélectionner celui qui convient le mieux à votre développement. On espère cependant que lorsque vous aurez développé une compétence suffisante pour accomplir cet exploit, que vous serez assez sage pour choisir un avenir qui vous sera bénéfique à long terme et non un avenir qui semble vous donner une balade facile dans la vie.

Aussi, il convient de noter que l'avenir est toujours un peu fluide dans sa nature. Bien que les événements qui vont précéder un carrefour peuvent être vus avec beaucoup de précision et en effet, les événements après un carrefour peuvent être examinés et largement invoqués, en fin de compte, l'examen s'avère être une conjecture, car de plus en plus de variantes entrent en jeu. Cela ne veut pas dire que l'avenir ne peut pas être manipulé avec succès.

Imaginons que vous ayez examiné une série de futurs possibles et vous ne savez pas lequel choisir. La ligne de conduite est de ne suivre aucun de ces futurs. Asseyez-vous et priez Dieu pour être guidé. Placez-vous entre les mains de Dieu et laissez-le vous conduire vers l'avenir qui est le plus prometteur pour vous. Vous pouvez également consulter vos guides et aideurs en supposant que vous avez développé la faculté de clairaudience (télépathie). Vous découvrirez que Dieu vous conduira dans le futur et vous ne perdrez pas le bon chemin.

On peut noter que de nombreuses personnes qui n'ont pas la capacité d'entrer dans l'akashique et en ont probablement jamais entendu parler se placent également dans les mains de Dieu et permettent à Lui de les conduire vers l'avenir. La différence en est une de maturité. Quand vous étiez enfant, vous avez laissé vos parents vous guider le long d'une rue, confiant que vous arriverez en toute sécurité à votre destination. Maintenant, que vous êtes adulte, vous suivez votre propre chemin et demandez de l'aide et des conseils uniquement lorsque vous êtes perdu. Le chemin spirituel est essentiellement celui de grandir. Nous vous encourageons à arrêter d'agir comme un enfant et de commencer à agir comme un adulte mature. Nous vous donnons des yeux pour voir, des oreilles pour écouter, et nous vous donnons la connaissance du chemin que vous devez prendre. Ensuite, nous vous libérons pour marcher sur ce chemin en Dieu et de manière mûre.

Vous ne pouvez pas prendre de sages décisions sans intelligence et connaissances. Peu de gens en effet qui ont marché le chemin spirituel ont eu la connaissance que nous mettons à votre disposition. Nous ne pouvons pas vous donner l'intelligence, mais nous vous avons montré comment la développer. Nous ne pouvons pas vous donner la sagesse, mais une fois encore, nous vous avons montré comment développer ce don. Vous êtes maintenant complètement armé pour suivre le chemin. Vous êtes capable de monter en maturité, de monter en intelligence et en sagesse. Avec ces attributs, vous pouvez ouvrir la porte vers votre avenir et choisir où vous voulez aller. Dieu est partout. Au bout de chaque route, il est là. Que vous choisissiez l'autoroute vers Dieu ou une route secondaire est votre décision.

Rappelez-vous que vous n'êtes pas seul. Rappelez-vous toujours que vous faites partie d'un groupe, d'une équipe, et cette équipe est aussi sur le chemin de Dieu et ne peut arriver à destination jusqu'à ce que vous arriviez. Par conséquent, profitez du paysage en cours de route, mais ne lambinez pas et ne vous attardez pas trop longtemps pour en profiter. Vous pourriez retarder le groupe et ce serait impoli. D'autre part, personne ne s'attend à une hâte inconvenante. Dieu a créé le monde et tout ce qui est. C'est une chose de beauté et doit être examiné et admiré.

La beauté du monde élargira les perspectives que vous avez et vous apportera de la joie. Ceux d'entre vous qui se précipitent dans les bras de Dieu ont leur récompense, mais ils manquent une grande partie de la beauté et merveille du royaume de Dieu.

Choisissez le chemin que vous souhaitez suivre et suivez le dans la paix, dans l'amour et la certitude que vous arriverez à destination. Vous nous rencontrerez en route. Nous attendons de vous accueillir. Nous vous élevons et nous vous emportons avec nous. Ne faites qu'un avec nous. Soyez dans l'unité avec toute l'humanité et avec toute vie. Ne faites qu'un avec Dieu. Au nom du Tout-Puissant, nous vous scellons et nous vous envoyons sur les ailes de l'esprit.

Amen.

CHAPITRE 14 - QUESTIONS & RÉPONSES

Ce dernier chapitre sera un peu mélangé et dans lequel je place les bribes d'informations que j'ai ajoutées après la lecture du livre proprement dit. Il sera en trois parties. La première partie explique quelques messages cachés contenus dans la Bible, la deuxième partie sera quelques méditations qui m'ont été données par La Fraternité Blanche, et la dernière partie est une série de questions et réponses.

Si vous avez lu le livre « L'escalier vers la liberté » jusqu'à présent, vous aurez sans aucun doute réalisé que la vérité, la vérité spirituelle, est souvent très différente de la réalité apparente que nous voyons et expérimentons dans notre vie de tous les jours. Eh bien, le même s'applique à la compréhension des histoires contenues dans la Bible.

La plupart des érudits bibliques ont tendance à interpréter l'information comme un enregistrement historique de certains événements qui s'est produit au Moyen-Orient il y a de nombreuses années. En d'autres termes, ils voient la Bible comme un livre d'histoire. D'après les informations que j'ai reçues de La Fraternité Blanche, ce n'est pas du tout le cas. La Bible est un manuel spirituel concernant vous et moi et notre relation personnelle avec Dieu. Si les personnages et événements cités dans la Bible sont en fait de nature historique, c'est parce que les gens qui ont écrit la Bible ont intelligemment encodé les messages spirituels pour cacher la vérité aux gens d'une moins bonne intention qui aurait pu essayer de déformer le message caché dans le texte.

Comme les biblistes, les prêtres, et cetera, n'étaient pas toujours les personnes les plus avancées spirituellement dans le monde, certains d'entre eux ont, et le font encore, en fait à vénérer les forces obscures, aussi incroyable que cela puisse paraître. Heureusement, la façon dont la pensée de ces personnes marche semble les masquer du vrai message caché dans le texte des récits bibliques. D'autres personnes, de bonnes intentions, mais aux connaissances limitées, acceptent le contenu historique des histoires sans question. L'étude du contenu historique, cependant, apportera peu d'éclaircissements, mais au moins ces gens ne se font de mal ni à eux-mêmes ni aux vrais chercheurs de vérité.

À titre d'exemple à expliquer dans les messages cachés, je voudrais citer deux des histoires de la Bible et expliquer le message spirituel derrière ces deux histoires. La première histoire concerne la naissance du Christ. Le conte, tel qu'il est écrit dans la Bible, déclare essentiellement qu'un bébé, le Christ, est né d'une vierge, Marie, dans une écurie. Maintenant, cela peut ou non être un fait historique, car en fait, le message spirituel caché dans l'histoire veut tout simplement dire cela. Quand un bébé est mentionné dans la Bible, il représente toujours votre aspect personnel de Dieu. Une vierge représente votre âme et un bâtiment quelconque, dans ce cas une écurie, représente votre corps physique. Ainsi, le récit de la naissance du Christ tout simplement signifie que vous avez un esprit personnel de Dieu et cet esprit est contenu dans une âme, qui n'est qu'un revêtement protecteur autour de l'esprit de Dieu plutôt comme la coquille d'un œuf protège l'embryon d'oiseau à l'intérieur, et l'esprit de Dieu et l'âme sont en association avec votre corps. C'est tout. C'est tout ce que signifie l'histoire.

Maintenant, la deuxième histoire que je voudrais considérer est celle de David et Goliath. En simplifiant l'histoire, elle déclare essentiellement que deux armées s'opposent sur un champ de bataille, les Philistins et les Israélites. Les Israélites sont les bons et les Philistins sont les méchants. Cependant, les Philistins ont un géant de leur côté appelé Goliath et il est terrifiant pour les Israélites. Alors le roi d'Israël demande à un berger garçon nommé David pour régler le problème. David retourne au front, met une pierre dans sa fronde et la jette sur Goliath. La pierre trouve une fissure dans l'armure de Goliath et le tue. Les Philistins fuient et les Israélites sont victorieux.

Maintenant, ce que cette histoire signifie réellement, c'est que les Philistins sont les gens autour de nous aujourd'hui qui essayent de détruire notre paix et notre bonheur pour se faire du profit. Ces personnes comprennent certains politiciens, banquiers, leaders mondiaux, etc. Goliath est tout simplement la représentation de toutes ces mauvaises vibrations. Les Israélites représentent des gens ordinaires au bon cœur, non seulement les Juifs, mais tous les gens de toute race et couleur qui essaient de vivre en paix et en harmonie avec eux-mêmes et leurs voisins. Les Philistins, en étant chez soi dans un environnement terrestre, trouvent assez facile de contrôler et à dominer les simples bonnes âmes, apportant le chaos dans la vie de millions de nous alors qu'ils mettent leurs projets diaboliques en action.

Dans cette histoire, le roi des Israélites, représenté par quelqu'un appelé Saul, est en fait Dieu, le Dieu de toutes les bonnes personnes. David représente vous et moi, en supposant que nous sommes de bonnes personnes. Ainsi, David, dans l'histoire, parle au roi Saul. Cela signifie que vous et moi méditons et connectons avec Dieu. À travers la méditation et la prière, on nous donne une connexion à la puissance de Dieu. La pierre que David projette vers Goliath implique que nous pouvons prier pour nos ennemis et, par cet acte, nous pouvons diriger la force puissante pour le bien, qui est Dieu, envers ceux qui nous ferait du mal, rendant ainsi les méchants impuissants à nous faire du mal. Ainsi, Goliath est tué et les Philistins rendus impuissants. L'histoire de David et Goliath signifie tout simplement que, par notre connexion avec Dieu, nous sommes capables, par l'acte de prière, méditation et service à notre prochain rendre impuissants les méchants qui voudraient nous faire du mal. Croyez-moi. Ça marche. Par la prière, la méditation, et en essayant de vivre une vie dans laquelle nous essayons de ne pas nuire aux gens, une barrière nous entoure que les méchants ne peuvent pas pénétrer.

Il y a aussi un autre aspect à cet acte. Si nous avons cette barrière qui nous protège et quelqu'un essaie de nous faire du mal, la force maléfique qu'ils projettent vers nous rebondit sur nous et revient vers eux, mettant en leur vie le chaos qu'ils espéraient apporter dans nos vies. C'est la nature de la mauvaise pensée que, une fois envoyée par quelqu'un, elle doit trouver un foyer avant qu'elle ne puisse s'arrêter. Si vous acceptez, volontairement ou parce que vous n'avez pas de barrière en place, cette mauvaise pensée, elle s'arrête avec vous. Si elle rebondit sur votre bouclier, elle doit retourner à l'expéditeur. Cependant, n'essayez pas de renvoyer une mauvaise pensée à quelqu'un vous-même. Ça ne marche pas comme ça. Priez simplement pour ceux qui voudraient vous faire du mal et la force du mal rebondira tout seul.

Vous n'avez rien à faire. Entourez simplement la personne essayant de vous faire du mal avec amour. Projeter une émotion d'amour envers cette personne ou cette organisation qui essaie de vous nuire et Dieu fait le reste. C'est la pierre que David projeta sur Goliath.

Ainsi, j'ai expliqué deux histoires de la Bible et j'espère, démontré que les histoires se rapportent à vous dans votre vie de tous les jours. Pratiquement tous les contes racontés dans la Bible peuvent être décodés d'une manière similaire. Le même message est répété à nouveau et encore. Dieu existe et vous faites partie de cette force divine. Bien sûr, vous êtes libre d'accepter ou non ce que j'ai expliqué plus haut. Si vous souhaitez visualiser Dieu comme un vieil homme avec une barbe blanche et penser aux histoires dans la Bible comme un simple fait historique, c'est à vous de décider.

En complément du livre, L'escalier vers la liberté, j'ai quelques méditations et questions et réponses qui m'ont été données sur une période de temps et je souhaite vous les présenter. Ils peuvent être d'intérêt.

Nous commençons par les méditations qui ont été reçues périodiquement pendant plusieurs années et se sont révélées très bénéfiques lorsqu'elles sont dites en silence pendant la méditation. Les images de la pensée convoquées par les phrases ont contribué à apporter la paix et la tranquillité au début des étapes d'une méditation et a permis l'accès au calme profond de la pensée à être gagné avec grand succès. Nous espérons que le lecteur, lui aussi, pourra en bénéficier de la même manière.

La première méditation m'a été donnée le 9 juin 1980 par un monsieur appelé Père Ignatius qui, lorsqu'il vivait ici sur Terre, était un Moine bénédictin, je crois, et il vivait dans une abbaye étrangement nommée dans le Devon appelée l'Abbaye de Blackthorn. Je commence. Bob Sander.

Si une roue est considérée, disons, comme une roue de charrette lourde, la roue tourne, la jante est lourde, et, donc, la roue tourne lentement, mais puissamment. Imaginez que la roue, c'est la vie qui continue lentement. Vous êtes assis sur le bord de cette roue. Toutes sortes de choses essaient d'empêcher la roue de tourner, mais rien ne peut. Le poids de l'esprit fait tourner la roue. Finalement, la roue accomplit une révolution et nous revenons au point où nous avons commencé. Alors, nous n'avons rien obtenu ?

Ce n'est pas vrai. Des travaux ont été réalisés par le mouvement de la roue. Les marchandises ont été déplacées ou une poulie a été relevée. Ainsi en est-il de la vie. Le mouvement de la roue est irrésistible. Nous devons faire avec. Lorsque la roue revient au point à partir duquel elle a commencé, la mesure de la réussite, c'est le travail fait et le service rendu.

Une deuxième méditation. Je commence.

Asseyons-nous sur une plage au bord de la mer. C'est une journée ensoleillée et chaude. La mer est calme et le sable chaud. Alors que nous sommes assis, nous ramassons une poignée de sable et l'examinons. Nous voyons qu'elle n'est pas jaune et lisse. Elle se compose de minuscules cristaux de plusieurs couleurs. Certains d'entre eux brillent comme des diamants. Nous regardons la surface du sable et on se rend compte qu'à une époque, il y a longtemps, c'était peut-être une falaise et elle a été érodée par l'action de vagues. Regardez la mer - une vaste étendue d'eau bleu-vert ondulant lentement dans la douce brise. Peut-on imaginer ou calculer la quantité d'eau ? Pouvons-nous voir la myriade de poissons, de plantes, d'animaux et d'organismes qui vivent sous la surface ? Pourtant, nous savons qu'ils existent.

On ne doute pas du ciel si bleu et pourtant invisible à nos yeux. Nous observons quelques oiseaux voler, mais nous ne pouvons pas voir les insectes, les papillons et les minuscules créatures et nous ne pouvons pas voir les courants d'air en permanence de mouvement. Nous acceptons qu'ils soient là. Maintenant le soleil – sans lequel rien ne peut vivre, la glorieuse lumière de chaleur qui soutient notre existence, et pourtant qui peut voir un rayon de soleil, qui peut en tenir un dans sa main ? Mais nous ne doutons pas de la puissance du soleil. Son attraction magnétique maintient notre univers en équilibre. Les vagues de la mer sont influencées par les ondes magnétiques de la lune qui, encore une fois, sont invisibles pour nos sens et pourtant, nous savons qu'elles sont là. Alors ç'est ainsi avec le monde des esprits. Tout cela est invisible à nos sens normaux et pourtant, on peut croire qu'ils existent.

Nous sommes les plus chanceux, car nous sommes les personnes élues. Nous qui pouvons accepter plus, que ce que nos cinq sens nous disent, et qui croient au pouvoir infini et la création de Dieu, sommes son peuple élu. Il envoie ses anges pour nous protéger et nous garder en toute sécurité. Cette merveille nous est envoyée pour un simple acte de foi parce que nous acceptons, sans poser de questions, sans doute qu'il y a plus dans notre existence que le corps physique que nous voyons et qui, derrière tout, est notre Créateur, notre Père, Esprit Infini.

Troisième méditation. Je commence.

Assis au bord d'un ruisseau par une journée ensoleillée, regardez l'eau qui bouillonne joyeusement en bas de la montagne. Le ruisseau est abrité par les feuilles des arbres, donnant à l'eau l'apparence d'une myriade de diamants aux multiples facettes. Si l'on considère une seule goutte de cette eau, nous savons à quel point elle est totalement insouciante de son passé ou de son avenir. Elle a peut-être passé de longues années cachées au plus profond de la montagne. Elle a peut-être dû se frayer un chemin à travers des kilomètres de marais puants. Elle a peut-être été bue et éliminée par un animal, mais tout ça, c'est derrière elle. En ce moment, elle est propre et fraîche, pleine de vie et de bonheur, bouillonnant au soleil. Elle ne connaît pas son avenir. Peut-être, bientôt, une chute d'eau attend de la précipiter contre les rochers. Et là, peut-être un immense lac pour l'absorber dans son immobilité, comme une forme de mort. Il se peut qu'un animal attende de la boire à nouveau. Elle ne sait pas et ne s'en soucie pas. Elle a été faite par Dieu, vient de Dieu et fait la volonté de Dieu à l'heure actuelle.

Nous sommes légèrement différents. Nous avons le pouvoir de penser, raisonner, intellectualiser et craindre. Nous avons une connaissance de notre passé qui nous cause du malheur si c'était mauvais et du malheur si c'était mieux que le présent. Nous avons conscience qu'il y a un avenir. Nous appréhendons constamment ce que l'avenir nous réserve. Cette condition peut être assimilée à une goutte d'eau emprisonnée dans un marais puant. Elle est entourée de désagréments. Elle doit lentement faire son chemin vers le cours d'eau à nouveau et cela peut prendre de très nombreuses années. Finalement, elle le fera. Dieu veut que nous soyons comme l'eau d'un ruisseau. Sa volonté est de nous permettre d'être libres, d'être heureux dans l'instant. Nous créons le marais avec nos pensées et nos peurs. Nous pouvons, si nous le souhaitons, nous détourner des regrets du passé. Ils n'existent plus, seulement dans nos pensées. Nous ne savons pas ce qui nous attend. Seul Dieu le sait et sa volonté est que nous devrions avoir foi en lui comme une goutte d'eau. Il nous délivrera en toute sécurité à travers toutes les tribulations qui nous attend.

La clé pour passer du marais à l'eau claire de Dieu est la prière et la foi. Nous devrions prier pour la direction, la force et le courage, et en même temps, remercier Dieu pour cette aide qui est déjà disponible, avant même que nous le demandions. Certes, l'avenir est important et nous devrions toujours être ouverts à un changement de direction, mais nous devrions suivre l'exemple de Dieu en donnant le bon exemple aux autres. Nous ne pouvons pas forcer les choses à se produire par notre volonté. En étant heureux dans l'instant, nous faisons l'œuvre de Dieu et Dieu veillera sûrement sur nous. Toute sa hiérarchie du pouvoir spirituel est envoyée pour renforcer et protéger les siens et les siens sont ceux qui ont confiance et font la volonté de Dieu.

La prochaine méditation.

Entrons dans un jardin, un jardin clôturé, le type qui a été construit dans le vaste terrain de grandes maisons, il y a de nombreuses années. C'est magnifiquement aménagé avec goût avec de nombreuses roses et fleurs d'une variété de teintes. Toutes sont bien fleuries. La couleur est partout. Le parfum est ravissant. En dehors du jardin clos est une étendue de pelouse. Malgré le soleil, au-dessus, un vent froid souffle. Les quelques plantes qu'il y a sont rabougries et malheureuses. Elles ont été retranchées par le vent incessant, froid et pluie battante. À l'intérieur du jardin clos, on s'imaginerait être dans un autre monde. Le même soleil brille au-dessus de nos têtes, mais le haut des murs protège du vent et du froid. Quand la pluie tombe, elle tombe doucement et nourrit les plantes.

La condition humaine peut être comparée à ces jardins. Les conditions mondaines peuvent être dures et méchantes. Si nous vivons dans le monde extérieur, notre développement est freiné par les conditions dans lesquelles nous vivons. On peut découvrir un autre monde, un monde intérieur. Nos pensées peuvent ouvrir la porte d'un monde dans lequel les dures conditions extérieures ne peuvent nous affecter. Dans ce monde intérieur, nos esprits peuvent prospérer et s'épanouir, nourris par la douce puissance descendante du monde des esprits. La porte dans ce monde intérieur peut être déverrouillée par la méditation et contemplation tranquille.

Une autre méditation. Je commence.

Marchez avec moi dans une allée d'arbres. Noter la vie qui est tout autour de nous - la vie dans ces arbres verts, dans les insectes et les animaux qui vivent dans ces arbres et dans l'herbe sous les pieds, dans la Terre. Comme nous faisons un pas, le long de l'allée, imaginons chacun des pas représentant un jour, une semaine, une saison, une année. Entre chaque pas, on observe si peu de changement et pourtant, il y a un grand changement. Toute vie s'est un peu développée. Certains insectes et animaux sont morts, d'autres naissent, d'autres mûrissent - idem pour les plantes et les arbres. Tous sont changés d'une manière ou d'une autre, mais à la fois que nous franchissons ce pas, nous ne voyons aucun changement. Arrivés au bout de l'allée, nous regardons en arrière et nous pouvons à peine reconnaître l'allée comme la même que celle avec laquelle nous avons commencé. Tous les arbres sont différents. La plupart ont grandi. Certains sont morts.

D'autres ont pris vie.

Et il en est ainsi de nos vies humaines. Nous traversons la vie au jour le jour et observons si peu de changements. C'est seulement quand nous faisons une pause et regardons en arrière sur une période de nos vies, voire d'une vie entière, que nous voyons beaucoup de différence. Nous voyons comment nos espoirs et ambitions avec lesquelles nous avons commencé sont devenues fructifiés ou se sont flétries et sont morts. On voit comment de nouveaux espoirs ont germé dans la vie. Cela nous amène à nous interroger sur la nature de la pensée qui planifie l'approche qui fait pousser ou mourir les arbres et, si nous regardons attentivement, nous voyons la pensée de Dieu. Avec nos vies, nous pouvons aussi, si nous cherchons, observer la pensée de Dieu qui contrôle et gère tout.

Ce sera la dernière méditation et je commence.

Entrons dans un jardin et observons les plantes y grandir. Au milieu du jardin, se trouve un grand arbre. Cet arbre est là depuis de nombreuses années depuis sa plantation. On se demande combien d'étés et d'hivers qu'il a vus, combien de sécheresses et d'inondations, combien d'oiseaux ont niché dans ses branches, les changements qui ont été apportés aux jardins. Mais l'arbre est inconscient de tout cela. Il sent les changements de saisons et il sent la sécheresse ou l'inondation. Cependant, peu importe ce qui se passe et peu importe ce qu'il ressent, son attention ne s'écarte jamais de son but, de sa raison de vivre. Ce but est d'atteindre la perfection. À l'intérieur de chaque atome de sa totalité est la puissance de Dieu, le conduisant à jamais vers la perfection. L'arbre le sait et concentre toute son attention sur cette réalisation.

Cependant, l'arbre parfait est une question de point de vue. Une vue d'oiseau d'un arbre parfait serait une qui fournirait un abri, de la nourriture et un nid. L'idée d'un écureuil serait une idée contenant un creux et de la nourriture. L'idéal pour un humain serait d'un arbre d'une certaine taille, couleur, dureté de bois, etc. L'arbre ne peut jamais être parfait à partir du point de vue d'un autre. Il ne peut être parfait qu'à partir de son propre point de vue. Par conséquent, il essaie seulement d'être parfait dans ses propres limites.

C'est la fin des diverses méditations.

Nous arrivons maintenant à un certain nombre de questions qui ont été posées sur une période de temps et les réponses ont été données par divers guides.

La première parle du miracle de tourner l'eau en vin par le maître Jésus et voici la réponse.

Elle décrit un mariage, un événement, où l'esprit de Dieu, normalement contenue dans l'âme, est joint aux corps éthérique et physique. Trois jours ont été le temps qu'il a fallu pour qu'un tel événement se produise. Par conséquent, Jésus représente l'esprit de Dieu, sa mère représente l'âme, et ses disciples représentent les corps, éthérique et physique. Quand le temps est venu pour que l'esprit de Dieu fusionne avec les autres corps, le taux vibratoire du sang a été élevé pour incorporer l'esprit de Dieu. « Femme, qu'ai-je à faire avec toi » est une manière d'indiquer que l'âme et le corps sont séparés, pas un. « Mon heure n'est pas encore venue » signifie que l'âme et l'esprit de Dieu n'est pas encore prêt à faire la transition finale vers Dieu. Le gouverneur de la fête est Dieu. Donc quand Jésus a changé l'eau en vin, il imprégnait le corps éthérique avec son esprit.

La question suivante était celle-ci. Est-ce que les animaux finissent par progresser pour devenir humain et, sinon, quel est le chemin de développement des animaux ?

Toute vie a sa place dans le monde de Dieu et les chemins de développement sont tout à fait distincts. Les rochers, les plantes, les animaux et les humains se développent sous des lignes séparées et leur développement est décidé et contrôlé par différents types d'archanges. Toute vie a un but similaire, c'est-à-dire la perfection. Chez les humains, les âmes individuelles recherchent une perfection spirituelle avant de fusionner dans une perfection d'âme de groupe.

Les animaux, les plantes et les rochers, bien qu'ils aient une équivalence spirituelle, c'est-à-dire un plan spirituel où ils vont entre les incarnations, sont conçus pour être sur Terre. Ce sont des créatures de la Terre. Chacun dans son espèce cherche la perfection de cette espèce en tant que créature parfaitement adaptée aux conditions terrestres. Ils resteront toujours sur Terre. Ils ne pourront jamais être des humains.

Cependant, ils se développent et changent constamment. Si une espèce est incapable de s'adapter aux conditions de l'évolution de la Terre, les corps physiques meurent. Leurs âmes vont à un plan de conscience animale et vont lentement se dissoudre dans le pouvoir qui est utilisé pour créer et fortifier d'autres animaux. Quelques singes ressemblent aux humains. Cependant, c'est une coïncidence. Tous les animaux doivent avoir des caractéristiques particulières et avec la grande variété d'animaux qu'il y a, il est inévitable qu'une espèce ressemble aux humains. Cependant, il n'y a pas de lien.

La question suivante. Est-ce que les esprits et les esprits guides que les hommes peuvent contacter sont des êtres séparés de celui des hommes ou sont-ils des souvenirs d'incarnations passées ? Et voici la réponse.

Tous les humains sont des entités distinctes dans le sens où chacun est individuel. Chaque âme individuelle, personnalité, personne est un être complet en soi. Il est capable de fonctionner avec succès en tant que personne humaine dans le sens qui est généralement compris sur le domaine de la Terre. Chaque esprit ou guide spirituel dans les sphères du Ciel, est aussi une entité individuelle et à ses propres pensées, concepts, sentiments, idées.

Cependant, tout comme les atomes qui composent, disons, une voiture sont séparés et complets en eux-mêmes, mais sont néanmoins tenus de voyager là où cette voiture voyage, donc toutes les âmes sont dans des groupes d'âmes qui voyagent l'éternité ensemble et sont liés ensemble dans ce qui peut être appelé une âme de groupe. C'est le destin de cette âme de groupe de partager les problèmes, d'assister et de conseiller les uns les autres, et d'avancer en groupe vers la perfection.

Tout cela fait partie de la loi du semblable qui s'attire. Les âmes qui ont été conçues à peu près au même moment tendent à être au même stade d'avancement ensemble et donc, par la loi, sont attirés l'un vers l'autre. Bien sûr, tout individu peut avancer ou ralentir en tant qu'individu et donc chute de ce groupe, pour finalement rejoindre un autre groupe du même niveau que lui. Les âmes à l'arrêt sont attirées l'un vers l'autre. Des âmes déterminées à faire le mal sont attirées l'un vers l'autre. L'âme de groupe auquel nous, vos amis d'esprit, connus et inconnus, vous, votre femme, votre famille et beaucoup de vos amis ayant des intérêts similaires à vous appartiennent, ont voyagé pendant de nombreuses années. Nous avons beaucoup vu, beaucoup fait et fait beaucoup d'erreurs. Les erreurs et les triomphes des individus sont vivement ressentis par le groupe. Dans un sens très réel, l'âme de groupe existe en tant qu'entité unique et, en ce sens, nous sommes tous un.

En tout temps, nous sommes tous très proches les uns des autres et sommes dans les pensées de l'autre. Nos auras s'entremêlent. Si vous aviez les yeux de l'esprit, vous verriez les auras individuelles des membres du groupe et aussi l'aura de groupe qui résulte de l'entremêlement de toutes les auras. Ce n'est pas naturel pour que les créatures de Dieu vivent seules. Toute la création fonctionne selon la loi de l'attraction mutuelle et, en fin de compte, tous les individus différents fusionneront complètement avec leurs âmes de groupe et toutes les âmes de groupe fusionneront en une seule. Cette fusion se produit maintenant et se produit depuis longtemps à des groupes plus avancés. Cet acte, l'unité, après la fusion provoque l'oubli de l'individu et de la puissance libérée est, bien sûr, la puissance de Dieu d'où tout a commencé.

Une autre question. Que signifie « pardonne-toi d'abord, puis pardonne aux autres ensuite » ? Et la réponse vient maintenant.

Quand nous avons offensé un autre, ce n'est pas la personne à qui nous avons tenté de nuire, mais Dieu rendu manifeste dans cet homme. Dieu ne se vengerait jamais de nous. Son amour est total. Par conséquent, nous nous rendons compte que nous avons commis l'erreur cardinale d'offenser quelqu'un qui est impossible de haïr parce que Dieu est amour total. Nous réalisons également que nous faisons partie de Dieu. En offense contre un autre, nous essayons de blesser un frère et notre Père. Aussi, nous sommes créés à l'image de Dieu. Nous avons aussi une étincelle de Dieu en nous. Il s'ensuit que lorsque nous essayons d'en blesser un autre, nous essayons donc de blesser le même Dieu qui est présent dans les deux parties. Nous essayons donc de nous faire du mal. Un tel acte insensé de se faire du mal ne peut être que pardonné par nous-mêmes. Une fois que nous réalisons ce fait et que nous sommes désolés d'avoir été assez stupide pour nous faire du mal en essayant de nuire à autrui, nous sommes en mesure d'observer les actions de ceux qui voudraient nous faire du mal et les pardonner, car ils ne savent pas ce qu'ils font.

Une autre question. Qu'est-ce que Dieu ? Comment Dieu est-il arrivé à avoir lieu ? Qu'y avait-il avant Dieu ? Ceci est en fait une réponse en quatre parties. La première partie.

Dieu est la force que nous voyons tout autour de nous et à partir de laquelle tout est fait. Nous ne pouvons pas voir Dieu, nous pouvons seulement voir l'effet et savoir que Dieu est l'auteur.

Deuxième partie.

Dieu est le résultat naturel de la plus fondamentale loi du cosmos, la loi de l'attraction mutuelle. Le semblable attire le semblable. Avant qu'il n'y ait un ordre dans l'univers, cette loi fonctionnait, attirant les molécules de la matière ensemble et inversement faisant l'espace attirer l'espace. Lorsque les atomes se rejoignent, cette loi continue de fonctionner, en veillant à ce que les substances de beauté attirent d'autres substances de beauté. Les formes discordantes attirent les formes discordantes. Les molécules à tendance à la vie animée attirent des éléments similaires et ainsi de suite. Depuis des éons de temps, tout ce que nous voyons a été formé par cette loi. C'est la main modelante de Dieu.

De cette loi spirituelle, les êtres ont pareillement développés et d'autres aspects ont été développés qui ont abouti à tout ce que nous voyons et savons. Maintenant, c'est tellement complexe que nous pouvons parler de Dieu comme un être, mais Dieu est le résultat de la constante évolution de loi naturelle. Dieu est bon parce que, par la loi naturelle, le bien est plus puissant que le mal, l'unité plus puissante que le chaos. Si le chaos régnait, il ne serait qu'une scission jusqu'à ce que plus rien n'existe, ce qui serait autodestructeur. Comme tant de choses existent, nous devons accepter que la bonté soit plus puissante, donc Dieu est bonté. Les anges sont conscients de cela et travaillent activement pour augmenter le pouvoir de bonté qui est Dieu. Le Christ a appelé Dieu son père, à juste titre, car la loi d'attraction mutuelle qui a entraîné la substance de nature spirituelle à venir ensemble pour former la puissance de la bonté a pu amener la bonne matière à se masser ensemble, ce qui est l'intelligence que nous connaissons sous le nom de Christ. Ça s'applique également pour nous tous. Il existe de nombreuses autres lois qui permettent au monde spirituel et physique de fonctionner, mais cette explication fournit une base de compréhension.

La troisième partie.

Avant Dieu, il n'y avait que le chaos. L'ordre n'était pas arrivé dans l'univers parce que la loi de l'attraction est telle que plus les molécules de substance sont éloignées, plus elles se rejoignent lentement. La déclaration dans la Bible concernant le montant de temps que Dieu a pris pour former le monde ne peut être pris qu'au sens figuré.

Addenda :

Nous devrions tous croire en Dieu, vivre une vie de piété, et faire l'œuvre de Dieu parce que, ce faisant, nous rassemblerons de plus en plus de puissance de bonté qui se traduira par une puissance toujours plus grande de Dieu. N'importe quelle mauvaise pensée ou action a pour résultat de nier la puissance du bien qui est Dieu. Si le mal, qui est le chaos, était pratiqué à grande échelle, la destruction de toute la matière en résulterait. Rien de positif ne peut finalement être atteint en pensant ou en faisant toute action qui est négative. Peut-on construire une maison en séparant et en étendant les briques et les poutres ?

D'accord. Question suivante. Les animaux ont des maladies semblables aux humains. Chez l'humain, cela est considéré comme une dette karmique. Comment les animaux peuvent-ils s'endetter ? Et la réponse est,

Les animaux ne s'endettent pas comme les humains. Les maladies auxquelles sont sujets les animaux sont là afin que l'espèce animale puisse se développer vers la perfection. Les maladies trient les plus faibles de toutes les espèces, laissant les animaux les plus forts pour continuer. Ainsi, dans la nature, toute vie physique s'adapte et évolue vers la perfection.

Question. Pourquoi est-il nécessaire que nous traversions la vie physique ? Les archanges, sont-ils déjà passés à travers des expériences similaires ? Pourquoi ne pouvons-nous pas choisir d'être parfait comme nous avons été faits ? Et la réponse est,

Quand la vie est créée, elle est parfaite, mais sans expérience. Certaines âmes n'ont pas besoin de ressentir la tentation. Ils savent en eux-mêmes qu'ils sont de Dieu et ce n'est que des sentiments divins qui sont importants. Il n'y a pas de but pour de telles âmes à s'incarner sur Terre. L'expérience s'acquiert dans les sphères célestes – expérience d'aide, de service, d'humilité, etc. Ils progressent vers un état proche de la perfection et nous les appelons des archanges. Lorsqu'ils n'ont plus besoin d'être de service, ils franchissent une dernière étape et fusionnent en unité avec Dieu.

Toutes les âmes peuvent progresser de la même manière à tout moment. Il n'est pas nécessaire de s'incarner encore et encore. En rejetant la tentation et en gardant son entière objectif concentré sur la recherche de Dieu, un état peut être rapidement atteint là où l'incarnation n'est plus nécessaire. Ensuite, des progrès peuvent être réalisés à travers les sphères spirituelles. Rappelez-vous que la connaissance n'a pas besoin d'être acquise par une expérience de première main. En croyant en Dieu et en cherchant activement le chemin vers la perfection, la connaissance et le pouvoir sont donnés par un processus spirituel qui fait qu'une personne sait quoi faire et ne pas faire. Par un tel procédé, les humbles disciples s'élèvent pour être des archanges.

Question. Il est dit dans la Bible que Jésus a dit à l'homme riche en réponse à la question de savoir ce qu'il doit faire pour entrer dans le royaume des cieux, "vend tout ce que tu as, donne-le aux pauvres et suis-moi. Compte tenu de cela, est-il correct pour les chefs spirituels de vivre dans des palais et être entouré de grande opulence? Et la réponse.

Une personne spirituellement avancée serait heureuse de servir Dieu en travaillant et en vivant dans n'importe quelles circonstances qu'il serait tenu de faire. Cependant, pensez-vous que Jésus vit dans la misère ? Il habite dans un grand palais, entouré de choses de toute beauté. C'est le résultat inévitable de la beauté qu'il dégage de sa parfaite personnalité.

De la même manière, il est presque inévitable qu'un vrai disciple de Dieu, qui a fait suffisamment de progrès le long du chemin vers Dieu, attirerait autour de lui des choses de beauté. Cela comprendrait non seulement des bâtiments et du mobilier, mais indiquerait que les gens avec qui il côtoient exsudent la beauté aussi. Cela n'implique pas que la personne remplie de Dieu soit en aucune façon décadente ou fautive. Cela implique que Dieu a récompensé son fidèle serviteur en l'entourant de choses de beauté qui sont ses justes récompenses pour le service rendu à Dieu.

Question. Pour la plupart des gens, il ne semble jamais avoir suffisamment de temps dans une journée pour faire les choses que nous avons à faire et les choses que nous voulons faire et, pourtant, certaines personnes accomplissent tant de choses au cours de leur vie. Comment est-ce possible ? Et la réponse.

Il y a toujours du temps pour faire ce que nous devons faire. Dieu nous accorde toujours suffisamment de temps, si nécessaire, à travers une ou plusieurs incarnations. Par conséquent, nous ne devrions jamais avoir besoin de nous dépêcher. Cependant, la vie avance à son rythme inévitable et nous avons souvent l'air comme des souris dans une roue, courant pour suivre son rythme. C'est parce que nous n'avons pas notre vie sous contrôle. Il est essentiel d'atteindre les profondeurs cachées afin de libérer la puissance qui régulera le rythme de nos vies jusqu'à ce qu'il soit en phase avec le rythme du flux de la vie totale. Alors, les deux étant en phase ensemble, la différence disparaîtra et le temps paraîtra immobile. Si le temps reste au repos, alors on a un temps infini pour parvenir à ce qui doit être accompli. Les moyens de garder nos vies sous contrôle sont de localiser et d'exploiter la source cachée du pouvoir spirituel dans l'âme. Cela peut être fait par la méditation et la contemplation. Finalement, un état est atteint où l'on se déplace en harmonie avec le cours de la vie. Ceci peut être réalisé sur Terre lors d'une incarnation terrestre. Le résultat serait une libération d'énergie suffisante pour accomplir la tâche à faire, un sentiment de bien-être et de détermination et la satisfaction que chaque tâche entreprise sera complétée.

Encore une autre question. En matière d'alimentation, il a été déclaré que les humains voyagent le long de l'un des douze rayons, les signes du zodiaque, mais que les plantes, et cetera, sont regroupées selon leur espèce et chaque espèce voyage le long d'un rayon particulier. Pourquoi ? La réponse.

La technique par laquelle les humains s'incarnent est plus complexe que l'effet qui fait que les légumes grandissent. Les humains proviennent de la même source que toute la vie, mais, une fois que la décision est prise de la diriger dans une direction particulière, les itinéraires qui sont pris, qui se terminent par l'unité sur Terre, sont différents. Dans le cas d'un être humain, le cas est encore plus compliqué par le fait que les humains sont capables d'émotions et de pensées, de sentiments et sensibilités, totalement en dehors du spectre que n'importe quel légume considérerait. Par conséquent, il s'est avéré nécessaire et, en fait, vital dans l'analyse finale de diviser la vie humaine en l'une des douze ondes porteuses et chaque personne créée à partir de la force vitale parcourra cette onde. Les légumes, étant beaucoup plus simples, n'ont pas besoin d'être divisé individuellement et, par conséquent, peuvent être groupés et ces groupes parcourent un rayon particulier.

De plus, on notera que les humains s'incarnent de l'un des douze relais selon la période de l'année qui correspond à la planète Terre s'alignant sur l'une des douze planètes tenantes. Les légumes de tout groupe particulier viennent directement de la Terre dans le sens qu'ils ne proviennent pas de la manière dont les humains le font. Si nous prenons l'exemple d'une carotte, la nouvelle génération de carottes se forme à partir des têtes de semences du parent carotte. Par conséquent, la carotte potentielle, ou l'embryon, est déjà là. Il nécessite simplement à la force vitale de se fondre directement des royaumes spirituels dans la graine de l'embryon de carotte alors qu'un humain s'incarne à partir d'un relais placé entre le royaume spirituel de la création et de la Terre.

Ainsi, il est possible que toutes les carottes vibrent à un rayon particulier, le rayon portant peu de rapport au temps dans le sens compris que les humains s'incarnent. La matière peut être transmise le long d'une onde porteuse à volonté quel que soit le moment de l'année.

Cette réponse donne également quelques conseils que je vais lire.

Les herbes ne doivent pas être consommées simplement pour aromatiser les aliments. Ils sont bénéfiques pour l'humanité en tant que médicaments et, s'ils sont fréquemment consommés dans le cadre de l'alimentation quotidienne, leur efficacité diminue à mesure que le corps devient habitué à leurs propriétés. Si l'on considère que le régime peut être fade et que les plats préparés uniquement avec les légumes recommandés pour un individu de n'importe quel signe de naissance particulier pourrait être inintéressant, il convient de noter que a) le cuisinier doit être prêt à expérimenter avec des combinaisons de légumes, fruits, noix et légumineuses pour créer des plats d'intérêt, b) l'alimentation doit être considérée comme un acte de dévotion à Dieu et les limitations comparées à un régime antérieur exclus, c) si la fin justifie les moyens, alors les résultats de suivre un régime seront d'avoir une santé rayonnante et la certitude que l'on suit le chemin qu'il faut.

FIN